作者简介

    王 凯 1986年生，男，土家族，贵州贵阳人，贵州理工学院经济管理学院副教授。2014年6月毕业于北京林业大学，管理学博士，主要研究方向为资源管理、产业经济和项目管理等。

本书出版得到贵州省重点支持学科"管理科学与工程"（黔学位合字 ZDXK[2015]25）、贵州省软科学项目"供给侧改革视角下的贵州省资源产业经济驱动因素及转型路径研究"（[2016]1511-1）、贵州省教育厅高校人文社会科学研究项目"资源诅咒假说下自然资本增长与经济发展关联驱动的实证研究"（2015QN25）的资助

中国野生动物资源利用
企业社会责任与资源最优管理

人民日报
博士文库

Zhongguo Yesheng Dongwu Ziyuan Liyong
QiYe SheHui ZeRen Yu ZiYuan Zui You GuanLi

王　凯◎著

人民日报出版社·北京

图书在版编目（CIP）数据

中国野生动物资源利用企业社会责任与资源最优管理／
王凯著．—北京：人民日报出版社，2019.12
ISBN 978－7－5115－6292－0

Ⅰ.①中… Ⅱ.①王… Ⅲ.①野生动物—动物资源—
企业责任—社会责任—研究—中国 Ⅳ.①F279.23

中国版本图书馆 CIP 数据核字（2019）第 292103 号

书　　名：中国野生动物资源利用企业社会责任与资源最优管理
　　　　　ZHONGGUO YESHENG DONGWU ZIYUAN LIYONG QIYE SHEHUI
　　　　　ZEREN YU ZIYUAN ZUIYOU GUANLI

作　　者：王　凯

出 版 人：刘华新
责任编辑：万方正
封面设计：中联学林

出版发行：人民日报出版社

社　　址：北京金台西路 2 号
邮政编码：100733
发行热线：（010）65369509　65363528　65369827　65369846
邮购热线：（010）65369530　65363527
编辑热线：（010）65369533
网　　址：www. peopledailypress. com
经　　销：新华书店
印　　刷：三河市华东印刷有限公司

开　　本：710mm×1000mm　1/16
字　　数：270 千字
印　　张：17
版次印次：2020 年 4 月第 1 版　　2020 年 4 月第 1 次印刷

书　　号：ISBN 978－7－5115－6292－0
定　　价：95.00 元

序　言

　　野生动物资源是自然资源的重要组成部分，也是生态系统及生物多样性的主要载体之一。自人类社会诞生以来，野生动物资源在维持人类生存繁衍、推动社会发展、传承人类文明等方面做出了重要贡献。在中国，野生动物资源管理及其利用在整个社会经济进程中，在许多方面发挥特殊作用，具体涵盖传统医药、非物质文化传承、皮革生产、民族乐器及工艺品制造等方面。当前，以保护为主、科学开发为前提的可持续发展模式已成为全社会的共识。然而，我国野生动物资源由于开发利用还存在一些问题，部分野生动物栖息地遭到破坏，加上资源自身特性的差异，野生动物种群数量呈现出发展不均衡、分布碎片化的态势。一方面，某些种群由于缺乏管理，利用手段与形式单一，导致局部数量过多，给区域社会经济发展带来一定负面影响；而另一方面，许多珍稀物种由于栖息地日益萎缩，不法分子偷盗猎等原因，导致其一度濒危，影响生物多样性稳定与资源永续利用。

　　现阶段如何协调野生动物资源保护与利用的关系，正确认识资源利用的永续性，成为资源利用产业发展的关键所在。作为国民经济重要产业之一，野生动物资源利用的相关企业在国内资本市场上表现活跃。并且，由于我国野生动物资源管理方法与理论研究的不足，野生动物资源企业经营理念尚未完全转变，引发了一系列的社会问题及矛盾，也暴露出产业内企业社会责任意识的不足。长期来看，不仅会影响我国相关产业的可持续发展，干扰野生动物资源的生态系统服务实现，而且对其在社会关注、生态认识、功能服务、资金投入、价值体现等方面可能会产生一定的负效应，不利于野生动物资源的保护与可持续发展。这些现状都说明了野生动物资源利用与资源种群的最优管理，已成为野生动物管理中亟需解决的问题。

本书作者正是基于这一认识，在整个博士求学期间持续开展野生动物资源管理与利用问题研究，探索各种方法的应用可行性，深入剖析野生动物资源管理的内在规律性，形成了丰富的相关研究成果。该研究主要以野生动物资源与行业内利益相关者为研究对象，从两个层面对野生动物资源管理与利用进行了深入探索研究。

首先，本书通过构建野生动物资源利用的利益相关者分类模型，以科学合理的设计、细致深入的调研、详尽的数据整理分析与求真务实的态度，对相关产业的企业社会责任问题进行探讨，有利于行业内外更加全面地认识野生动物资源，具有较强现实意义。通过研究系统解答了"什么是野生动物资源利用的企业社会责任""对谁承担社会责任""承担什么样的社会责任"，以及"为什么要承担企业社会责任"的问题。研究明确了野生动物资源利用的管理与开发离不开政府、社区、客户等社会各界的支持，承担并履行企业社会责任是野生动物资源企业寻求可持续经营的必然选择。其次，研究通过野生动物资源最优控制模型的建立，对资源价值进行了系统分类，通过对内在关系的分析，以全新的视角对资源价值解构，设计出一套基于控制模型的共5个变量10个构成指标的资源价值评价体系，并且经过调研对体系进行验证性探讨与实证分析，为相关从业者与研究人员更加全面地认识野生动物资源价值提供了借鉴。

本书是北京林业大学野生动物资源管理相关研究的延续与发展，内容充实，成果具有探索性与创建性。细读本书，能够认识到协调野生动物资源保护及利用，保证资源永续地为人类发展提供服务与价值，是当前野生动物资源管理研究的重点，也是关系到多个基础生产部门生存发展、社会稳定的重要问题。如何满足利益相关群体的不同需求，控制与培育合理的资源保有量，实现资源的最优管理，本书给出了许多有益的成果，这也为相关部门制定资源利用政策提供了决策参考与理论依据。

　　本书的出版，对促进行业发展，改善资源利用状况，引导全社会树立正确的资源利用观具有现实意义。当然，野生动物资源的利用及管理，一直是相关研究人员持续探索与争论的问题，在具体设计中难免有不足之处。但是本研究所构建的理论模型的总体框架与基本体系对进一步开展这一领域的研究提供了一定的参考与基础，同时也为相关从业人员与学者提供了一个框架与思路。作为著者的老师，看到这一成果的出版倍感欣慰，希望著者能够持续在该领域深耕探索，不断提升科研能力与学术水平，为中国野生动物资源保护与管理，为建设生态文明社会贡献更多力量。

陈文汇

2019 年 1 月

目 录
CONTENTS

第三部分 野生动物资源利用的企业社会责任

第一部分 01

| 总　论 |

第一章　研究问题的提出

林业作为国民经济的重要组成部分之一，通过先进的技术和科学的管理手段，针对森林资源进行培育、保护及利用，充分发挥森林多种效益，永续经营林业资源，从而达到建设"美丽中国"，促进人口、经济、社会、环境以及资源和谐发展的目标。野生动物资源，如同森林资源一般，都是人类不可或缺的自然资源，作为可再生资源中的重要组成，在当前现实环境因素的影响下，人类必须不断对有限资源加强科学保护管理，但由于野生动物资源及其衍生制品在人类社会生活中的存在及使用价值，基于其资源经济意义上的刚性需求，管理人员从未停止对资源进行合理开发与利用的探索。在利用资源的过程和系统中，资源利用者不仅需要考虑到高效率的资源利用，减少原材料的无谓损耗，而且应当要考虑动物资源种群数量与自然生态系统的稳定两者间的平衡关系，以此来保证野生动物资源的长期永续利用和相关产业的可持续经营发展。

当前，对于国内相关产业发展及传统文化保护而言，野生动物资源的利用十分重要。人类在不断发展社会经济的同时，在对野生动物资源的利用没有注意保持其合理性与科学性，随着越来越多的种群存量的急剧降低，部分资源濒临经济灭绝，其价值得不到持续开发，进而使得文化、工艺品和传统医药等相关行业停滞发展，严重影响着我国民族工艺品、乐器以及与此相关的非物质文化遗产的传承与发展。例如麝类资源新中国成立初统计约30万只，到如今仅余7万~8万只，麝类资源存量大部分产区已趋近枯竭。作为传统中医药中的名贵动物药材，如犀牛角、虎骨、麝香等都由于其野外自然种群存量的濒临灭绝而逐渐退出用药范畴。由于缺乏相应的有效资源或人工替代品，古方古法逐渐的流失，导致新时期中医药事业的发展经营面临前所未有的危机（韩嵩，2008）。而以蟒皮、象牙等为动物资源原料所生产的二胡、雕刻艺术等产品不仅是精美的工艺品，也是非物质文化遗产的重要传承，但由于当前象和蟒蛇种群数量的迅速减少，原料的一再紧缺，产能的不断萎缩致使衍生制品的价值一再走高，同样不利于相关产业的持续发展。我国野生动物现约有脊椎动物 6300 种，约占世界脊椎动物种类的 10%。如何利用好野生动物资源，在其种群保护与可持续开发间寻找契合的平衡点，如今已成为从政府部门管理人员，经济管理学者到生态学家都在密切关心的问题。

作为资源保护与利用过程中的重要组成要素，野生动物资源产业与民众日常生活息息相关，其领域涵盖食品、医药、旅游、文化等等行业，对于促进社会经济进步，改善人民生活质量发挥了重要作用，其因此得到了社会民众持续的关注。又因为其所利用资源所具有的特性，在其利用形式及利用数量的确定上引发了各式各样的声音和争论。2012 年初，来自福建的归真堂药业股份有限公司寻求上市即遭遇一系列事件的狙击，直接引发全社会长达半年之久的跟踪讨论，为什么一家在现行法律法规体系下合法经营并具有良好业绩的正规企业会在这个事件中遭遇如此大的质疑以及道德拷问？这场争议在随后逐渐演变为动物福利慈善 NGO 组织、环保人士、行业协会、相关从业者以及社会知名人士对于动物保护、动物福利以及企业社会责任等话题的讨论，进而引发了公众对于中医药产业发展的热度关注。

根据我国 1994 年通过实施、2005 年进行第三次修订的《公司法》第五条所规定："公司从事经营活动，必须遵守法律、行政法规，遵守社会公德、商业道德，诚实守信，接受政府和社会公众的监督，承担社会责任。"这一条例被视作我国公司经营准则的"社会责任"基准条款，通常认为，企业除了要依法经营，还应承担遵守社会公德、尊重消费者心理等责任。中国人民大学财政与金融学院副院长赵锡军指出："归真堂计划上市这个事情已经超出了财经的范畴，而转为一个社会伦理道德问题，但这也显示出目前中国上市公司社会责任的严重缺失。"本书认为，现代企业不但要依法经营，追求业绩的同时，还应履行自身企业社会责任，归真堂作为一家积极争取上市的公司，更应注重维护企业形象。归真堂在资源利用过程中"活熊取胆"的方式受到社会各界的广泛质疑，导致公司的社会形象直接受损与大量消费者的宣传抵制，最终导致企业 IPO 上市计划的中止，这是值得相关野生动物资源利用企业引以为鉴的。随着社会经济的快速发展，在绿色转型、低碳经济的推动引导下，林业及相关产业均得到了各级政府及社会各界的愈发关注，而树立企业社会责任意识，履行企业社会责任应当成为相关企业谋求自身长期发展与可持续经营的必然选择。

此外，随着野生动物保护提上日程，野生动物的存在价值和生态价值越来越被人们重视，但却常常被人们忽略其在生态系统中的作用，往往在破坏了生态系统后才感到其生态的重要性。与此同时，长久对野生动物资源真实价值的忽视导致的开发利用急功近利，缺少对资源的科学管理使得资源存量呈现明显下降趋势，野生动物资源现状不容乐观，我国目前已经出现了严重的资源空心化现象。长期过度地资源获取和其他经济活动对生态环境的破坏导致了大量野生动植物种群数量的急剧下降以及很多物种的灭绝。根据自然保护联盟（IUCN）公布的资料，目前全世界的濒危物种达 15000 多种，占已有科学描述物种的 3%，而在具有重要利用价值的动植物类别中，濒危物种所占的比例远远高于 3%。

改革开放以来，我国的国民经济和各项事业取得长足发展，由于长期以来的粗放型经济发展模式，经济的高速增长必然是建立在资源的大量消耗与生态环境的严重破坏之上的。我国资源总量相对富足，然而在庞大的人口基数之下便显得如此稀缺和珍贵。近年来，以科学开发资源，保护珍惜生态环境为前提的可持续发展模式已成为各领域学界的研究热点，林业资源的可持续发展与经营随之成为中国林业研究领域的关注热点。因此，在当前可持续经营开发的经济理论指导下，在动态经济的市场环境下以经济学的研究方法对与野生动物资源相关的经济行为进行控制，树立正确的野生动物资源利用观念。正确认识野生动物的生态价值不但可以提高人们保护野生动物的意识，而且还能为管理野生动物资源提供重要的理论依据。

经济学中一般把自然和环境资源（包括野生动物资源）的价值划分为非利用价值（nonuse values）和利用价值（use values）两部分。利用价值是人们通过利用资源来获得利益的价值。根据资源利用的时间、地点以及方式等因素，可以将利用价值进一步划分为多种形式。以野生动物为例，比西普（1985）把利用价值分为间接利用价值（如以野生动物为主题的影视、文学和艺术品的观赏价值）和直接利用价值（如前面提到的游憩价值和实用价值）。当前国内外学者通过深入研究来重新定位资源价值，将单一角度转变为多角度的综合交叉分析，即对野生动物资源的价值分类进行综合考虑，从不同视角出发系统全面地反应野生动物资源的真实价值。其资源价值构成是以自然资源的价值构成为依据的。野生动物资源给人类带来的社会福利水平取决于人类所享受的野生动物资源所产生各种市场、非市场物品和服务的数量和质量（高敏雪，2004）。

1.1　研究背景

企业社会责任（Corporate Social Responsibility，CSR）最早由英国学者欧利文·谢尔顿（Oliver Sheldon）于1924年提出，他指出企业社会责任的内涵"不能只把追求股东利润最大化视为公司经营的唯一性目标，企业不应当忽略除股东之外的其他所有利益相关群体的利益"。在其概念演进发展的历程中，曾引起了企业是否应该承担社会责任的广泛争论，而众多学者针对企业社会责任的概念界定进行了多方面的论证。霍华德·R·鲍恩（H·R·Bowen）1953年指出，企业具有社会性的目的并应该具备相应的企业社会价值观，企业有义务在社会活动之中通过对自身社会目标的认识，而制定相应企业决策寻求经济收益的同时会随之产生一定社会利益。鲍恩据此对企业社会责任做出如下定义，企业应具有的一种有利于社会整体目标及价值观的职责或义务，以此为整个企业的经营发展制定决策、行动与目标。此种观点第一次完整地从理论指导出发，指出企业在发展之中应当要承担社会责任，从而实现社会整体收益，其对于企业社会责任理论的研究发展具有里程碑意义。正因此，鲍恩被誉为"企业社会责任"之父。

随着全球化步伐的加快，社会经济的持续前进与发展，人权活动与环保运动的开展，企业对于社会责任应当承担这一共识在学术界与企业界已逐渐形成，积极履行企业社会责任正被越来越多的现代企业纳入经营战略之中，企业也因此不仅仅只是为股东创造收益，追求利润最大化的经济组织，而且是承担了社会责任的重要社会组织。其经营环境已从传统的投资、生产、销售、服务的简单环境，转变为受到企业各利益相关者影响的复杂环境。

20 世纪 90 年代，全球范围内出现了一场声势浩大的企业社会责任运动，继而形成全球社会各界联合推动企业社会责任实践的趋势。1998 年，国际劳工大会通过《关于工作中基本原则和权利宣言》，其旨在维护、促进并实施结社自由和集体谈判的工作及各种活动，提供了新的机遇。1999 年 1 月，联合国提出《联合国全球契约》要求跨国公司与私营企业在各自的影响范围内遵守、支持以及实施一套人权、劳工标准及环境方面的十项基本原则。另外，随着公司经营过程中企业社会责任意识觉醒并逐渐增强，纷纷提出企业自身的社会责任准则，来自不同行业、地区以及国家的经济组织、非政府组织或政府部门也制定并推行了相应的社会责任准则。1999 年，经济合作与发展组织（OECD）通过并颁布《OECD 公司治理原则》。次年，社会责任标准"SA8000"的制定，其作为全球首个道德规范国际标准，其主旨是保证市场中公司所提供的产品或服务，都符合企业社会责任标准的要求，其适用于来自不同行业、不同地区及国家的不同规模的公司。我国通过实施的《中华人民共和国公司法》中将公司承担并履行企业社会责任明确规定为经营管理中的一项义务，2008 年 1 月，国务院国有资产监督管理委员会针对直管央属企业发布了《关于中央企业履行社会责任的指导意见》。

回望 2008 年，在四川汶川大地震发生之后，全国上下齐心协力抗震救灾，社会各界鼎力相助，企业更是捐资捐物的排头兵，慷慨解囊，与此同时，不同企业捐款数额的多少，引起全社会广泛的关注，王老吉厂家豪捐一亿元使自身品牌和形象众人皆知，产生了巨大的正向宣传效应。这些事件的持续发酵同时引发了国内社会各界对于企业社会责任的热烈讨论。然而，中国作为一个发展中国家，绝大多数国内企业相对于国外大型公司制企业而言，在管理水平、资本规模以及核心竞争力方面都存在一定差距。在当前经济全球化的背景下，许多企业在维持自身经营的同时，坚持履行自身社会责任，持续投入资源进行建设，这种可贵的企业社会责任行为应当得到人们的充分肯定与维护。与此同时，也难以排除掉一些企业为了提高自身收益，降低生产成本，在环境保护、员工管理等方面采取不合理的做法，甚至更严重的以次充好，罔顾质量安全等行为的出现，从根本上违背了企业社会责任的价值导向，可能给企业的发展带来沉重打击直至致命后果。2003 年以来，在我国山东、安徽、江西、重庆等地相继发生的毒奶粉伤害婴孩生命事件，相关事件的持续发酵及产生，导致 2008 年河北三鹿三聚氰胺毒奶粉事件的直接暴发，造成了中国乳制品行业的大震荡，使得国家主管部门下定决心加大力度整治规范市场。而近几年发生在福建上杭县的紫金矿业生产污水排放至汀江河段污染的事件，太湖蓝藻暴发等环境问题的屡屡出现，这一系列事件的背后凸显出国内的部分企业在社会责任方面的意识淡薄，以及对于消费者、环境以及社会的关怀缺失。

目前，国内的学术界对于企业社会责任的研究已有较多成果，但通常集中在企业一般意义上所应承担的社会责任，以及企业社会责任在企业经营之中的所处地位及关系探讨。对于行业而言，学者们在石油加工业、医药业、纺织业、汽车业等产业的社会责任问题也进行了研究，然而细分至林业企业社会责任问题的研究则非常少，尚处于起步阶段，对于野生动物资源利用进行企业社会责任研究则几乎空白。随着国内经济发展及人民生活水平的持续提高，中国林产工业协会和中国林业产品联合会于 2011 年 7 月，联合发布《中国林产业工业企业社会责任报告编写指南》，这意味着林业主管部门及相关组织机构意识到对于产业发展及企业经营而言，企业社会责任所发挥作用的重要性与必要性。而当前野生动物资源的利用与产业发展，在我国引发了一系列社会问题并导致矛盾激化，开展企业社会责任研究，推动行业践行企业社会责任是寻求问题解决的有效途径。

安妮托普林（Anne Toppinen，2011）的研究显示，世界林业企业之中仅有 18% 的企业主动承担社会责任，而处于被动地位的企业数量则高达 58%。世界各国的研究人员也一直致力于不同行业企业社会责任之间的特殊性研究，而在党的十八届三中全会全面深化改革的指导精神下，现阶段各产业寻求产业转型升级是所要面对的社会责任及义务，林业企业社会责任问题的研究与深入是行业在新时期寻求进一步发展的必要元素。野生动物资源作为一类极其重要的林业资源，其资源的保护及利用管理持续引发社会各界的关注，而野生动物资源利用企业在资源的可持续开发、永续利用及保持资源种群繁衍的过程之中发挥了什么样的作用，相关企业如何发展在经营自身发展，从股东利益出发寻求利益最大化的同时，满足当前各方利益相关者的利益需求及达到关系平衡。

虽然野生动物作为可更新资源范畴的一类资源，具有再生性，只要合理、科学地开发利用，资源将不会枯竭，但野生动物资源的利用同样需要注意由于其自身物种特性差异所决定的最大限度，一旦超过，不仅资源将枯竭，物种生存遭到破坏，相关行业经济也会随之崩溃瓦解。全球生物多样性工作组指出，通常情况下导致物种灭绝有三个主要原因：外来种引入，栖息地丧失以及开发利用过度。因此，许多生物学者和管理人员普遍认为飞速发展的经济环境是导致野生动物种群数量减少或濒危直至灭绝的决定性条件，经济环境无法受到生态学原理的制约，往往受市场力量所左右。综上所述，自然资源的价值通常情况下往往被低估，而对于可更新资源类的野生动物资源，市场并不能反映出其全部价值与利用成本，盲目的开发必定会加剧对自然资源的透支无限制化。

本书正是基于以上理论及现实背景出发，意识到对于野生动物资源产业的企业社会责任问题进行研究的重要性与必要性，而加强企业社会责任建设同样是促进野生动物资源产业发展，增强行业竞争力的重要措施之一。本选题是基于自身科研能力的锻炼与积累，以及专业方向的持续学习，也是从所参与的国家自然科学基金项目对于野生动物资源的相关研究出发的。

此外，本研究以生态学和野生动物管理学的有关理论模型为基础，考虑经济学理论之中的成本效益因素，并从动态经济学的视角入手，构建野生动物资源的最优控制模型，并以此为基础设计出一套科学的资源评价体系，针对当前具有典型代表意义的物种进行资源管理动态经济系统的讨论分析，并选取熊类资源进行数据搜集作为实证研究对象。

1.2 研究目的与研究意义

野生动物资源用途广泛，在保护生态平衡、维持人类生存、推动经济发展以及提高人民物质文化生活水平等方面有着十分重要的贡献。从远古时代开始，野生动物便提供了人类生存所需衣物、食物等产品，随着役畜的出现，生产力水平进一步提高，使得人类的简单劳动大大减轻。到如今，人类社会的娱乐休闲业、工农业、轻工业、科学文化研究等行业依然和野生动物资源息息相关，其不仅是我国许多基础产业的原料供应者，而且也是生物、医药、基因工程等新型高精尖产业持续发展的基础。

如何加强管理野生动物资源，协调保护与利用野生动物，使野生动物资源为人类社会发挥出各种各样的巨大效益得以长期永续，作为当前野生动物资源保护管理理论研究的重要问题，同样是涉及多个基础部门产业的经营发展的重要问题。

野生动物资源利用与管理属于生态经济学范畴，野生动物资源公共品作为具有非排他性和非竞争性的物品，价值周期长、附加值高（生态价值、经济价值、科学价值、社会价值）、综合效益显著等是它自身特点，这就造成了实际价值难以核算和开发利用中一度急功近利等问题现象的存在。如何平衡好生态效益、经济效益和社会效益三者间不同的需求关系，使得综合效益最大化是管理策略和政策研究的核心所在。国内当前的野生动物资源管理及利用，效益间关系平衡所引发的矛盾，存在于大多数经济动物资源经营利用的过程之中。如果纯粹为了实现资源的经济效益，人类的过度利用势必造成资源数量锐减，刺激其价格疯狂上涨，从而更加推动人们为了经济效益对动物实行滥捕，若没有法规条例的约束，这所形成的恶性循环势必给予动物种群灭绝的灾难，影响人类正常生存的自然环境的生态多样性。另外，如果极端地强调对野生动物资源的保护，忽视其作为一类可更新资源的自然属性，同样也不可取。即使放弃人类对于野生动物资源的刚性需求，对野生动物资源的种群存量发展或保护管理也没有正向推动作用，还会对人类社会的正常经济发展造成损害。

近年来，随着社会民众对野生动物资源的持续关注，野生动物资源利用企业在自身发展经营的过程中，引发了社会各界的争论与持续关注，由此产生了一系列有关保护及利用之间关系的矛盾与冲突的社会问题。

本书以野生动物资源产业的企业社会责任问题作为研究对象，对当前野生动物资源利用企业履行社会责任的现状进行讨论，以利益相关者理论为切入视角，对相关企业所应承担的一般社会责任，以及结合产业自身特点的社会责任做出界定与分析。在研究过程中，分别从企业的各利益相关者层面进行归纳与探讨，发现所存在的问题并对内在成因做出分析，继而找出针对野生动物资源产业企业社会责任的履行过程中所出现的问题的解决方法与措施。协调野生动物资源保护及利用，保证资源永续地为人类提供服务与价值，是当前野生动物资源管理理论发展的重点，也是关系到多个基础产业部门生存发展、社会稳定的重要问题。全书目的正是立足于此，研究野生动物资源产业的企业社会责任问题，能够进一步发现当前我国野生动物资源保护及利用间关系现状，持续推动野生动物资源管理理论相关研究，并揭示资源企业在履行社会责任过程中所存在的问题实质，有利于培养产业整体的企业社会责任意识。此外，对促进产业发展，改善资源利用状况，引导全社会整体树立正确的资源利用观具有指导作用，并为相关部门制定资源管理与产业发展政策提供参考依据，探索人与自然和谐共处之路。通过对野生动物资源企业承担并履行社会责任的措施的讨论与分析，说明并强调其重要作用，为我国野生动物资源产业的长远发展，资源的永续利用提供信息支持与研究借鉴。

野生动物资源利用在中国有着悠久的发展历史，在最近的 30 多年进入了快速发展的时期，技术手段与管理方式的进步，推动其成为国民经济的重要产业之一。通过我国野生动物资源利用的相关企业在沪深两市的表现来看，其重点企业常年以良好的业绩及稳健的发展占据高价股票的排名前列，表现活跃，这说明了相关企业的重要地位。然而伴随发展而产生的问题以及资源利用保护间的矛盾，引起全社会对野生动物资源利用是否应该承担企业社会责任问题的广泛关注。只有从根本上探究野生动物资源利用企业社会责任的内涵意义、组成结构以及作用意义等相关问题，才能有利于整个产业对企业社会责任拥有一个清晰全面的认识，对解决现实发展问题具有一定的指导意义。通过本书的研究拟解决如下问题。

第一，通过构建明确野生动物企业对于不同层次的群体所应履行的企业社会责任，科学地对野生动物资源利用的企业社会责任的内涵与结构做出界定分析。并在此基础上构建利益相关者分类模型，反映当前行业内组织在企业社会责任相关方面的履行形式与实际成绩，解答"什么是野生动物资源利用的企业社会责任"的问题。

　　第二，根据野生动物资源企业的经营现状，选取具体的衡量指标并进行详尽的数据搜集，从野生动物资源利用企业的视角出发考察企业社会责任的实际履行情况，通过结构模型的验证性因素分析对企业社会责任评价指标体系进行科学验证，发现当前行业内企业社会责任层面的问题及存在的主要矛盾，解答"对什么群体履行企业社会责任"及"应当履行什么样的企业社会责任"的问题。

　　第三，采用面板数据模型研究方法，从有效的企业社会责任评价指标体系中，通过筛选适度指标结合相关企业数据进行研究，讨论企业社会责任与野生动物资源利用企业经营业绩的相互影响关系，说明承担企业社会责任对于改善企业经营绩效的重要作用，解答"野生动物资源利用为什么要承担企业社会责任"的问题。通过科学有效的研究结论探寻并指导产业发展的方向，这有助于发现现存影响问题的实质成因。对于野生动物资源利用企业而言，目前的经营结构是否合理，发展规模是否适度，现有技术是否适应生产力发展及经营需求，是否还具有改善空间与相应措施。

　　本书首先试图为研究人员进一步拓展研究，管理部门制定相应政策，企业规划发展战略提供重要参考价值。正是基于以上思考，通过对野生动物资源利用行业内上市公司的不同经营规模的企业社会责任现状的研究与分析，从根本上探寻野生动物资源利用企业社会责任与企业经营业绩的内在关系的影响机理，有利于相关从业企业对社会责任问题拥有一个较为全面的认识，也有利于市场及社会引导企业积极承担并履行社会责任，同时对于规范野生动物资源利用企业经营行为，促使相关资源及市场管理部门有的放矢，采用有效管理措施引导企业更好更有担当的经营自身，共同构建经济良性循环、生态环保和谐的社会大环境。

　　此外，在对当前国内野生动物资源的相关研究与资料系统梳理后，结合研究人员在野生动物管理领域所做的研究，将野生动物资源利用行业作为目标对象，真实反映出当前野生动物作为一类可利用资源在我国国民生活及产业中的实际现状和地位，一定程度在提高社会普通民众乃至研究管理人员，对于野生动物资源在保护及利用的认识定位与管理控制上提供了参考价值，从而为国家部门及从业人员制定资源管理和产业发展策略提供依据。本书着力于推动野生动物资源管理理论的进一步发展，以及提供产业管理的实践指导作用，这也是本研究重要价值所在。

最后，从当前管理实践来看，长期存在的资源培育、保护及利用量三者之间关系不明确，资源利用配额数量的科学确定方法问题，资源价值计量方法的实际应用不规范等诸多问题已经对整个野生动物资源基础产业以及管理研究领域的未来发展产生了严重影响。在建立分析野生动物资源最优控制模型的基础上，于不同种类的资源经济管理系统之中，在与之对应的约束条件下利用动态分析方法对资源存量、结构、价值潜能和发展趋势进行探讨分析与研究，才能正确认识到野生动物资源在其衍生产业发展中所处的地位和作用，为实现有限资源的科学配置与管理提供理论和实践基础。

因此，在针对野生动物资源最优管理的研究中，本项目特色与创新之处在于：

（1）本书在对当前国内野生动物资源的相关研究与资料系统梳理后，结合研究人员在野生动物管理领域所做的研究，将野生动物资源利用产业作为研究对象，针对野生动物资源利用在中医药产业发展中所发挥的作用与关系进行定量实证研究和定性探讨，通过此形式真实有效地反映出当前野生动物作为一类可利用资源在我国国民生活和产业中的实际现状和地位，一定程度上创新性地反映出当前资源利用和产业发展之间存在的深层关系与问题，进一步提出通过最优控制理论研究解决现存问题的新思路，对于提高民众乃至研究者对于野生动物资源在保护和利用的定位和管控蕴含全新的参考价值。

（2）研究结合动态最优化理论与生物数学理论构建野生动物资源最优控制模型，对处于现实环境下的野生动物资源进行动态经济分析。研究采用定量分析和定性研究两者相结合的研究方法，充分分析野生动物资源自身种群发展和开发利用环节中所存在的差异，构建有效的最优控制模型，设计科学合理的资源因素指标评价体系。研究具有鲜明的特色，方法科学可行，充分保证研究结论的客观性和有效性。

（3）本研究在针对野生动物资源自身种群水平和利用状况进行分析，选取具有不同类型的有代表意义的典型物种作为研究对象，掌握种群资源动态变化的趋势，从而为国家部门及从业人员制定资源管理和产业发展策略提供依据。研究方法具有一定开创性，对野生动物资源优化管理具有理论和实践指导意义，这也是本研究价值所在。

1.3　研究思路及内容

1.3.1　研究思路

本研究关注两个方面的研究问题，因此在研究设计上，主要划分为两个层次。

首先，在对国内外大量相关研究与文献的学习基础上，本书坚持理论研究与实际应用相结合，定性分析与定量研究相结合的原则，横向与纵向的比较方法，遵循从现实生活的经济系统运行过程中寻找问题，将问题升华为研究内容以推动学科发展的研究思路。本书将野生动物资源利用的企业社会责任问题作为研究对象，野生动物资源企业作为研究样本，在对企业社会责任的普遍性概念范畴进行综述研究的前提下，结合野生动物资源行业特点对其企业社会责任进行解构分析。以利益相关者视角切入，构建野生动物资源利用的利益相关者分类模型，研究根据不同利益相关者群体的分类，根据实际现状采用规范研究选取相关指标，设计出野生动物资源利用的企业社会责任评价指标，并运用结构方程模型对评价指标进行验证性研究。在评价指标得到科学验证基础上，应用选取适当指标通过面板数据模型对利益相关者分类模型进一步深入研究，探讨野生动物资源利用企业社会责任与企业绩效的关系，意图充分说明企业社会责任建设对于产业发展的重要作用，指出野生动物资源企业应当明确自身应承担的社会责任，并以此发现资源企业在履行相关社会责任过程中所存在的不足与欠缺，以及不同企业在企业社会责任表现上的差异。在研究之中结合企业社会责任理论、利益相关者理论、公共品外部性理论、野生动物资源管理理论、计量经济学等相关理论，通过深入研究探讨，并由此对当前野生动物资源产业内企业社会责任的总体履行现状进行全面了解与阐述。

其次，本研究对现有各类资源经济系统模型探讨，特别是野生动物的最大持续产量模型进行深入研究的基础上，以最优控制方法为研究的中心思想，对野生动物资源经济系统进行动态分析，为制订可持续的产业发展规划，科学合理利用野生动物资源提供指导依据，从而实现野生动物资源保护与利用协调持续发展。为了在本研究范围内实现这一总体目标，首先充分分析国外野生动物资源最优控制模型及其实证运用的资料和方法，在此基础上针对衍生产业的发展现状进行实证研究，发现当前资源利用现状中所存问题及影响规律，以此为基础初步构建符合国内当前资源现状的模型系统，通过科学合理的资源价值评价体系为大规模数据搜集做好铺垫，然后选择社会关注度高、资源丰富程度存在差异、利用程度与方式方法存在不同的 3 个代表物种利用经济系统进行定量研究及定性分析，并综合运用上述结果对其资源管理和控制提出政策建议。依据以上研究思路，分步骤实现如下具体目标。

（1）对国内外资源最优控制模型相关研究文献进行梳理之后，结合企业社会责任问题研究与资源产业发展研究，发现我国野生动物资源利用过程中的情况及问题，建立符合国内现状及满足资源价值最大化目标的野生动物资源的最优控制模型。

（2）在探讨野生动物资源管理最优控制模型合理有效的基础上，确定野生动物资源价值各因素指标评价体系，为后续研究的数据搜集给予理论支撑。

（3）以野生动物资源现有的种群数据条件为研究基础，确定不同类型的典型代表物种，并分析其现实利用情况和主要价值组成形式，通过运用最优控制模型的计算分析结果定性分析该物种的经济分布和发展趋势，在综合分析的基础上以我国熊类资源为例进行实证应用研究。

1.3.2 研究框架

企业社会责任问题研究的技术路线框架图如图 1－1 所示。

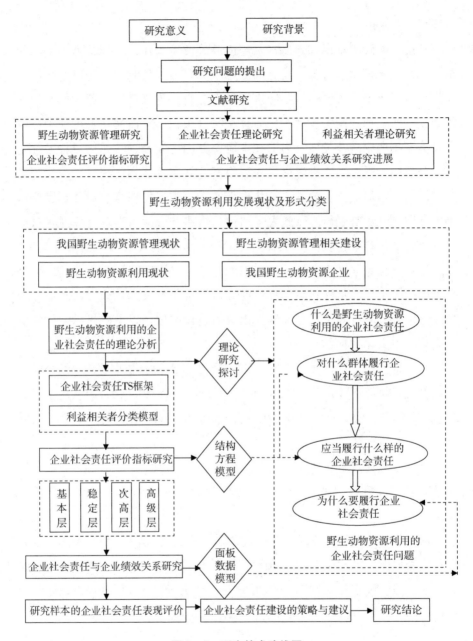

图 1 - 1　研究技术路线图

Fig. 1 - 1　Technology Roadmap

资源最优管理研究的技术路线框架图如图 1 - 2 所示。

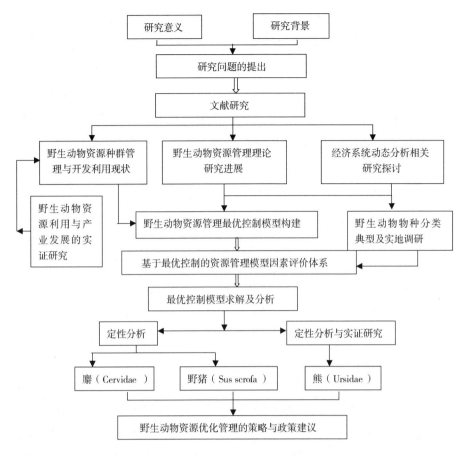

图 1-2 研究技术路线图

Fig. 1-2 Technology Roadmap

1.3.3 研究内容

根据研究的技术路线，为了实现所设置的主要研究目标，全书研究内容主要分为五个部分，共十章。

首先，本书的第一章内容详细介绍了本研究所处的背景和意义所在，明确论文的研究思路、研究框架、主要内容和研究方法，并指出了研究的特色与创新之处。并在此基础上，针对研究范围、研究对象以及相关研究概念进行了内涵界定。

第二章是本书的文献综述，通过文献分析法与规范分析法对国内外相关研究进行文献综述和梳理，对野生动物资源管理理论研究进展，资源利用发展现状，企业社会责任理论，利益相关者理论的相关研究成果进行学习概括与评述，并着重研究企业社会责任与产业间关系实证研究相关文献与方法。此外，针对野生动物资源管理学及其相关模型研究与应用，动态经济分析，经济动态模型，最优控制理论及其系统构建的相关研究理论进行概括和评述，并关注与野生动物资源管理模型及实证研究相关的资料。

第三章作为本研究的基础，首先详细阐述了当前我国野生动物资源的现状、问题以及管理体制，引申出当前资源利用的行业发展现状。

第四章作为理论分析，将野生动物资源视作具有外部性的公共品进行探讨，结合企业社会责任与利益相关者理论的研究，对于野生动物资源利用企业履行企业社会责任的关系与现状进行探讨。本章对野生动物资源产业的企业社会责任分类进行分析，以利益相关者视角为切入角度，构建野生动物资源利用的利益相关者分类模型，依据上述理论研究成果将野生动物资源企业对于不同利益相关者群体应当承担的企业社会责任进行划分，以此反映出企业社会责任在普遍意义下的一般性与资源产业特点下的特殊性。

第五章构建出野生动物资源产业的企业社会责任评价指标，首先对其进行了信度、效度检验，获得较好的效果，然后通过探索性因素分析对评价指标的组成结构进行调整后，最终运用结构方程模型对评价指标进行验证性因素分析，最终确定了野生动物资源产业企业社会责任评价指标由四个维度十三个评价指标所形成。

第六章以具有代表意义的中医药生产经营上市企业为典型，针对野生动物资源在中医药企业产业经营中的经营形式与作用地位，根据已得到科学验证的企业社会责任评价指标，从中选取具有代表性的测量指标，利用面板数据的个体固体效应模型来研究行业内企业社会责任与企业绩效间的关系，通过对相关产业的实证研究，发掘资源利用过程中难以通过表面分析察觉的问题，说明了野生动物资源利用企业积极承担企业社会责任的重要性。

第七章主要提出对当前野生动物资源利用过程中履行企业社会责任的改善策略与建议。

第八章主要从野生动物资源最优控制模型的构建出发，基于模型对资源价值各相关因素进行了系统分类，设计出一套较完善且具有针对性的基于控制模型的资源价值评价体系，并于东北地区进行调研，给后续研究的严谨性和科学性夯实基础。同时，利用调查资料根据实际情况了解模型各因素的基础数据获取情况，并分析对构建有效最优控制模型的影响。整个研究过程及结论进行了回顾与总结，并对研究中的不足及未来的研究方向进行探讨。

第九章将上述数据资料和数据获取方式进行结合，在建立野生动物资源价值评价体系的基础上对最优控制模型进行推导求解，并根据当前我国不同野生动物资源所存在的差异进行分类分析。研究选择了三类典型代表物种，利用上述结论进行定性研究及分析，并选取熊类资源为模型应用的个案实证研究，意图发现资源种群在未来最优存量的发展趋势。

第十章作为最后一章，则主要对整个研究过程及结论进行了回顾与总结，根据研究成果提出野生动物资源管理优化与资源企业社会责任培育的策略和政策措施，并对研究中的不足及未来的研究方向进行探讨。

1.4　数据来源与研究方法

本文的研究数据来源主要如下：

野生动物资源产业内企业金融数据通过 Resset 数据库，CCER 数据库，历年《中国统计年鉴》、中国医药信息网、上证交易所及深交所的官方网站等信息披露公开渠道进行搜集。行业调查数据则通过实地调研、网络搜集、邮寄或电子信函等形式对相关行业从业人员、野生动物资源管理研究人员、普通民众等进行咨询与访谈进行相关调查数据的搜集。

野生动物资源数据由于当前国内野生动物资源管理长期以来缺乏系统管理和监测，因此数据来源较广泛，并以核算估计的形式为主，其中相关文献研究，《中国林业统计年鉴》，与资源利用相关的企业公开财务报告，相关报刊及网络报道都是对信息进行筛选搜集的渠道。

围绕本研究的目标和研究内容，本书的研究方法以理论分析和实证研究相结合，探讨野生动物资源在推进产业进步和经济发展之中的作用与定位，为实现企业可持续经营，资源良性循环利用的发展目标提供借鉴价值。运用资源经济学、福利经济学、计量经济学和统计学、企业管理、野生动物资源管理学等学科理论成果和研究方法。在研究的全过程之中,选取 Spss、AMOS、Eviews、Matlab 等计量软件作为研究工具,以此对所涉及的模型及研究对象进行实证研究与分析。

研究将根据野生动物资源清查数据和利用调查数据,并在野生动物种群数据、生产收获成本、价格和市场状况调查数据收集的基础上,提出促进野生动物资源管理及产业经营的改善策略与政策措施。本研究将主要采取定性分析和定量研究相结合的方法,主要包括文献分析法、描述统计法、因素分析法、结构方程模型、面板数据模型、动态分析等方法,以使研究成果得到有力的科学验证,具体技术实现路线见图 1-1、1-2。

1.5 概念的界定与研究对象

1.5.1 概念界定

1.5.1.1 野生动物

世界各国研究与管理人员对野生动物(Wildlife or Wild animals)的定义是众说纷纭,其概念相当广泛。美国野生动物管理的创始人兰珀德(Leopold,1933)在《游猎管理》一书中,狭义地认为野生动物即大型狩猎动物。Wildlife,从其字面含义理解,应包含一切野生生物,包括所有的动物、植物,甚至微生物。然而在通常情况下,Wildlife 的含义仅仅特指野生动物,并且野生动物的概念还存在广义和狭义之分。广义泛指兽类、两栖类、爬行类、鸟类、鱼类、软体动物和昆虫等,种类繁多,涉及面广;狭义系指除了鱼类和无脊椎动物以外的上述各类动物,即包括兽类、鸟类、爬行类和两栖类动物。

野生动物定义之中,贝利(Bailey,1984)的定义较为经典,即生长在天然自由状态环境下,或来源于天然自由状态下虽经多代人工繁育驯养,但尚未发生进化产生明显变异的各类动物物种(马建章,1990)。此外,按照野生动物与人类的密切联系程度进行划分，又可以将野生动物区分成野外环境的野生动物和人工繁育的野生动物。因此，部分研究人员认为，除了家养动物之外（家禽、家畜等），其余均可以认为归属于野生动物类别中。目前，国外的野生动物定义还有"除了家养和驯养以外的动物都是野生动物，包括蜘蛛、昆虫、鱼、两栖、爬行、鸟和兽类"等。然而，随着管理理念和现状的持续转变，在目标对象上，有关于野生动物的概念逐渐开始调整，有专家学者在研究中采用隶属于美国内政部的"鱼和野生动物管理局"（Fish and Wildlife Management Bureau）的管理方式，将其重点放在了两栖类及以上的动物门类中（费荣梅，2003）。

而我国目前在很多场合下都将野生动物的概念视作如下，分别是兽纲（哺乳纲）（Mammalian）、爬行纲（Reptilian）、两栖纲（Amphihian）和鸟纲（Aves），是除鱼纲（Pisces）以外的以上几个更高等级的类群。虽然从我国1955年所颁布的《国家重点保护野生动物名录》可以了解，名录之中包括鱼和无脊椎动物类别，但其重点还是在两栖类及以上的动物资源物种门类中，而于2001年所出台的《全国野生动植物保护及自然保护区建设工程总体规划》，依然将保护重点和实现目标直接放在两栖类以上的陆栖脊椎动物物种之上。

由于当前在学理上野生动物的定义并没有达成共识，所以我国的野生动物保护法仅仅只是界定了野生动物保护的细则与范围，并没有对野生动物赋予明确的法律意义上的概念。我国野生动物保护法的物种对象就是指有益的、有重要科学研究价值的，或者是珍贵的、濒危的陆生野生动物、水生野生动物。法律的这种过于狭隘的范围规定，却使得那些现存的、非珍贵的、非濒危数量种群和那些正在受威胁的，或者是当前还没有反映出自身重要经济科学研究价值的野生动物不能在法律的保护范围之内，其直接结果就是导致现在非濒危的物种最终逐渐演变成了濒危物种，从而满足保护条件成为引起重视的物种。由此可见，野生动物的范围界如何界定，直接关乎该物种的生存状态。

野生动物资源的定义和范围大同小异，但在不同的时期和环境下，学者们对其所做的定义也在进行不断调整。邹红菲（1997）认为野生动物资源是指生存在自然环境处于自由状态，或者野外生存的动物经人工驯养时间较短而没有发生进化变异的所具有社会价值、生态价值与经济价值的各种动物物种。野生动物资源具有广泛的用途,在维持生态平衡、促进社会经济发展、保护人类健康、提高人们的物质文化生活水平等方面起着十分重要的作用。蒋志刚(2003)则认为通常涉及的动物不应再简单地分为"家养动物"与"野生动物"两类,而应该按三大类划分,即"家畜家禽、人工养殖的野生动物和野外生存的野生动物"。

上述概念系统科学地界定了现实环境中野生动物的范畴,且本书研究内容将大量涉及野生动物资源的经济意义,野生动物并不是"野生"及"动物"二者概念的简单叠加。本书中野生动物概念将充分考虑到研究对象的资源价值和利用方式,基于蒋志刚学者所做概念定义,即除家禽家畜以外,为野外生存或人工驯养繁殖的具有显著或一定价值的动物物种。

1.5.1.2 野生动物资源利用

野生动物不仅为早期人类提供了基本的食物、衣服,并且提供了我们至今赖以生存的畜禽的种源。在野生动物中,不仅有药用动物1500多种,还有许多畜禽的起源种,是著名的世界雉类之乡(王伟,2004)。我国与野生动物资源紧密相关的生产经营行业有野生动物养殖、民族乐器、工艺品制造、特种皮革、传统医药、观赏旅游等,在国民经济发展中占据主要地位。现有培植繁育的雉类、鳄类、鹿类、鸵鸟和蛇类几百种野生动物,为保健品、医药、皮革、工艺品等产业提供了大量的物质原料资源。野生动物资源不仅是我国许多基础产业的原料供应者,而且也是生物、医药、基因工程等新型产业发展的基础。

产业,英文为"Industry"一词,其既可以译为工业,也可译为产业。从经济学的视角对其定义,是由提供相类似服务或产品,抑或通过相关或相同价值链上进行经营活动的企业共同组成的。中科院动物研究所宋延龄研究员指出,根据国内外野生动物资源管理的现状及趋势推断,野生动物资源利用的产业化将是野生动物资源管理理论未来发展的一个重要方向。

野生动物资源产业当前的定义范围普遍是指以野生动物资源及其产品为基础而逐渐发展的行业,与人们生活较为密切并常见的主要利用形式包括野生动物养殖业、产品经营加工业、旅游业、餐饮业等等。根据刘江(2002)在"中国可持续发展战略研究"课题报告中指出,据不完全统计,中国现约

80%的中成药和绝大多数保健品原料来自野生动植物，其中20%以上来自野生动物资源。我国拥有丰富的野生动物资源，发展好野生动物资源利用不仅可以带动区域经济发展，推进产业技术创新，而且可以提高社会整体对资源种群的关注，对保护生态多样性，维持野生动物种群持续增长大有帮助。全世界现存野生动物中兽类合计有4180种，而我国有509种，在脊椎动物各纲中，兽类同人们的经济生活尤为密切。人类为了获取经济利益而饲养的野生动物种类约有数百种，经济动物又被称为特种经济动物，是指在人工环境下繁育养殖利用的野生动物。在人类饲养条件下的野生动物，受到了良好的照顾和缺乏天敌的干扰，通常可以大量繁殖，从而发育充分，资源产品质量和产量相比野外资源而言都较大。目前，经济动物种类较多，分为药用动物、毛皮动物、肉用动物、观赏动物等，其中又以药用动物和毛皮动物为主要经济动物。

对于野生动物资源产业的概念界定，学界一直存在着争论，主要定义为以下三类：第一类，野生动物资源产业是指专门从事野生动物资源保护、再生、恢复、增殖和积累的产业部门，其生产活动包括野生动物保护与养殖、野生动物生境的改良及管理等方面；第二类，以野生动物及其产品为基础而发展起来的产业，包括养殖业、旅游业、餐饮业、加工业、狩猎业、医药保健品业和工艺美术品业等；第三类，则将野生动物资源产业定义为维护自然平衡、合理开发和持续利用野生动物自然资源，以野生动物及其产品为基础，建立起来的跨行业、跨部门的综合性产业，主要包括养殖业、加工业、贸易业及观赏旅游业。结合本书的研究内容与思路，认为第三类定义系统科学地对于产业宗旨、经营目的及性质都做出了较全面概述，因此即将本书中研究对象所涉及野生动物资源产业以第三类说法为研究基础。

野生动物资源的利用形式根据其实现过程的差别，划分为消耗性利用野生动物与非消耗性利用野生动物两类，而部分研究学者认为，对于野生动物资源利用的分类也应当遵循现代产业经济研究中所提出的第一、二、三产业分类，根据我国《国民经济行业分类》对于产业的划分如下，即第一产业是指农、林、牧、渔业等养殖、种植业。第二产业是指采矿业，制造业，电力、燃气及水的生产和供应业，建筑业等加工制造业。第三产业是指除第一、二产业以外的其他行业。综上所述，对于野生动物资源利用形式的划分也可以将其分为三类：第一类指野生动物资源繁育养殖，其包括毛皮动物养殖、观赏动物养殖、肉用动物养殖、药用动物养殖，以及野生动物资源所占比重较小的实验动物养殖；第二类为野生动物资源加工，其包括野生动物资源工艺品、服装、制药、食品加工等；第三类则为野生动物资源贸易、狩猎业、观赏旅游业以及文化产业等。

根据对资源产业的分类标准，野生动物的利用涉及生产经营类型广泛，跨度涵盖第一、第二与第三产业，这使得企业利用资源进行不同的业务经营便具有了不同的企业特性。野生动物资源企业，便是纳入了上述产业分类中在市场产生经营行为的企业。即为以营利为目的，运用土地、劳动力、资本和技术等生产要素向市场提供野生动物资源商品或以野生动物资源为对象的生态环境服务，实行自主经营、自负盈亏、独立核算的具有法人资格的社会经济组织。

1.5.1.3 动态分析

动态学这一术语应用于经济分析时，是作为如下这一种分析类型：将探寻和研究变量的具体时间路径作为目的，抑或是确定在给定的足够长的时期区间内，这些观测变量是否会趋向收敛于均衡值。在比较静态经济学中，存在前提假设为"经济调节过程不可避免地导致均衡"，动态经济学的研究是非常重要的，其弥补了假设前提的不足，而直接讨论涉及均衡的"可实现性"问题。

动态分析具有一个显著特点，在分析范围之中明确地将经济变量的时间因素纳入考虑，可以将时间视为离散变量或连续变量，在第一种情况，变量仅在某一时段内才发生某些变化，如仅在每一年末计入利率。另外一种则为变量在每一时点都发生变化。动态分析方法涉及较多的变分法、最大值原理、最优控制以及动态规划知识。自埃文斯、拉姆西和霍特林 20 世纪 20 年代以来的工作开始，经济学家一直对经济系统的动态问题有极大兴趣。在高级宏观经济学中，运用大量的动态分析方法，这是研究理论的深入，也是研究对象从简单到复杂的过程。人类所生存的世界本身是动态发展的，因此，对人类的经济活动进行动态分析是十分必要的（王翼，王歆明，2007）。动态最优化的问题，在自然科学和社会科学的很多领域中有着十分广泛的应用。在经济学中，尤其在博弈论和宏观经济学中有着大量的应用。研究动态最优化的数学工具有好几种，如变分法、动态规划和最优控制理论等（寿纪麟，2005）。

1.5.1.4　最优控制

最优控制理论作为数学上一个独立学科，其包含相当丰富的内容，本书简要地对最优控制理论的框架及其主要研究结论进行一下概括和介绍，即变分法、Bellman 最优化原理，庞特里亚金（Pontryagin）极大值原理及其在宏观经济学中的应用。

变分法是求泛函极值的古典方法，它要求的条件很强，使用范围较窄，并且相较其他方法而言不甚方便。Bellman 最优化原理指出，最优控制的特征性质是：无论 x_k 及前 $k+1$ 阶段的控制规律如何，后部子决策过程的控制规律 $u_0, u_1, u_2, \ldots, u_{k-1}$ 对 x_k 必定为一个最优控制。这个最优化原理对连续的动态过程也同样成立。而庞特里亚金（Pontryagin）极大值原理则是在 20 世纪 50 年代由贝尔曼和庞特里亚金等人所提出的一种方法，它是当前解最优控制问题的主要工具，并克服了变分法的缺点。动态规划是一种分步多阶段决策的最优化方法。首先由 Bellman 在 20 世纪 50 年代建立和发展起来的。现已广泛应用于生产，资源配置，信息处理等很多邻域，介绍动态规划主要是为了说明极大值原理的用途。

最优控制理论已在管理科学领域中发挥了重大作用，塞斯（Seth）和汤普林（Thompson，1981）概述了其理论在金融中的最优投资、推销、机械设备的更新等问题的应用。朱道立（1987）运用最优控制理论建立模型，用 GRG 算法来分析经济问题。在可更新资源的最优控制模型的研究中，最大持续产量理论是其主要基础，对其概念界定是指使可更新资源种群提供最大产量，但又不影响和危害种群增长，从而实现永续利用目标。这方面的研究主要集中在可更新资源与更为具体的渔业资源、森林资源方面较多（赵春等，2005），并深入分析了资源收获的过量、不足以及如何合理收获和征税、补贴等政策介入的动态模型（郭见军，贺昌政，2002；陶前功，2004）。

1.5.2　研究对象

本书首先以野生动物资源利用的企业社会责任问题作为研究对象，将行业内的上市企业或代表企业作为研究样本，重点考察行业内企业在履行社会责任方面的相关行为，主要包括不同形式的野生动物资源利用企业在经营管理的过程中与各利益相关者的互动关系及处理方式的过程及体现，虽然本研究同样将涉及股东、供货商、政府管理部门等相关社会群体，但由于行业自身对于野生动物资源进行开发利用的特殊性，因此在研究之中需着重将资源所处地位与现状这一重要特性纳入考虑。其次，研究还关注野生动物资源最优管理问题，因此野生动物资源种群特性与种群数量也将作为重要研究对象。

第二章　相关研究进展与理论回顾

野生动物作为世界各国宝贵的自然资源，其以丰富多样的物种形式存在，是保持生物多样性的重要因素，作为自然环境的关键成分，同时是生态资源的重要组成，是全人类的共同财富。当前，与野生动物资源利用关系联系紧密的产业涉及广泛，在国民经济产业发展之中占据了重要地位，而随着社会民众对于相关企业承担企业社会责任的诉求增多，相关产业的企业发展面临了新的局面。本书以野生动物资源利用企业为目标群体，对其企业社会责任问题进行研究，并探讨践行社会责任与企业发展间关系。又由于野生动物种类繁多，形态多样，因此本书中的野生动物概念将考虑研究对象的资源综合价值和利用方式，并将其目标群体定位为野外生存或人工养殖的具有显著或一定价值的动物物种，此类价值除经济价值外，亦包括其生态价值和社会价值。

本书意图通过对野生动物资源利用中的企业社会责任的现状与履行程度的研究，进一步拓展野生动物资源管理理论的研究内涵，关注其资源利用下的行业发展的现状及未来，揭示当前在资源管理的保护与利用两者之间存在问题的内在原因，在全社会扩大关注野生动物资源以及自然生态环境的群体，进一步向社会各界说明新时代下应具备的正确的资源利用观。

2.1　野生动物资源管理研究进展

在经历了漫长的进化与自然选择后，自从有了人类，地球上就有了对野生动物资源的生产和利用。《礼记·礼运》一书中有着如下的文字记载，"未有火化，食草木之实、鸟兽之肉，饮其血，茹其毛"，这便是中华民族记载下来的祖先利用野生动物资源赖以生存的真实写照。考古工作者在距今 50 万年前北京山顶洞人所居住的遗址中，发现了 90 多种动物的化石，还出土了骨针化石，这都有力地说明了远古时代野生动物资源就已经被人类视为主要食物和服装的来源。由此可见，野生动物资源为人类生存繁衍与社会经济发展提供了坚实的物质条件，其对推动人类文明持续发展有着十分重要的作用与源远流长的关系。

美国的野生动物管理起步于英国基本法，17 世纪初直到 19 世纪中叶，北美大地上的动物资源极为丰富，很多地区都鼓励大肆捕杀大型食肉动物。尽管一些地区政府规定了禁猎季或相似的禁猎规定，但当时的保护措施对于减缓种群的衰退发挥的作用并不显著。1872 年，美国野生动物保护工作进入了一个崭新阶段，建立了世界上第一个国家公园——黄石公园。这意味着黄石公园通过对该区域内捕猎活动的限制和野生动物生境的特别保护，使公园内物种生存获得了重要利益。20 世纪美国出现了三次大的保护运动，这些保护运动促使政府制定越来越多、越来越详细的法律来保护野生动物。然而只有法制手段是不够的，还需要对野生动物的习性和生境进行研究。通过从狩猎证的配额颁布收费获得大笔资金，联邦各州管理机构开始对野生动物的生境着手进行恢复，并对动物种群的增减趋势情况进行持续研究。1966 年颁布的《濒危物种法案》标志着环境管理时代的到来，随着时间的推移，过去的法案具有了更大的约束效力，更多的国际公约得到了签署，州一级鱼及狩猎动物部门的业务范围也大大地扩展了。欧洲的野生动物管理主要由政府部门、土地主以及有狩猎许可证的个人进行管理，每个国家都有野生动物管理法律和有关的野生动物保护和管理措施。其中最重要的管理工作可以总结为生境管理、狩猎管理以及野生动物进出口管理。

我国是世界上驯养野生动物较早的国家之一，在长期的捕猎活动中，由于以活体形式存储食物的原因，在无意识的尝试下，繁衍的野生动物种群数目越来越多，而在这种过程中，动物的野性也逐渐得到改善，这便是最早的动物驯养，也标志着畜牧业的萌芽伊始。通过对家禽家畜产品利用形式的开发与创造，人们在野生动物产品的利用上开始借鉴与参考之中的经验，这使得对资源的开发速度得到飞速的提高。到了如今，在工业技术的推动下，对野生动物产品的利用已深入到各个领域，野生动物资源及其衍生产品作为生活用品、药品、保健品、化妆品、食品等已覆盖到人们生活的方方面面，其往往是指野生动物本身或来自野生动物的具有一定实际经济价值的产品。生活产品如皮草、羽毛制品，食用产品如各类物种的食用肉类，观赏产品如金丝猴和大熊猫等等。野生动物管理学是现代野生动物资源生产经营和人类生活中必不可少的一门学科，其主要研究对象为高等脊髓动物，包括兽类、鸟类、两栖类、爬行类，它以动物学及动物生态学等作为自己的理论基础，并侧重于管理实践的研究，它是指导野生动物管理实践的一门综合性技术学科，具有很强的应用前景和价值。

随着人类社会的不断发展，科技进步带来生产力发展的同时也极大地改变了自然环境，人类向自然界无尽的索取，大大影响了野生动物的生存，其后果是种群数量的骤降乃至部分物种濒危直至灭绝。人类逐渐认识到环境变化这一因素，对于野生动物生存是何等重要，野生动物管理又一次得到社会民众的重视，并且人们接受了通过控制外因环境从而最终达到野生动物管理目标的理论基础。

美国的罗斯福（Roosevelt，1902）认为，草场、水源、森林和野生动物均属于可更新资源，只要明智地对其进行利用，将利用量规定在年度生产量的可控范围之内，这些资源就能永续利用，他们第一次提出了通过明智地利用野生动物资源实现保护目的的概念。这一概念将自然资源作为一个系统的整体，并将科学理论与工作当成实现持续利用的工具，生物学的理论知识被引入野生动物管理领域，运用在调查动物种群数量、控制生境状态和预防疾病传播等工作领域。

野生动物管理学的最终确立是在 20 世纪 30 年代初，美国狩猎动物保护协会主席兰珀德将以往野生动物管理的实践和对可再生资源进行明智利用，便可使资源永不枯竭的概念进行总结，从而撰写了人类历史上野生动物管理领域的第一部专著《狩猎动物管理》。该书初步阐述了野生动物学基本原理，将野生动物管理学定义为"使土地生产供休闲用的、产量持续稳定的动物资源的一类技术手段"，这一定义长久影响了野生动物管理学的发展方向。后来虽然很多研究者又提出一些概念，但其实际内容均未有较大变化，只是将狩猎动物进一步扩大到其他有开发利用价值的野生动物资源。

兰珀德对野生动物管理学的建立与发展所做出了卓越贡献，因此被尊为"野生动物管理学之父"。野生动物管理学的建立之初，狩猎动物被视为主要研究对象，"人类与土地和谐共处"和"明智地利用资源"的思想是其指导思想。通过对野生动物的生活及生态特性的进一步了解，为资源繁衍提供良好生境，使可加以利用的个体资源在种群中所占比例较大是管理工作的主要目标。这种倾向也同样体现在野生动物资源的行政管理方面，20世纪30至50年代美国通过的主要也是限制野生动物资源利用的程度，从而可以更好地为野生动物提供生存环境的相关法律和法规。

此外，除了经济学家、野生动物管理学家等对野生动物的管理和利用持续关心，为了加强野生动物管理，生态学、保护生物学等等自然学科的学者也做出了巨大贡献。在野生动物资源管理模型的研究方面，最大持续产量理论作为其主要理论基础，是指使可更新资源提供最多的产量，但又不影响和危害其种群的增长，从而实现长期持续利用目的。研究的主要政策问题：一是野生动物捕捞能力的规划和控制问题，二是野生动物资源法规以及扩大的野生动物资源管辖区域问题。（1）野生动物捕捞能力的规划和控制问题：政府试图通过使用投入控制或产出控制来处理超额捕捞量问题，比如使用全球捕捞配额来控制捕捞量。克拉克证明，如果配额可以自由转让，从效率意义上讲，配额系统与税收系统具有同样的影响。（2）野生动物资源法规以及扩大的野生动物资源管辖区域问题：对于边界地区的野生动物资源的管理问题可以使用动态博弈论的方法，联合拥有者对于资源的使用问题进行谈判，使得最优管理措施和只有一个拥有者时是一样的。芒罗在克拉克——芒罗线性模型基础上，讨论了资源是否应该被其他国家开采的问题以及相应的保护主义政策。

自20世纪80年代以来，为了更好促进野生动物资源管理，国际上除了通过公约和法律手段强行控制野生动物资源收获量以保证资源的持续性外，就是对以种群增长模型为基础的最大持续产量模型开始进行研究。其方法是通过种群数量 N ，环境容纳量 K 和内禀增长率 Rm 来对最大持续产量 MSY（Maximum Sustainable Yield）进行估计（考利，1977）。但是这一模型存在使用之中很难精确估计年龄结构的问题（埃尔特林厄姆，1984），另外还有从相互作用模型（interactive models）、产量及捕获努力量（effort）间的关系以及逻辑斯谛曲线等多种方法对 MSY 进行估计（埃尔特林厄姆，1984），在此之中存在较多困难。到 20 世纪 90 年代以后，许多学者提出现代最大持续产量模型。这一类模型由于具体出发点不同，又表现出不同具体形态，主要有：（1）生长量模型（Robinson & Redford，1991）。（2）收获量模型（harvest model），对于出生率已知和种群有关参数已知的动物物种资源，波德默（Bodmer，1994）、罗宾逊（Robinson，1999）用直接收获模型评估狩猎行为的持续性。（3）狩猎动物庇护所模型（model of game refugia）上述生长量模型和收获量模型的，由于并没有考虑扩散效应而可能会导致的错误预测（诺瓦诺等，2000）。其在乔司和加吉尔（Joshi & Gadgil，1991）所构建的用来估计某一物种狩猎区需要建立保护区的最小比例的确定性模型的研究基础上，将环境随机性和统计随机性的影响综合考虑，从而建立了狩猎动物避难所模型。（4）空间控制法（spatial control）。麦卡洛（McCullough，1996）提出用空间控制的方法求最大持续产量。这种方法可避免种群因过度利用而对其自身的危害，同时该方法因不需要种群的动态参数而有别于上述几种方法。

自 20 世纪 60 年代后，随着知识和管理经验的累计，人们越来越倾向于将自然界视为一个整体，而野生动物资源作为管理的其中一个组成部分。参与自然资源保护和利用的研究人员一直在寻求对于土地资源能够多重利用的方法与途径，并将资源管理工作进一步细分为狩猎动物的经营管理、非狩猎动物的保护工作以及濒危物种的资源拯救三个方面，野生动物管理学成为自然及自然资源保护工作的重要组成部分。（范志勇，宋延玲，1991）

葛宝明（2012）指出如何通过便捷的、经济的手段获取大量的高质量监测数据是野生动物研究和管理人员寻求解决的迫切问题，而 GPS 项圈因其便利、可靠和高效性，在实践研究应用之中将是一个不错的选择。随着社会经济的不断发展，野生动物的外延也在不断扩大，马建章（2012）对城市野生动物的概念做出了界定，即那些生存在城市环境及其周边地区当中，却未经过驯养的动物，其受人类活动影响显著，并对这种影响已经适应。马建章（2012）还对城市野生动物的自身特点做了总结，讨论了当前相关部门在管理中所存在的问题，并给出了相应的改进措施及建议。野生动物资源管理学作为资源管理与保护的基础理论，在学界及企业界的通力合作努力下，当前主要目的是期望能够达到对野生动物种群资源的科学管理与利用，维护生态平衡并使其种群数量稳定增长，则野生动物资源管理主要遵循的基本原理便是持续利用原理。

野生动物管理学本身是以动物学与动物生态学作为理论基础，在此之上侧重于管理实践的科学研究，因此便有着众多学者不仅从经济管理的角度对其进行探讨，还有着来自生物技术、工业科技、法律政策各方面角度切入的许多研究和支持。

费荣梅（2003）在野生动物科学合理开发的基础上，总结归纳了当前我国的野生动物资源产业化的形式和条件，大致为以下几方面：①野生动物狩猎业；②野生动物驯养繁殖业；③野生动物资源及产品的经营利用；④野生动物资源进出口贸易。王震（2006）指出加强野生动物资源及其产品标记化管理，不仅是当前国际间贸易合作的要求，同样是科学、合理地开发利用野生动物资源的前提。野生动物生存繁衍所必需的三要素是食物、水和隐蔽性均来自其栖息地的生境，田茂兴，曹光宏（2012）根据自然保护区内的生境特点，分析了保护区管理现状并提出了改进和提高保护区管理的措施与建议。方睿（2012）则对绿色经济与野生动物管理及保护结合应用进行研究，绿色经济定义如下："以生态资本的保护、合理开发和及时修复为前提，在生产、消费、管理等环节中，以循环经济为主要经济技术手段，以知识经济为依托的经济模式。"其指出国内目前对野生动物的管理方式为粗放式管理，在资源的利用和环境的保护两方面都是较为不利的发展模式，这种经济模式不仅破坏了生态的平衡，还严重阻碍了我国推动绿色经济前进的步伐。梦梦（2008）以调查问卷的形式在北京、上海、广州三个城市进行调查，分析了当前城市居民中对野生动物保护的了解程度及意识现状。与人类生存息息相关的自然生物可再生资源，日益被社会和私人过度利用。通常只是为了短期利益，便牺牲长远的经济健康和可持续发展。

野生动物资源管理学作为管理保护动物资源的重要理论基础，国家结合资源实际情况据此制定资源的管理及利用政策，其理论的发展与应用对于野生动物资源产业而言至关重要，深刻影响着产业前景以及企业在经营战略规划、管理方法等等方面的规划。因此，野生动物资源利用行业能否良性成长与野生动物资源管理学理论研究进展必定息息相关。

2.2 企业社会责任理论研究概述

"企业社会责任"是在西方国家高速工业化资本化的进程中应运而生的，在当时资本主义社会普遍存在的"利益最大化"的企业经营理念，持续不断地追求企业规模的扩大，因此而引发了一系列的社会问题。在企业经营过程中，仅仅将最大化利润与扩大规模视作为企业目标，而完全忽视了因企业发展所带来的一系列负面现象。这些负面现象包括：阶层两极分化、生态环境破坏、恶性商业竞争、忽视员工权利以及各类财务造假欺骗行为等等，诸如此类社会问题的出现严重地破坏了社会的稳定及经济的持续发展，同样对企业经营与进步构成了巨大的障碍。在这样的社会大形势下，企业经营管理者及研究人员开始将注意力放在企业的长远利益最大化，保证其可持续经营发展，并关注企业在发展过程中所产生的一系列问题。

乌罗（Vurro，2006）指出企业社会责任理论发展的全过程可以被视作为两条平行路径演变的成果，一是学术界对企业社会责任作为公司行为指导准则以及管理工具的明确界定，二是市场政策制定方与相关组织出于推广企业社会责任经营观念而推行的行业内规定。在企业社会责任理论研究演进进程中，也出现了一些学者对"企业社会责任"持有反对观点，如自由主义经济学的两大流派的代表人物，诺贝尔经济学奖得主哈耶克和弗里德曼。哈耶克在其《致命的自负》（*The Fatal Conceit：The Errors of Socialism*）一书中将企业社会责任视为对利润最大化目标的偏离，无休止对社会目标的追求将危及企业的生存，因此把其列入"毒化的语言"进行严厉批判。弗里德曼在《纽约时报》上发表《商业的社会责任是增加利润》指出，企业有且只有一项应承担的社会责任，即在法律规定及市场规则范围以内，利用自身所控制的资源进行以利润最大化为目标的经营活动。20世纪60年代，伴随着全球经济环境的演变，一体化进程的逐步推进，在各界学者及从业人员的持续努力下，最终达成了一种共识，公司不能够仅仅把自己视作只为股东追逐利益的经济组织而存在，更应该作为一个社会组织承担自身企业社会责任。不仅通过出售商品或服务获取利益，为民众提供价廉物美的产品的同时，还应该为客户、合作商、员工、供应商、社区以及政府等各方利益相关者承担相应的社会责任。

自 20 世纪 50 年代鲍恩在其著作《商业人士的社会责任》一书中为企业社会责任理论做出概念界定，企业社会责任时代便正式开启，学者们在随后的研究中一直力求为企业社会责任界定出更清晰、更严格的定义。美国学者戴维斯（Davis，1960）指出企业社会责任的定义比较模糊，因此应将其放在实际的管理背景下进行对待。戴维斯据此提出商业人士承担并履行的社会责任应当与他们给予社会的影响力相符，这便是著名的"责任铁律"，戴维斯也因为早期对企业社会责任理论研究的所做贡献被视作为鲍恩的理论继承者。卡罗尔（Carroll，1970）指出企业社会责任的定义必须包含商业对社会的全部责任，并首次提出对于相关理论研究具重大意义的企业社会责任四责任框架。卡罗尔认为："在一个特定的时点上，商业的社会责任包含了社会对于企业的经济、法律、伦理以及自由决定的期望。"在后续的研究之中，卡罗尔持续地进行调整，并于 1983 年把企业社会责任四层次框架中自由决定的部分进行重新定位，将其改变为"自愿或慈善"，并将这四种责任排列成为金字塔模型，见图 2 - 1。塞西（1975）则提出了企业满足社会需求的三维模型：社会义务、社会责任和社会响应。

海因茨·韦里克和哈罗德·孔茨（1993）在其著作《管理学》中指出："企业的社会责任就是专注地考虑企业的一举一动对社会与外部环境的影响。"罗宾斯（1991）认为："企业社会责任是指超越经济与法律诉求的、企业为寻求具有社会效益的长期目标所履行的责任。"国内对于企业社会责任理论的研究时间相对较短，当前多数研究是在国外成熟的研究理论及方法的基础上进行的，其中卢代富（2001）将企业社会责任划分为法律上以及非法律上的责任两大维度，陆伟、陈志昂（2003）结合我国现实国情提出企业社会责任三角模型，分别将企业社会责任划分为战略与道义层、标准层、法规层三个层面，见图 2 - 2。韩亚琴、陈迅（2005）则依据企业与社会责任的关系紧密程度而将企业社会责任依次区分成三个层次：基本层，包括对股东权益负责及保护维护员工利益；中级层，包含保障消费者利益、与政府及社区

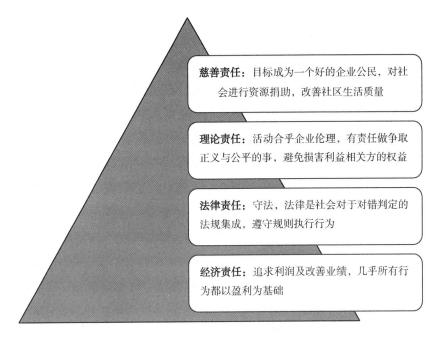

图 2 - 1 企业社会责任金字塔模型

Fig. 2 - 1 Pyramid model of corporate social responsibility

保持良好关系以及投入参与到自然生态环境的保护中；高级层，为投入社会公益事业与参与慈善捐助活动。陈淑妮（2007）认为企业的个体责任、市场责任以及公共责任共同构成了企业社会责任的核心内容。国内学者的持续研究，为企业社会责任的理论发展，为推动理论结合国情有效应用而做出了新的贡献。

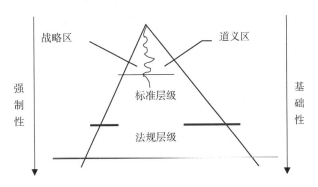

图 2 - 2 企业社会责任三角模型

Fig. 2 - 2 Triangle model of corporate social responsibility

　　进入 21 世纪，著名营销管理学家科特勒（2005）指出企业社会责任理论的发展经历了从职责到战略的转变，研究者们对企业社会责任的理念认识逐渐从最初管理层面上的"责任"理念演变为企业发展上的"战略"思想。希尔（Heal，2005）认为企业社会责任的公司项目推动至少会给企业经营带来如下利好：降低风险，减少不必要的开支，削减成本，改善与市场管理部门的关系，品牌增益，增进员工忠诚与生产力。佩里（Perrini，2006）指出企业社会责任包括公司政策及企业战略，并且与企业管理的所有经营领域构成交互的因果关系，同时也是产生竞争优势的源泉。波特和卡尔曼（2006）认为通过经营策略执行的方式，企业社会责任会在解决社会问题的同时产生相应的创新理念、机遇以及竞争优势。研究者们同样分析了企业社会责任理论的发展过程，乔林（Juholin，2004）总结归纳了弗里德里克（Frederiek，1994）和乌瑞克（Vercic，1994）的研究，参照性地将企业社会责任划分为如下五阶段：初始阶段（强调公共权益），企业社会责任（关注普通民众），企业社会响应（注重管理企业的社会关系），企业社会公正（维护公共关系双向均衡的状态），企业社会动因（强调企业的公共关系还应当寻求解决环境问题的参加途径）。沈洪涛（2007）则将企业社会责任思想的演变划分为五个过程：企业社会责任的狭义观（20 世纪 70 年代以前）、公司社会响应（20 世纪 70 年代）、公司社会表现（20 世纪 80 年代）、利益相关者理论（20 世纪 90 年代）、企业公民理论（21 世纪）。

　　利益相关者理论作为企业社会责任理论演进的重要发展，弗里德（Freeman，1984）首次将两者结合进行研究，指出企业社会责任应当包含满足不同利益相关者群体的权益诉求，利益相关者即能够影响企业目标实现的，或者是能够被企业目标实现过程影响的任何群体和个体。艾斯普丁（Epstein，1987）则认为："企业社会责任是要努力使企业决策结果对利益相关者产生有利的而不是有害的影响。企业行为的结果是否正当是企业社会责任关注的焦点。"卢代富（2002）认为，企业社会责任是公司在寻求最大化股东利益之外所应承担的维护和改善整体社会效益的任务。企业社会责任包括对员工的责任、对客户的责任、对债权人的责任、对所在社区经济发展的责任、对环境资源保护及合理利用的责任、对社会福利与慈善公益事业的责任。周祖城（2011）指出，企业社会责任包含六个关键问题，其包括两个前提性问题：实际情况如何还是应当如何、部分责任还是综合责任；以及四个基础性问题：由谁负责、对谁负责、负责什么、具体的负责程度。周祖城认为，企业社会责任是指公司以维护和提高利益相关者的正当诉求及权益，造福于社会为目的，而对社会整体利益相关者所应承担的包括一般责任以及超越一般责任在内的综合责任。

自企业社会责任理论产生以来，研究取得了一系列成果，从企业承担企业社会责任的原因，公司所承担企业社会责任的不同程度，到企业社会责任的分类模型以及评价体系的研究，而利益相关者理论的出现，为企业社会责任的研究方向开辟了新道路，增加了对企业社会责任进行评价的可操作性，一定程度上对企业在寻求利润的前提下履行承担社会责任的动因做出了解释。

2.3 利益相关者理论研究概述

"利益相关者"概念自 20 世纪 60 年代在 Stanford Research institute 中以内部管理论文的形式正式提出，随之的理论研究开始发展。1965 年，安索夫在《公司战略》一书中将其概念引入学术界，认为"理想的企业目标必须平衡企业的诸多利益相关者之间相互冲突的需求，其可能包括管理者、工人、股东、供应商与销售商"，并逐渐得到学术界与企业界的关注。其理论的影响在 80 年代得以迅速扩大，对英美国家的公司治理模式产生影响，促进了管理方式的转变（陈昆玉，2002）。弗里曼在 1984 年《战略管理——利益相关者方法》中基于契约理论做出的对于"利益相关者"的阐述，得到学术界的公认成为经典定义，即"能够影响企业（组织）目标的实现，或者受企业目标的实现所受影响的个人与组织"。弗里曼所做出的定义也被认为是利益相关者定义中最具代表性的广义定义，而与之相对的则有利益相关者狭义定义，即克拉克森（Clarkson，1995）指出，利益相关者是在企业经营之中进行了一定的专用性投资的群体，他认为利益相关者因为在企业的经营活动中参与并投入了相应的物质资本、人力资本、财务资本以及其他类型的一些具有价值的物质或能力，并因此承担了相应风险，其所承担的风险越大，则与企业之间的关系便越紧密，从而对于企业及其经营管理活动存在利益需求。国内早期对于利益相关者理论进行开拓性研究的学者大多也以狭义定义对利益相关者概念进行界定，如杨瑞龙、周业安（2000）对利益相关者问题的研究较为深入，其指出国内对利益相关者理论的研究尚处于起步阶段，大部分研究为对西方研究理论的转述与应用，将其归结于"缺乏文献的结果"。

20世纪90年代后，利益相关者理论又得到了深入、细致的发展，沃克（2001）认为"各方利益相关者对于企业而言可能都十分重要，但其重要程度应是不尽相同的"。陈宏辉、贾生华（2004）据此指出，对于利益相关者群体应从多角度出发进行分类，而各方利益相关者受到的企业经营活动的影响程度以及其对于企业经营的决策影响都应该是不一样的。各国学者对利益相关者的界定与分类做了相当多研究，其分类的主要指导思想为多维细分法。根据多维细分法的思想，其又可以被划分概念分析法和定量评分法。

（1）概念分析法属于规范研究方法，通过结合实际情况对利益相关者概念进行理论推导的定性分析，从而据此进行各方利益相关者对象的划分。弗里曼（1984）从社会利益、经济依赖性、所有权三个角度出发将企业利益相关者划分为三类。弗里德里克（1988）则将企业利益相关者根据其与企业的关系和影响程度分成直接利益相关者、间接利益相关者两类群体。查克汉姆（Charkham，1992）按照企业与相关群体是否签订或存在交易性的合约关系，划分为公众型利益相关者及契约型利益相关者。克拉克森（1994）根据利益相关群体在企业管理活动中所承担风险的类别，将其分为"自愿者群体"与"非自愿群体"。而惠勒和玛利亚（1998）在克拉克森的研究基础上，引入社会维度，将利益相关者群体划分四类：首要的社会利益相关者、次要的社会利益相关者、首要的非社会利益相关者及次要的非社会利益相关者。

（2）定量评分法属于实证研究方法，与概念分析法最大的区别为研究是基于实际搜集的数据基础之上，根据不同纬度的利益相关者评分高低来确定利益相关群体分类类型。通过定量评分法的实践操作，大大推动了利益相关者理论的研究发展。米切尔（Mitchell）评分法作为其中最具代表性的研究方法，由米切尔与伍德（1997）提出，其核心是从权力性、紧急性和合法性三个方面进行利益相关者评分，然后根据得分高低来确定群体类型，最终两位学者将企业利益相关者分为确定型、预期型和潜在型三类利益相关者。米切尔与伍德还指出，利益相关者不同群体是处于动态变化的状态的，一旦对某一方面的判定分数获得或者丢失，就会从一类状态朝另一状态进行演化。吴玲（2006）研究指出，在米切尔评分法出现之前，国外学术界对于利益相关者实证研究的相关成果非常少，评分法对利益相关者理论实证研究的发展发挥了巨大促进作用。

国内对于利益相关者理论的关注始于20世纪90年代中期，杨瑞龙和周业安（1998）比较早地对利益相关者问题开展研究，他们结合国有企业改革，将其利益相关者划分为国有资产局、银行、债权人、工人、管理人员等等。李心合（2001）从合作性与威胁性两个维度出发，将利益相关者细分为四个类型。而陈宏辉、贾生华（2004）借鉴米切尔评分法对企业利益相关者进行三维分类的实证研究，对推动国内理论研究的量化调查做出了贡献。吴玲（2006）则根据陈宏辉的研究，提出了与之不同的看法与改进方法，进行调查数据搜集，根据企业对各利益相关者群体重要性的大小程度进行排序，通过实证研究将企业利益相关者群体分别划分为关键层、重要层、一般层以及边缘层四类层面的利益相关群体。

随着利益相关者概念在社会各界逐渐深入并达成共识后，研究人员思考的便是其需求满足程度不同对企业经营业绩的趋势是否会产生正面或负面影响。唐纳森与普勒斯顿（1995）指出"企业其实就是一个在合作与竞争性的利益需求中创造价值的共同体，因此利益相关者的利益必须得到重视"。弗里曼和约翰（2001）指出企业不仅应认识到利益相关者的存在，而且要将如何平衡利益相关者的需求统筹考虑到企业长期的经营之中。国内学者敬景程（2004）则指出，提高企业绩效的基本动力是公司治理过程中的利益相关者利益均衡；张凤香（2006）对我国上市公司利益相关者参与公司治理和利益相关者利益的保护状况进行研究，最终测算出利益相关者治理指数，并在此基础上通过分析得出有效管理机制。袁治（2010）以家电企业为例，验证了利益相关者满足度与企业财务绩效之间存在显著相关性。张卫民（2012）提出，由于我国深交所、国资委所制定的企业社会责任相关规则均是基于利益相关者角度，因此林业行业发布社会责任报告应该按照相应规定执行，并突出自身行业的特殊性。

自 20 世纪 20 年代初期，西方学者正式提出企业社会责任的概念，经过长期的理论发展与实践推动，70 年代后，企业社会责任理念得到了社会的普遍认可。通过文献研究可知，在理论演进过程中，其概念通常情况下并没有统一的定论，学者们的研究基于时间、空间、环境及目标的不同，对企业社会责任做出的维度分类与概念定义均存在着不同程度的差别。其中较为经典的企业社会责任定义是由卡罗尔（Carroll，1979）所做出的，即"商业中的社会责任包括经济的、法律的、道德的相关层面责任以及当前社会对于企业的各种诉求及期望"。而 20 世纪 90 年代后，研究人员发现，企业社会责任的界定概念过于宽泛，将不利于企业针对性制定策略，并使得管理效率低下。克拉克森（1995）指出，将社会作为整体分析层面，对于公司而言，会显得分析更加抽象与过于广泛，企业并不应该对整个社会负责，而应当对直接或间接对企业经营活动造成影响或被企业活动所影响的群体对象负责。正是在这样的理念影响下，由弗里曼（1984）所正式提出的利益相关者理论，被引入了企业社会责任的研究，并对后续研究产生了影响。利益相关者理论为企业社会责任的分析提供了一种目标稳固的理论框架，企业社会责任便因此可确定为企业与其不同利益相关者群体之间的关系研究。惠顿（2002）认为，企业社会责任是"企业的行为是作为社会所期望的，该行为主要是受到企业利益相关者的期望或诉求而影响"。黄晓治（2012）据此指出，利益相关者的定义使得企业社会责任的目标层面缩小，从大范围的社会层面到较小的利益相关者层面，从而企业管理者可以将有限的与企业社会责任相关的资源，有效分配在不同利益相关者群体的诉求满足上面。在我国的现实实践中，通过引入利益相关者理论对企业社会责任进行研究的步伐也在持续前进。2007年，上海证券交易所将企业社会责任与利益相关者作为《中国公司治理报告(2007)》的研究主题，该报告从投资者、合作商、员工、环保、社区、社会以及公司价值的角度，系统地对我国上市公司的社会责任问题进行了阐述性分析及相关问题探讨。由此可见，利益相关者理论对于企业社会责任的研究发挥了重要作用，越来越多的研究者基于利益相关者对于企业社会责任进行了分析。正如卡罗尔（1991）所指出的，经营组织的利益相关者与企业社会责任的理念思想具有天然的匹配性。

总体而言，国内外当前基于利益相关者的研究对其做出的定义多种多样，学者们根据企业性质、国别以及行业的不同，制定了许多界定企业利益相关者的方法与准则，但大多是基于弗里曼所做出的经典定义，并在此之上根据研究对象的实际情况进行拓展或改进，从学者们的研究中可以发现，"是否因企业活动受到影响或能够影响企业活动，与企业共同构成一类具有联系的关系"，以及"某一类群体拥有一类资源或自身权益要素，会因为企业活动而承担相应风险"。这两大要素得到了大多数学者的认同，继而成为界定企业利益相关者的基本要素。

2.4　企业社会责任评价指标研究概述

现代企业应当承认并履行企业社会责任，是自该理论提出并经多年发展后，社会各界最终达成的共识。经实践研究表明，建立企业社会责任评价制度，对于促进企业注重企业道德，提高产品服务质量，改进企业生产技术，积极履行社会责任具有重要的促进作用。国内有识之士也针对设立企业社会责任评价指标体系的问题进行过讨论，谢遐龄教授提出，我们应当要推动相关研究并建立企业社会责任评价体系，制定标准，设立评估机构。而构建企业社会责任评价制度的核心，便在于对相关评价指标的选取以及测量方法的确立等环节，围绕这两个关键环节，国内外学者们同样做了大量的研究工作。通过文献研究的内容可知，企业社会责任评价指标体系的展开框架主要有三种：（1）卡罗尔的企业社会责任四维度框架；（2）经济责任、社会责任以及环境责任三维度框架；（3）以克拉克森为代表的利益相关者框架。伍德（1995）指出，利益相关者理论是最适合评价企业社会责任的理论框架，最为符合构建企业社会责任评价模型的原则。华立群、朱蓓（2009）指出，利益相关者理论相比其他理论框架具有三点较为明显的优势：首先，利益相关者理论在实际操作上最为人们熟悉，并得到多方认可；其次，依据利益相关者理论对企业社会责任评价指标进行展开分析，其结构上是相对清晰的，具有对企业社会责任进行评价和披露过程时的便利性；最后，利益相关者框架可以更加全面地体现出企业社会责任主体框架。

在以企业为主体对象的研究之中，对于利益相关者指标的选取，不同的研究人员间具有不同的观点。克拉克森（1995）将利益相关者划分为初级利益相关者与次级利益相关者两类，第一类包括股东和客户、员工、投资者、供应商、社区以及政府，第二类则包括舆论媒体以及不同类型的特殊利益群体。麦金托什（Mcintosh，1998）则在研究中仅仅讨论了五种关系，分别包含了企业与股东、客户、员工、供应商及广义社区这五类群体间的关系。企业社会责任不再仅仅停留在口号之上，道·琼斯可持续发展指数（The Dow Jones Sustainability Indexes）、多米尼 400 道德指数（The Domini 400 Social Index SM），等都将企业社会责任纳入评价体系之中。国际社会上对于企业社会责任评价体系的研究与应用也越来越多，例如由 Tachi Kiuchi 与 Bill Shireman 于 1995 年所提出的"未来 500 强"评估体系。在一些国际性大企业及组织的倡导之下，欧美等发达国家倡导并推行的 SA 8000 认证，其作为企业社会责任标准认证得到了绝大多数人的认可。默瑟（Mercer，2003）则针对企业经营中的股东与竞争者进行研究，其指出对于股东而言，企业的社会责任主要体现在长期回报、分红、信息披露以及公司治理等四个方面，他还提出负责任的企业应当与竞争者公平竞争，并共同致力于行业内的产业发展及市场建设与开拓。国内南开大学李维安（2004）则结合中国经济环境实际情况，提出了"中国公司治理指数"（CCGINK），并运用该体系对国内 931 家上市企业的公司治理情况进行了系统评价，在 CCGINK 评价体系中本身就包含了对企业社会责任构念的评价指标。国内行业的首个 CSR 评价指标体系是 2005 年所提出的中国纺织企业社会责任管理体系（CSC 9000T，2005），主要从管理体系，劳动合同、工作时间、强迫或强制劳动，薪酬及福利，工会，职业健康，安全生产，歧视、骚扰及虐待等九个方面进行评估。李立清（2006）则基于劳工权益、人权保障、社会责任管理、社会公益行为以及商业道德等五大基准因素，构建了包含有 13 个子因素 38 个三级指标的中国企业社会责任评估指标体系。

颜剩勇、刘庆华（2005）以企业的财务评价指标为研究测量基础，从企业的经济层面、伦理层面、法律层面、生态层面以及其他社会层面这五大方面责任构建企业社会责任的评价体系。彭净（2006）则将企业社会责任指标归纳了 20 项指标，分别划分为企业对投资者、企业对客户、企业对员工、企业对环境以及对社会上其他利益相关者的责任，其理论整体上依然是以利益相关者理论为基础出发的。华立群（2009）以国内金融市场之中的银行业为研究对象，构建了其企业社会责任评价体系，确立了股东、员工、客户、竞争者、政府以及社区等六类利益相关者因素为一级指标，二级指标则包括了如雇佣、纪律处罚、工作环境、薪酬福利等等总共 26 个测量指标。王宝英（2011）在指标选择方面则基于卡罗尔的四层次分析框架，将其进一步细化为二级指标与三级指标，他在构建企业社会责任评价指标体系的过程中提出了应当遵循的五大原则，即可比性原则、简单性原则、可获得性原则、系统性原则以及可测量性原则。国内关于资源行业的企业社会责任标准体系的制定同样做了不少研究，蒋德启（2011）结合森林资源特点、林业企业产销链、利益相关者的需求及特征各要素进行研究，认为我国林业企业应该承担的社会责任内容共 7 个维度 34 项指标，分别为股东、供应商、客户、环境、政府、员工、社区与捐赠。黄睿（2012）以煤炭产业为研究对象，建立其企业社会责任综合评价体系，按煤炭企业应承担的经济责任、安全责任、法律责任与生态责任为原则进行划分。刘雯雯（2013）基于利益相关者视角，通过整理搜集国内 28 家林业上市公司 2012 年度数据进行因子分析，最终得出林业企业社会责任评价体系共 4 个维度。

通过研究发现，当前无论是国外还是国内的研究者们，在构建企业社会责任评价指标体系的基础上，越发重视挖掘企业社会责任对于产业发展与企业经营间关系的内在影响，便侧重于通过评价指标体系，进行探讨企业社会责任与企业绩效间关系的计量分析。在定量分析的指标选取之中，利用财务指标成为许多研究人员的选择，其不仅具有较强的可比性、可操作性与易搜集性等特性，并且比较客观，具有现实意义。然而，由于还存在相当一部分的因素测量难以通过财务指标进行衡量，因此学者们又在尝试以定性分析或问卷调查等多种手段方法的形式将这一部分企业社会责任指标融入评价指标体系之中，并进行了较为广泛的应用研究。

2.5　企业社会责任与企业绩效关系研究进展

绩效，作为组织为实现某一项活动期望目标而展现在各个不同层面上的有效输出，其包括个人绩效以及组织绩效两个方面。罗宾逊和玛丽（2007）认为，作为组织的管理人员，其首要应当关心的是组织绩效，即所有组织中的工作流程及活动的最终结果。组织绩效对于企业的经营管理者而言，即指企业绩效。陈宏辉、贾声华（2003）在其研究中指出，利益相关者理论作为国内外最具影响力的企业社会责任理论，体现其理论主要观点的主要有两类最为流行："工具性观点"与"规范性观点"。规范性观点的核心思想为无论企业自身经营状况如何，它都应当对不同利益相关者群体的利益诉求做出适当的反馈回应。而工具性观点则指出，企业承担履行企业社会责任，并关注利益相关者群体的需求，是因为这样做可以使得企业获取更多的利润（Jones，1995）。

国内外学者在企业社会责任及企业绩效关系的研究工作方面，最终得到了大量具有重要理论意义及实践指导价值的成果。扎尔兹曼（Salzmann，2005）曾将企业社会责任与企业绩效关系的理论观点进行系统分类，归纳出三类主要观点：第一类认为企业承担企业社会责任对于企业绩效之间存在正相关关系。康奈尔与夏皮罗（Cornell & Shapiro，1987）提出不同利益相关者群体对于企业资源的利益诉求应当被划分为显性与隐性，行业内履行社会责任较好的企业，其利益相关者的隐性利益诉求成本较低，因此提高了企业绩效。沃多克与格瑞伍（Waddock & Graves，1997）认为，企业积极承担企业社会责任会提高企业绩效，而高企业绩效又会推动企业更好履行企业社会责任，形成良好的组织内循环。第二类认为两者之间关系存在负相关；企业的核心目标是利益最大化，而其资源是有限的，若企业履行社会责任就会消耗企业内部本应分配到股东等经济群体上的利益，因此企业社会责任会导致企业经营成本增加、利润减少，最终导致企业财务业绩下滑（弗里德里曼，1962）。第三类研究则表明两者无关。乌尔曼（Ullmann，1985）在研究中撰文指出，因为能够对企业社会责任与企业绩效二者间关系产生干扰的变量过多，因此不应当期望两者间具有何种关联的显著关系，即企业社会责任与企业绩效无关。

国内学者段文（2007）通过比较研究发现，关于二者间关系研究的大部分成果均表明两者存在显著正相关关系。吴孟玲（2006）对 121 项企业社会责任与企业绩效关系的实证研究进行分析，结论是两者间正相关肯定性更高。罗曼（Roman，1999）对之前已经公开的 50 余项针对两者关系的实证研究进行分析，结果表明其中 33 项研究支持正相关，14 项研究表明不相关或不显著，仅 5 项为负相关。在大多数情况下，行业内企业承担企业社会责任可以促进企业经营绩效的提升，准确结论的得出依然需要大量的研究分析工作进行验证。

查克和托雷（Chuck & Tooley，2008）共同研究了 56 家具有良好企业社会责任履行记录的美国企业，发现在 2002—2007 年五年间这些企业的股票涨幅平均超过 101%，资产回报率超过 30%，财务业绩表现非常突出。温素彬（2008）运用面板数据模型对 46 家上市企业进行检验，结果发现从当年期看，企业社会责任对于企业绩效存有负向影响，但长期来看，企业履行社会责任对财务绩效是正相关的。朱金凤、杨鹏鹏（2009）通过研究国内 A 股市场中 691 家上市公司，指出企业承担并履行对于政府及债权人的社会责任可以提高企业绩效。布朗和哈伯特（Brown & Hackett）于 2007 年以澳大利亚国内 277 家企业在环境与水资源部和道德研究中心的社会责任履行记录，结合这些企业的资产回报率与销售回报率进行分析，发现其企业社会责任与企业财务绩效指标间不存在显著关系。在不同的行业之中，实施有差别的企业社会责任战略还会产生不同的绩效，顾晓丹（2009）对中国服装产业的实证研究显示，实施积极的企业社会责任实施战略的企业比消极的企业拥有更好的来自社会与经济两方面的绩效。王寒（2010）对中国保险行业开展企业社会责任研究，在构建出保险企业社会责任评价体系的基础上，探讨了保险企业社会责任在存在显著正效应情形下，政府部门的制度安排与干预边界问题。邓子纲（2010）以汽车企业沪深两市 18 家上市公司作为实例，运用规范研究与实证研究方法，将人力资源责任、技术责任、环境责任以及声誉责任这四类企业社会责任表现指标作为解释变量，被解释变量为企业绩效，以此探讨汽车企业社会责任与企业业绩相关性，指出国内汽车企业当前依然存在社会责任意识不强，重视技术责任从而忽视其他三类社会责任的问题。

国内外学者们针对企业社会责任与企业绩效两者关系间的研究正是充分体现了企业社会责任的"工具性观点"，即在研究中验证企业承担社会责任能否使得企业有利可图。如果研究发现企业履行社会责任与企业绩效间是正向积极效应的关系，则企业应当会积极主动地承担企业社会责任，如果研究证明企业履行社会责任对于提高企业绩效是没有效果或者是负向消极效应影响时，企业就不可能有动力主动承担其企业社会责任。第一类情况从社会整体考虑是最为适宜的，但若行业情况属于第二类，而从社会福利考虑又希望企业能够承担社会责任，那就不能单纯地依靠企业的自觉性，应该通过制定一系列的制度规则，使得企业在适合的条件下，应当并且能够承担企业社会责任。

2.6　野生动物资源管理模型研究及应用

当前，国内对野生动物资源管理的研究与讨论大多都集中在定性研究分析，还只是野生动物资源价值的简单描述。而在定量研究方面，多数研究还属于数据的汇聚、简单的计算，缺乏深入的理论方法的研究和具体的计算公式的设计。因此，基于野生动物种群持续发展模式下的野生动物资源动态环境下的探讨比较少。通过合理的经营管理，野生动物可以长期存在、不断地提供各种利益。野生动物资源的价值应该包括现在和将来的所有利用价值和非利用价值。因此，野生动植物资源的最优管理是估计资源价值的基础。通过野生动物资源的最优控制模型，对动态环境下的野生动物资源价值做出正确的经济分析，不仅能够科学确定资源价值量，而且有利于资源的优化管理。在野生动物资源管理模型的研究方面，最大持续产量理论作为其主要理论基础，是指使可更新资源提供最多的产量，但又不影响和危害其种群的增长，从而实现长期持续利用目的（里克，1954；格罗斯，1969；瓦格纳，1969；霍尔特等，1978）。

国外对于野生动物资源管理的研究是在不断的实证运用和改进中前进，提出了许多应用性很强的具体模型，并针对具体动物类别进行验证，比如运用生长量模型估计热带森林哺乳动物的最大可能收获量（Fitzgibbon et al.，1995；Noss，1998；Alvard et al.，1997），博德默（Bodmer，1994）用收获量模型估计南美洲秘鲁貘（Tapirus terrestris）种群的捕杀情况。诺瓦诺等（2000）运用狩猎动物庇护所模型估计了秘鲁亚马孙地区防止16种主要狩猎哺乳类种群下降所需保护区的最小区域面积比例。

而我国专门针对野生动物资源的最优控制模型的研究还十分薄弱（李义明，李典谟，1995；章克家，王小明，2000），目前主要零星地体现在一些相关的资源管理研究之中，但对于野生动物资源数量、年生长量、年收获量以及收获强度等基础数据的监测缺失，使得对于野生动物生存的影响以及持续利用的模式依旧判定不清，大多从定性角度估计其影响程度（盛和林，1998；胡锦矗，1998）。除此之外，就是对国外的研究理论进行学习，以及利用其他领域的模型方法综合应用，开展理论模型的丰富研究（李建民，胡艳霞，1999）。

2.6.1 资源管理模型的经济应用研究

自理性预期革命以来，经济学界逐渐开始广泛采用差分、微分方程，向量空间和相图来解决经济问题。20世纪80年代，实际经济周期理论、内生经济增长理论等研究突出强调了宏观经济学的跨时和动态的特征，强调经济当事人的行为最优化。动态经济分析的数学工具有连续动态系统、离散动态系统、一阶微分方程、离散方程组、控制理论和混沌理论。动态分析在经济学，特别是在宏观经济学中的应用主要有：需求与供给模型（蛛网模型）、宏观封闭经济的动态分析、通货膨胀和失业的动态变化、开放经济的动态分析（黏性价格模型和浮动价格模型）、人口模型、渔业动态学和交叠世代模型等。其中，与野生动物资源管理模型相关的研究有人口模型、渔业动态学和交叠世代模型。

人口模型以马尔萨斯人口增长模型和逻辑斯蒂曲线为基础，从几何分析和数理分析的角度研究多物种的生物量变化。钟水映（2009）对人口年龄结构的转变作用于经常项目差额的影响机制做出了分析，在此基础上采用协整分析、格兰杰因果检验以及脉冲响应函数对于劳动力抚养负担、经济增长和经常项目差额之间的动态关系进行了综合分析。研究发现，应从长期性结构视角认识劳动力抚养负担对经常项目差额的反向作用；短期来看，二者之间不存在显著的相关关系。与此不同，经济增长对经常项目的影响无论是长期还是短期都非常显著，这是人口年龄结构、经济增长以及经常项目差额之间动态关系产生的内在逻辑。

渔业动态学从经济学的角度通过渔业生物增长曲线、捕捞函数、行业利润和自由进入，分析开放渔业的动态学，研究渔业控制问题和专业捕捞问题。严国安（1997）根据1992—1993年的调查结果，结合前人研究对于东湖水生植物群落30余年的变化，和湖水富营养化及渔业养殖等因素的关系进行讨论，同时还从物种生理生态、生活史及生殖机理、补偿和更新能力、种间关系等方面着手，对水生植物群落的物种替代机制及其演替模型进行了探讨，以此为湖泊生态环境下水生植被的恢复，人工调控方式及优化提供理论支撑。

交叠世代模型引入税收因素和政府债务因素，研究不同世代情况下竞争性均衡产出的经济效率。交叠世代模型还被用来分析货币经济。吴华等（2003）以世代交叠模型（Overlapping Generation Model）作为分析框架，探讨资本市场的内在运行机制。研究发现一个缺少套期保值机制（期权和期货及衍生工具）的以股票和信贷为资产增值及储蓄手段的资本市场具有内在的脆弱性，这意味着如果原来的市场均衡被打破，市场将发生波动，具有持续下跌或持续上涨的倾向。然而，即使拥有了套期保值机制，该市场依然会存在脆弱性。吴华据此提出，政府应该针对股票以及信贷市场推行"双锁定"的政策。刘斌（2009）基于我国的实际数据，在具有交叠世代特征的动态随机一般均衡模型框架下，采用 Bayes 技术对我国物价水平的决定机制进行实证检验，并对货币政策和财政政策在物价水平的决定中所起的作用及其相互协调问题进行分析；最后，从稳定物价的角度，对我国未来货币政策和财政政策的协调机制提出改进建议。

综上所述，国内外关于野生动植物资源价值的研究有了很多文献和方法，但是对于基于野生动物资源最优管理控制模型基础上，在动态环境下通过价格、人工参与及补贴等经济手段对野生动物资源价值的研究及实证应用研究还比较少，而且专门针对野生动物资源管理进行最优控制模型研究较少，其主要局限于渔业资源、森林资源等其他应用领域。

2.6.2 资源管理模型的生态应用研究

目前，我国使用最优控制模型的研究大多集中在环境污染、物种多样性保护、昆虫种群动态模拟以及农业病虫害防治、牧场管理等方面的内容。郭中伟（1995）提出了生物资源的多目标最佳可持续利用的理论研究和实施方法。该理论在对生物资源的收获量确定的过程中，将相应的经济效益和生物的种群恢复能力进行考虑，还考虑了收获对社会效益、环境以及生物群落的影响。其理论将环境、生物、经济和社会效益在内的诸因素作为最优化的目标，提出制定可持续收获策略的思想和方法，还据此以凤眼莲为实例，讨论其多目标最佳可持续利用和可持续收获策略。

刘小平（1998）以在云贵高原上培植的人工草地为研究对象，研究了其生长动态，以生物控制论为理论基础构建出人工草地放牧管理的最优控制模型，并根据试验区内的实际观测结果，以此为个案进行了计算分析，最终确定出试验区内最优牧草采食量，并据此提出相应放牧管理模式与对策建议。李自珍等（2001）运用生物控制论的理论方法，以甘南高寒草地放牧系统为目标对象，通过确定放牧管理的主要指标构建其最优控制模式，并进行了实例数据计算与分析生态经济效益。张彦宇（2004）提出了存在周期制约作用下的草原放牧系统管理的最优控制模型。李文龙（2008）研究高寒草地植物生产力与多样性对不同放牧强度的响应机制，指出其随放牧努力程度的加强均呈现显著性降低。李文龙对草地放牧的最大持续产量模型和最优控制模型进行分别构建，确定其资源利用的最优控制量和最优牧草资源种群水平，为高寒草地可持续科学利用提供了政策建议。

李庆富（2000）结合包含了年龄结构的生物种群经济学动力系统，以捕获率为控制变量进行讨论，讨论 $[0, T]$ 期内收益为目标泛函的捕获量最优控制问题，推论验证了最优捕获率的存在唯一性。郭见军（2001）针对竞争系统两种群捕获的生物经济平衡问题进行了研究并对最优捕获策略做出讨论，指出贴现率能够影响经济收益的利润水平。何泽荣（2002）研究一类可更新资源系统的最优利用问题，首先，在模型之中引进一个全新的依赖于收获努力度和资源量的效用函数。其次，证明最优控制问题最优解的合理存在，然后利用最大值原理构建出非线性的最优系统。通过对上述系统正平衡解的详细分析，借助 Hopf 分支定理证明了极限环的存在性，之后考虑中心流形上的简化系统，分析极限环的稳定性。最后，解释所得结果的生物经济学意义。

李建全（2005）对一类具有空间扩散的时变种群系统的最优捕获控制问题进行研究，讨论了其系统的非线性问题，推论验证了最优捕获控制的存在性，并指出最优的必要条件和最优性组。王占平（2006）讨论了一类与年龄相关的非线性种群扩散系统的最优控制问题，其生存死亡比率依赖于加权总规模和个体年龄，这些成果可为研究种群扩散系统最优控制问题提供理论支持。

江红莉等（2009）在分析区域经济与生态环境系统交互耦合关系的基础上，建立了区域经济与生态环境系统协调发展的动态耦合模型，并对江苏省经济与生态环境系统的协调发展进行了研究。结果表明，1995—2007 年间，江苏省的经济系统综合发展指数呈快速上升的趋势，生态环境系统的综合发展指数在曲折变化中缓慢上升，经济与生态环境处于协调发展状态，但协调耦合度经历了"九五"期间的快速下降和 2001 年后逐渐上升两个阶段。刘小峰等（2010）基于复杂自适应系统理论构建了社会经济环境系统模型，采用计算实验方法模拟分析了太湖流域在经济优先和水环境保护优先两种管理模式下的动态演化过程，得到了农业与工业经济发展水平、就业状况和水环境改善情况的演化规律。结果表明，在综合考虑社会、经济、水环境的基础上，两种管理模式均能在一定程度上实现经济和就业的增长，同时改善水环境。环境保护优先模式虽能有效保护水环境，却会牺牲部分经济发展和就业保证。不同地区在演化过程中表现出差异性，常州和湖州经济获得较快增长，苏州、上海在就业方面做出较大贡献，无锡和苏州水环境改善效果最为明显。杨洁等，基于 1992—2006 年的中国环境污染事故和经济发展的时间序列数据，建立了环境污染和经济发展的模型，运用此模型来分析中国环境安全状态的发展阶段与趋势。结果表明，中国环境污染事故发生频率、水污染事故频率、大气污染事故频率都会随着人均 GDP 的快速提高，呈现出一种先下降、后上升、再下降的趋势，并且还会出现反复。

2.7 经济系统中的动态分析研究概述

上文对资源管理模型的研究发展进行了探讨，不难发现其中大部分文献显示，其模型应用大多从种群资源存量的考量入手，对于资源利用所产生的经济收益并未纳入研究模型之中。又或者有的专家结合资源生态经济平衡进行研究，但大多为针对当期收益的静态分析，通过动态经济分析观测资源长期的可持续的经济收益最大化的发展趋势，可以为资源管理制定科学合理的政策提供参考建议。

经济学家对经济系统的划分通常视为均衡和不均衡两种状态，经济系统在很长的时间区间内往往处于非均衡状态，只可能在较短的时间范围中保持均衡。静态经济学主要研究经济系统的均衡状态，是对经济系统的静态分析。然而，在经济系统之中，恒定不变的稳定是极其短暂的，常常会遭受到各类冲击。一个稳定的经济系统便是在受到冲击后向新的均衡状态持续演进的过程，但往往在这个过程之中，又会因为新的冲击产生变化。正是因为这个原因，经济学家所观察到的经济变量，比如和我们生活息息相关的 GDP、商品价格、股票指数等等，总是不断地在向某一个均衡状态过渡，而不是稳定地处于均衡状态。大部分对经济现象的研究最终都趋于寻求和解释均衡状态，而把静态分析、动态分析与均衡分析结合在一起，就构成了三种分析工具：静态（均衡）分析、比较静态（均衡）分析和动态（均衡）分析。静态分析主要考察均衡状态的特征，并解释所观察经济变量达到均衡的条件。比较静态分析主要说明经济变量的原有条件受到冲击产生变化时，经济系统从初始均衡状态到新的均衡状态的变化，并对新旧均衡状态二者进行比较研究。动态分析是在考虑时点变化的基础上，对处于不同时间区间的经济变量的相互作用在经济系统的均衡形成和变化所发挥的作用进行研究（吴汉洪，2003）。

王翼（2008）认为经济行为无论是处于微观还是宏观的层次之中，都具有固有的动态性质，而现实环境的经济系统是复杂的，家庭、企业和客户之间相互作用，皆要随时响应收入、环境及价格的改变。因此，通过建立动态模型对经济系统进行动态分析的必要性是显然的，这样能兼顾均衡和不均衡两种情况。最优地分配利用稀有资源，是经济学的本质，也可以将其视作为在约束条件下求最大化的问题。静态最优化问题是在一个确定的时间点上进行资源的最优利用，而在一个时间区间上进行最优分配时则面对的为动态最优化问题，经济系统的动态分析处理的问题便是动态最优化问题。

自 20 世纪 20 年代以来，经济学家一直对经济系统的动态问题有极大兴趣，动态分析方法涉及较多的变分法、最大值原理、最优控制以及动态规划知识，这都需要对数学知识进行较深的学习。当代西方经济学界在高级宏观经济学发展时具有一个显著特征，就是通过大量的运用动态分析来观察及解释相关经济问题与现象。这既可以看作学科发展的必然结果，也包含了人类认知的原因。人们对事物、现象的认知过程普遍经历一个从简单到复杂，从表面到深入的演进历程。20 世纪 80 年代，内生经济增长理论和实际经济周期理论这两个重要理论的提出，大大推动了动态分析在经济学研究中的发展。罗默和卢卡斯的工作推动了现代经济增长理论的研究，其认识到有关于长期经济增长的决定是关键的，必须摆脱新古典增长模型的束缚并决定长期增长率，其研究必须要考虑时间因素，因此增长理论本就属于动态分析的范畴。Kydland 和 Prescott 等人提出的实际经济周期理论强调了宏观经济学的跨时和动态特征，受理论影响，大部分主要宏观经济变量都被给予了跨时的维度，如消费、储蓄、投资等等，在与经纪人的利益最大化假设结合一起时，动态最优化分析便自然引入至宏观经济分析之中。经济行为无论是在微观还是宏观的层次上都具有一定的动态行为，个人或组织都要随时响应价格、收入以及外部环境的变动，为进一步了解不同经济系统下各因素相互作用的机理，需要建立相应的动态模型，即动态分析问题。在高级宏观经济学中，运用了大量动态分析方法，这是研究理论的深入，也是研究对象从简单到复杂的过程。人类所生存的世界本身是动态发展的，因此对经济系统的动态分析是有必要的。著名经济学家阿扎迪艾迪曾对此做出以下评论："动态分析已经如此广泛地进入到宏观经济研究各领域之中，以至于向量空间分布和相图分析几乎取代了所熟悉的研究手段，比如需求供给分析表与希克斯交叉图。"

2.7.1 经济动态分析的模型研究

经济学家对经济系统进行动态分析通常情况下有两种选择，一是定性分析的方法，另外一种则是定量分析的方法，若条件充分，则需要将二者相结合建立经济系统的数学模型。离散时间情形下的动态经济问题一般以差分方程的形式给出，而连续时间情形下则是一个微分方程，其数学模型的一般形式是一阶微分方程组：$\dot{x} = f[x(t), u(t), t]$，式中 $x(t) = (x_1(t), \cdots, x_n(t))^T$ 是 n 维状态向量，$u(t) = [u_1(t), \cdots, u_m(t)]^T$ 是 m 维控制向量。状态向量 x(t) 全面系统地描述了经济系统的状况，是管理决策者在 t 时刻面临的状态情形。状态向量每一个分量 $x_i(t)(i = 1, \cdots, n)$ 称为状态变量，例如可以是资本存量值，也可以是股票指数，由 n 维状态向量 x(t) 构成的线性空间称为状态空间。与之类似地，$u_i(t)(i = 1, \cdots, m)$ 称之为控制变量，相应的可以是企业支出、政府财政策略等等。控制变量也可以称作决策变量或选择变量，可以用于控制经济系统驱动至一个较为理想的状态。常见的一个例子是企业在经营治理之中，管理者如何通过控制策略决定价格和产量使得企业所获取的利润最大，得到长远持久的发展。离散时间情形下的一般形式是一阶差分方程组：$x(k + 1) = f(x(k), u(k), k)$，k 则体现了时间的变化情况。研究人员在研究动态经济系统的动态最优化问题时，最优解所满足的必要条件也需要用微分方程或差分方程描述。

阿扎迪艾迪（1993）以及斯托克、卢卡斯和普雷斯科特（1989）对于确定性下的差分方程给出了研究理论的贡献，讨论其求解过程，部分难以求解的差分方程，则应讨论其均衡点的存在性、稳定性以及二者的动态性质。在此基础上，引入不确定性以来考虑经济问题之中所带有的不确定的环境，由于人们对将来会形成预期，法默（Farmer，1999）和萨金特（2004）对于解决经济学中的基本假设——理性预期假设，通过随机线性差分方程求解线性理性预期模型给出了值得借鉴的见解。通常情形下采用 Lagrange 方法可以处理离散时间优化问题，阿达和库珀（2003）基于此，系统地对离散时间情形下的动态规划方法——Bellman 原理做了探讨与研究。对于一般的优化问题，通过对动态规划问题的等价函数方程（Bellman 方程）和 Euller 方程的学习了解，动态规划方法的本质上就是寻找到一个策略函数把状态变量映射到控制变量之上，从而通过一系列求解过程得到最终最优解。

在动态规划理论研究的应用之中，龚六堂（2012）在其《动态经济学方法》一书中系统地概括了离散时间情形下的六大类问题：①离散时间的Ramsey 模型。②投资储蓄问题。该问题关于不确定性下的投资储蓄问题首先是在米尔纳斯和菲尔普斯两者的研究中提出的，米尔纳斯考虑劳动力和资本作为两种投入品与一类商品的新固定模型，在规模回报、人口增长和技术进步的假设下研究了消费者的投资行为。Phelps 则讨论了一个纯粹的资本模型，消费者在每一个时点都选择将自身财富或劳动收入进行消费或投资。③消费理论。④资产定价定理。Modigliani – Miller 定理和 Ricardian 等价定理皆属于资产定价的重要理论。⑤Stockman 模型。1981 年，Stockman 提出了不仅在其间消费品要用货币支付，而且投资品也需用货币支付，其用这个模型成功地解释了货币政策的改变对经济的影响。龚六堂和邹恒甫（2001）则在 Stock-man 模型的基础上，引入消费者的财富至效用函数之中探讨货币供给的增加对经济的影响。⑥离散选择问题。经济问题之中除了大量的连续选择的问题，还包括了很多的离散选择情形，比如企业决策是否对财务账务进行违约处理，抑或失业者决定究竟是保持寻找工作或维持领取失业救济金的状态等等。这类问题在数学上被称之为最优停时问题，迪克西（Dixit）和平狄克（Pindyck，1994）以及萨金特（2004）对于此类问题做了大量的研究工作。

上文提到了在处理经济系统离散时间情形时的处理方法，而在研究中同样存在大量问题是用连续时间系统表示的，其中连续时间的跨时问题的处理方法是一种由苏联数学家的 Ponrtyagin 所提出的最优控制方法，通常情况下，最优控制方法可以求解的优化问题也可以采用变分法来求解，但因为最优控制在处理问题时显得更为直观，便被研究人员们常常采用。在对其应用时，应注意到根据经济系统区分以下三类情况：（1）自由端点问题；（2）固定边界问题；（3）受约束端点问题。经济系统进行动态分析的第一个基本内容是：微分方程或差分方程的求解和均衡状态的稳定性分析；求最优化问题的解，或对它进行定性分析则是其第二个基本内容，具体方法上则涉及变分法、动态规划、微分博弈和最优控制，经济学家利用最优控制理论集中在一些经典的宏观经济学模型和金融模型上做了大量讨论。在本书后续的研究工作中，我们主要采用最优控制理论方法作为野生动物资源管理最优化管理的研究手段。

2.7.2 最优控制的应用研究

最优控制理论是分析动态系统的有力工具，在每一时点，在已知现在的情况时，所选择的决定都是最优的，而且将来也会做出同样相似的选择，许多学者提议把这种最优控制理论应用于动态经济计划。（Finn E. Kydland，Edward C. Prescott，1977）现阶段，最优控制理论在诸多领域得到了详尽切实的应用，在实践中资源环境管理方面的优化控制上同样应用颇多。从目前已知的文献看，种群资源开发管理的研究大部分是以经典的逻辑斯蒂增长模型为基础进行研究的，因为在实践工作之中 Logistic 方程已在生态学研究的广泛领域成功地得到了应用，但是该方程同样存在某些局限，逻辑斯蒂方程表达式为 $\dfrac{\mathrm{d}x}{\mathrm{d}t} = rx(1 - \dfrac{x}{k})$，其中：$k$ 为生境所能容纳种群的最大量，r 为种群内禀赋增长率，当 $x = k$ 时，种群规模不再扩大，然而如果 $r < 0$，当 $x > k$ 时有 $\dfrac{\mathrm{d}x}{\mathrm{d}t} > 0$，这说明当种群资源的出生率小于死亡率时，其规模如果超过最大环境容纳量反而可以使种群规模随时间而逐渐扩大，这显然是难以解释的。克拉克（Clark C. W，1990）把种群收获量 $h(t)$ 作为控制变量，以最大持续产量和最优产出为资源管理目标，总结了可更新资源经济学的基本定理。克拉克（1989）研究了单种群增长的一般模型，利用庞特里亚金最大值原理得出了确定最优收获量 $h*(t)$ 的隐式方程，具有普遍意义。Clark 还指出如果目标函数 $\int_0^t e^{-\sigma t}\pi[x,h,t]\mathrm{d}t$（$\sigma$ 是贴现率，π 是单位时间下种群纯收益）中的 $\pi(x,h,t)$ 与 h 是线性关系，这种条件下的问题被称为奇异控制问题。如果 $\pi(x,h,t)$ 与 h 的关系是非线性，则称之为渐近控制问题，其最优路径轨迹收敛于经济系统的最优平衡点。克拉克还针对关于竞争系统两种群开发的管理问题，对其中一个种群的最优收获问题进行了研究。寿纪麟（1998）在同时收获两个相互独立的种群资源的基础上，指出生物经济保持平衡的充分必要条件，并通过现值哈密顿函数计算分析最优 Bang - Bang 奇异控制和最优奇异解。平狄克（1995）则把生产工具作为控制变量，利用变分法求解得出长期收益最大化下所使用生产工具的最佳时点与最佳数值，然而也因为种群资源在实际管理中存在波动性，导致很难进行应用。

匡翠芸（2009）对梯级水库优化调度的动态最优化模型进行了研究，并对模型的数学原理的运用与发展进行了详尽与系统的梳理。其指出，一个最优控制问题的最简单问题即为寻找最优控制 $u(t)$，在系统从初始状态 $y(0)$ 转移到终端状态 $y(t)$ 的过程之中，使得性能指标目标泛函 V 取得最大值。其以两个梯级水库调度为研究背景，提出梯级水库调度实质是一个连续动态过程问题的研究，据此构建相应的动态最优化数学模型，运用最大值原理计算得出梯级水库在调度期内上水库的最优控制方程，在求解过程中以凹凸性定理证明了全局最优结果，结合长江三峡—葛洲坝进行个了案研究。

陆立力（2010）在对各类 Stein 神经元模型输入速率参变量的最优控制进行了探讨，在其论文中强调了控制论的思想和方法在研究生物系统的调节、控制和信息处理规律方面上，所发挥的作用越来越大。18 世纪末，生物学家已开始认识到调节与控制对生物机体的重要作用。1948 年，美国著名数学家 N. Wiener 将通信和控制系统与生物机体中的某些控制机制进行类别，概括出两类系统的共同规律。控制论在发展初期是以研究共同规律为主，生物系统则作为其中的重要研究背景。

在矿产资源方面，最优控制理论也得到了充分的推广与运用，以油田开发为例，随着最优化方法和电脑科技的发展，人们已经通过对最优化方法的利用，以此来解决油田资源管理开发决策中所存问题。阿罗诺夫斯基（1985）就研究了以最大化经济收益为目标的均质油藏的生产规划，他们在问题上采用了线性规划的方法。在此之后，根据不同层面的问题，最优化方法中的多目标规划、随机规划、模糊规划、非线性规划等都在油田资源开发中得到应用。

进入 20 世纪 80 年代，学者们开始运用最优控制理论涉足此领域，其中研究了原油开采中的过程控制问题、油田勘探与开发的宏观决策问题及其历史拟合问题。科罗拉多大学的拉米雷斯利用最优控制理论讨论了使用表面活性剂驱动采收率增长的最优注采策略。其最优控制模型的性能指标定义为表面活性剂的注入费用减去产出原油的资源价值，控制变量为活性剂的注入浓度，模型状态方程为活性剂浓度的对流扩散和吸附方程，以及一维油水两相的 Buckley – Leverett 方程。扎德莱特等人研究认为，在基于梯度法的原油开采最优控制问题之中，其具体形状通常是未知的。而通过水驱进行优化的问题中，控制变量在系统的目标函数和状态方程往往是线性的，扎德莱特在求解时并没有将开关时间设为优化变量，最后基于梯度法对下降算法做出了改进。埃法提则利用迭代动态规划求解水驱原油开采的最优控制问题，其相比基于梯度的方法而言，优点在于不需要推导最优控制的必要条件和求解伴随方程，缺点则是计算规模较大，因此实际应用中多采用基于梯度的方法。

在国内，齐与峰、叶继根（1998）在注气提高采收率的最优决策研究上应用了最优控制理论。通过构建蒸汽注入过程的最优控制模型，其支配方程为描述热能和流体运动的偏微分方程，将随时间变化而变动的注采量和蒸汽干度作为控制变量。叶继根将最优方法应用于凝析气藏循环注气的开发决策，通过离散极大值原理进行了计算，在此基础上设计优化决策软件，在实际实验中取得了效果。刘昌贵（2002）基于系统控制论研究油藏最优控制问题，对可用于注气提高采收率技术的油藏生产制度构建和求解最优控制模型，系统地完成了方法的有效性检验和实际应用研究。

2.7.3 资源管理的动态分析相关研究

生物种群资源管理的动态分析研究目前在国内还十分薄弱，相关的研究主要集中于生态系统和经济的关系上面。李孟军（1998）运用静态优化分析理论对近海渔业资源管理进行研究，发现在遭受过度开发的渔业资源间推行休渔方式，是恢复渔类资源，增加长期收益最大化的重要条件，但同样也忽视了休渔过度会对社会经济发展所产生的消极影响。黄小原（1988）以极大值原理对渔业资源的快速恢复问题进行了论证，为制定渔业管理政策提供了借鉴价值。曾晓军（1991）认为资源恢复应该满足相应条件，快速恢复问题在此基础上才可得出其有效解，并运用控制理论对渔业资源系统的可控性问题进行研究，最终证明了最优收获策略的存在性。王寿松（1992）用微分求极值方法对种群资源收获的最大持续产量进行了讨论。张玉娟，刘会民（1998）应用微分求极值的方法计算收获两种群的最大持续经济产量和最大持续产量，讨论了两个种群的同时收获问题。郭见军（2002）对种群资源开发的最优控制经济模型进行了探讨，对于种群资源，设当收获量为 h 时，单

位种群的价格为 $P(h) = a - bh, (a > 0, b > 0)$，成本函数为 $c(x)$，对于管理利用人员而言，希望控制 h 使其属于状态方程的性能指标最大，它的经济含义为资源开发中的长期总收益达到最大值，在研究之中，郭见军以天敌与鼠类之间捕食关系的研究为例，对鼠害发生与防治进行了研究。

刘元波（1998）以对太湖梅梁湖生态环境的当前认知为基础，建立藻类生态动力学模型并进行生态模拟研究。基于模拟结果，分析了太湖富营养化最严重的蓝藻水华治理与污染物排放控制和清淤工程。结果表明结合经济分析和效益分析来看，太湖污染物排放如果达标则将最大地改善富营养化水平，并通过组合各类污染物控制总量从而达到最优治理效果，模拟应用研究表明，单一除污工程对于富营养化中蓝藻水华治理的意义较为有限。徐珊楠（2009）研究合理开发红树林区渔业和有效保护红树林湿地生态系统，从生境价值、凋落物在红树林生态系统食物网中的贡献等方面总结了红树林栖息地功能及其渔业价值，提出今后的研究方向应将红树林的栖息地功能从其他河口、近岸栖息地中分离出来，甄别不同栖息地间的动态关系及其对渔业的影响。

句荣辉（2004）分别从单种种群和多种种群两个方面进行讨论，概括和总结了国内外近些年来昆虫种群动态模拟模型的研究进展。单种种群从两点阐述：一方面是对种群动态模拟常用的矩阵模型的概述，主要介绍不同观测期年龄组、矩阵维数的变化、矩阵维数与历次观测期的关系、个体之间的发育差异以及发育速率差异等等对昆虫种群动态模型的影响；另一方面是种群动态模拟模型的研究成果，包括参数的拟合、方程的修正与最优捕获策略等。多种群则主要从建模和模型应用两个部分进行国内外研究成果综述。最后，对种群动态模拟模型未来研究的发展方向进行深入讨论，即在原有数据搜集工作的基础上，应用面向对象程序设计语言，把各种要素包括各种物种及各种环境条件抽象成因素，用消息传递来表示昆虫种群内个体之间、昆虫种群与环境之间的相互作用，再结合数学算法建立一个直观简便的昆虫种群动态模型库，使模型结构与现实环境有较大相似性。这样就可以实现昆虫种群动态的可视化、动态化与精确化的监测及预测。

曹隽喆（2008）用控制方法研究宏观生物经济系统，对其进行了线性二次型最优控制设计，给出了该系统的线性二次型问题模型，并对其定性进行分析，利用李雅普诺夫稳定性定理，证明了该控制设计的最优控制系统是大范围稳定的，从而得到了该系统在线性二次型拉制下保特生物产业经济稳定增长的结论，最后通过仿真验证了结论的正确性。

综上所述，国内外关于野生动物资源最优管理控制模型基础上，通过价格、人工参与及补贴等经济手段动态分析野生动物资源的研究及实证应用研究还比较少，而且最优控制模型研究也主要局限于森林资源、渔业资源等其他领域，专门针对野生动物资源进行最优控制模型研究，并在此基础上进行动态经济分析很少。本书在运用国外野生动物资源最优控制模型，并在此基础上提出野生动物动态经济分析方法，并选择目前社会高度关注的野生动物物种运用这一方法进行应用实证研究，从而形成野生动物的动态经济分析方法，并通过最优控制模型，得出对野生动物资源优化管理的策略和政策措施。

2.8 最优控制的理论研究概述

动态最优化问题提出在整个计划期内的每个时期中（离散状况）或在给定时间区间 $[0,T]$ 中的每一时刻（连续状况），选择的每个变量的最优选择值。因此，动态最优化问题的解应为如下的形式：对应于每个选择变量的一条最优时间路径。在表达式中，我们往往以 $y*(t)$ 或 $u*(t)$ 的形式来表达一个（连续）变量 y 或 u 的最优时间路径。

无论变量是离散的还是连续的，一种简单的动态最优化问题将包括下列基本要素：（1）一个给定的初始点和一个给定的终结点；（2）从初始点到终结点的一组允许路径；（3）充当表现指标的一组路径值，它们与各种路径相联系；（4）特定的目标——通过选择最优路径或者最大化或最小化路径值或表现指标。

路径与路径值之间的关系则是数学概念上的一种特殊映射，它是指从路径曲线到实数的映射，如果把问题中的路径假设为时间路径，并表示 $y(t)$，V 代表相应的路径值，所以一般应记为 $V[y(t)]$，在这样的定义中，$y(t)$ 是作为一个整体，即时间路径而出现的，所以不能将 V 视为 t 的函数，V 应被理解为 $y(t)$ 的泛函，可记为 $V[y]$。而由定义得知，一条最优路径是最大化或最小化时间路径值 $V[y(t)]$ 的路径，任何路径 $y(t)$ 必须历经一个时间区间，最后其总值自然是一个和，此和在连续时间条件下即为一个定积分 $\int_0^t (\ ) \mathrm{d}t$，其一般表达式包含三段信息：（1）时间；（2）初始状态；（3）前进方向，通常为：

$$V[y] = \int_0^t F[t, y(t), y'(t)] \mathrm{d}t \tag{2-1}$$

处理动态最优化问题，主要有变分法、动态规划以及最优控制理论三种方法。最优控制作为变分法的推广，在本项目中将作为主要的研究手段。

2.8.1　最优控制的概念界定

在最优控制理论中，动态最优化问题被视为由三种类型变量所组成。除了时间变量 t 和状态变量 $y(t)$，还赋予一个控制变量 $u(t)$，正是 $u(t)$ 的存在，才使得最优控制在动态最优化处理方法中占据主要地位。

一个最优控制问题首先必须包含一个联系 y 和 u 的方程：

$$\frac{\mathrm{d}y}{\mathrm{d}t} = f[t, y(t), u(t)] \tag{2-2}$$

我们把这类方程称为运动方程（或状态方程），它表明了给定状态变量值，在任意时刻 t，决策者的 u 的选择在时间上会如何驱使状态变量 y。因此，一旦我们发现最优控制变量 $u*(t)$，运动方程将构造出相关的最优路径 $y*(t)$。最优控制问题如下：

最大化或最小化的目标，我们可以通过在目标泛函前加减负号得以实现。

$$V[u] = \int_0^t F[t, y(t), u(t)] \mathrm{d}t \tag{2-3}$$

s. t. $\qquad\qquad y'(t) = f[t, y(t), u(t)] \tag{2-4}$

$$y(0) = A \tag{2-5}$$

在此式中，目标泛函反映了 u 作为一个自变量是最终优化变量，而变量 t 可以通过折现因子 $e^{-\sigma t}$ 进入被折函数。在最优控制理论中最重要的发展是最大值原理（L. S. Poltyanskii，R. V. Gamkevlidze. E. F. Mishchenko，1962）。动态最优问题的最优控制构造手段是把注意力集中于一个或多个控制变量，让这些变量来成为最优化工具，其理论把决定控制变量 $u(t)$ 的最优时间路径当作其首要目标。

为了使初期模型更为直观简便，我们首先考虑仅具有一个状态变量 y 和一个控制变量 u 的问题，控制变量在其中作为一个工具能够影响状态变量，如管理费用。因此，任何选定的控制路径 $u(t)$ 都对应着一条相应的状态路径 $y(t)$。我们的目标就是选择出最优控制路径 $u*(t)$，使得它与相应的最优状态路径 $y*(t)$ 一起在给定时间区间 $(0,t)$ 内最优化目标泛函。

2.8.2 最优控制的经济意义与数学解释

最优控制理论中最重要的研究结论是最大值原理，其涉及汉密尔顿函数与辅助变量（共态变量）的概念。主要是利用了概率与随机分析的思想找出 Hamilton – Jacobi – Bellman 方程，其向我们提出了用于解决最优控制问题的方法，方程的解给出了优化方程的价值函数，在离散时间状态上应采用 Bellman 方程，连续时间条件下则应为 Hamilton – Jacobi 方程（何林，2009）。

在解的过程中，辅助变量（共态变量）λ 联系于拉格朗日乘子，在赋量变值的意义上，它度量了相应状态变量的影子价值，λ 变量在不同时刻可以取不同的值，其实 $\lambda(t)$ 是完整形式，其借以解决最优控制问题的工具是汉密尔顿函数，以 H 来表示：

$$H(t,y,u,\lambda) = F(t,y,u) + \lambda(t)f(t,y,u) \qquad (2-6)$$

最大值原理包含关于状态变量 y 和辅助变量 λ 的两个一阶微分方程，并要求在每个时刻关于控制变量 u 最大化 Hamilton 函数。此外，为了更好地联系实际情况运用数学方法，理解其直观经济学意义较为重要，因此，我们需要结合使用最大值原理所赋予的各种条件的经济学解释来巩固对数学的理解。

Robert Dorfman（An Economic Interpretation of Optimal Control Theory，AER，1969）证明了最大值原理的各个关键部分与因素都能被赋予一个准确的经济学解释，因此，在我们运用最大值原理解决最优控制时具有了理论支撑，从通常意义上说是合理的。以下，是该论文相关的定义和解释方面的部分引用。

例如一家企业，在它寻求最大化它在时间区间 $[0,T]$ 上的利润，具有单个状态变量资本存量 K，并有控制变量 u，u 代表着这家企业在每个时刻所应做出的不确定的商业决策（存货、广告、促销等）。该企业在初始时间 0 的资本存量为 K_0，而终期资本存量未定。在任意时刻，企业利润取决于它当前持有的资本数量以及所选取的政策。它的利润函数是 $\pi(t,K,u)$。同时，政策选择 u 也影响着资本 K 随时间变化的速度；即 u 影响 $\dot{K}$，此最优控制问题如下：

$$\prod = \int_0^t \pi[t,K(t),u(t)]\mathrm{d}t \qquad (2-7)$$

$$\text{s. t. } \dot{K} = f(t,K,u) \qquad (2-8)$$

$$K(0) = K_0 \qquad K_{t\text{自由}}(K_0, t_{\text{给定}}) \qquad (2-9)$$

辅助变量 λ 本质上是一个拉格朗日乘子，因此，它应当具有影子价格的概念。

$$\frac{\partial \prod *}{\partial K_0} = \lambda *(0) \qquad \frac{\partial \prod *}{\partial K(T)} = -\lambda *(T) \qquad (2-10)$$

最优确定得初始共态值 $\lambda *(0)$ 是最优总利润 $\prod *$ 对给定最优初始资本的敏感性度量。如果我们多拥有一单位（趋近于无穷小）初始资本，那么 $\prod *$ 将增大数量 $\lambda *(0)$。所以，表达式 $\lambda *(0)$ 可以被视为一单位初始资本的价值或影子价格。而最优共态路径的最终值 $\lambda *(T)$ 是 $\prod *$ 关于最优终结资本存量变化率的负值。该企业问题的 Hamilton 函数是：$H = \pi(t,K,u) + \lambda(t)f(t,K,u)$。右端第一项是时间 t 的利润函数，它基于当前资本存量和当前所采取的政策选择，可以将其视为"相应于政策 u 的当前利润"。在第二项中，$f(t,k,u)$ 函数表示相应于政策 u 的资本变化率 $\dot{K}$，当 $f(t,k,u)$ 被影子价格 $\lambda(t)$ 相乘时，它就转化为一个可以度量的实际价值（货币值）。所以，Hamilton 函数的第二项代表"相应于政策 u 的资本价值变化率"。

第一项如果看成为 u 的当前利润效应，第二项则被看为 u 的未来利润效应，因为资本积累的目标是为企业将来创造利润的。这两种效应一般地相互竞争：如果某个特定政策决定 u 有利于当前利润，那么它在正常情况下将导致未来利润的牺牲，总而言之，Hamilton 函数代表了各种政策决定的利润前景，同时考虑到了当前效应与未来的效应。

此外，在最优控制的经济学应用中，被积函数 F 往往含有一个折现因子 $e^{-\sigma t}$。最大值原理要求 Hamilton 函数关于 u 和 y 可微，但折现因子的出现增加了导数的复杂性，所以最好定义一个新的"现值 Hamilton 函数"，现值传递了新函数 H_p "非折现"的本质。最大值原理要求关于 u 最大化 Hamilton 函数。这意味着企业必须在每时每刻通过正确选择 u 努力最大化总利润前景。具体地说，这要求平衡当前利润的前景收益与未来利润的前景损失。

2.8.3　最优控制系统的构建

最优控制所研究的问题有如下界定，在确定满足系统动态约束方程的容许控制之上，并使得性能指标能够达到极值。最优控制问题实质是变分学问题，对于容许控制是开集的情形可以通过经典的变分法理论解决。对于容许控制是闭集的情形，最有效的两种方法是美国学者贝尔曼提出的动态规划和苏联学者庞特里亚金提出的最大值原理。动态规划的核心是贝尔曼最优定理，在对多阶段决策问题进行求解时，先从末端开始，向初始端逆向递推。最大值原理则是古典变分法的推广，给出了最优性满足的必要条件。对于很多最优控制问题，直接利用变分法、动态规划或极大值原理往往难以求解，又因此诞生了许多求解最优控制问题的数值方法，主要可以分为直接法、间接法和迭代动态规划法三类。

当已知受控系统的状态方程和初始状态：

$$\dot{x}(t) = f[x(t),u(t),t], x(t_0) = x_0 \qquad (2-11)$$

目标集：

$$S = \{x \mid g_1[x(t),T] = 0, g_2[x(t),T] \leqslant 0\} \qquad (2-12)$$

控制域：

$$U = \{u(t) \mid \varphi[u(t)] \leqslant 0\} \qquad (2-13)$$

性能指标：

$$J(u) = K[x(t),T] + \int_{t_0}^{T} L[t,x(t),u(t)]dt \qquad (2-14)$$

最优控制问题是要求一个容许控制 $u(t)$，使系统由初始状态 x_0 出发，在某一时刻 $T > t_0$，达到目标集 S，并使性能 $J(u)$ 达到最小（或最大）值（寿纪麟，2008）。

第二部分 02

中国野生动物资源概况及
管理利用现状

第三章 我国野生动物资源及利用概况

中国位于欧亚大陆东南部，东临太平洋，北起漠河，南至南沙群岛，西起帕米尔高原东部，国土面积960万平方公里，是亚洲面积最大的国家，约为世界总面积的6.4%。我国地域广阔，地貌多变，可分为三级阶梯，山地分布较为广泛，江河众多，植被类型形态多样，为形成储备丰富的野生动物资源奠定了基础。气候作为另一关键因素，同样对野生动物物种生存产生显著影响，直接限制野生动物的生活和分布，我国地处欧亚大陆东南部，纵跨温带、亚热带、热带等多个温度带，气候主要具有三个特点：一是季风气候特征明显；二是大陆性气候强；三是气候类型多种多样。复杂的地理环境，丰富的气候变化，种种因素使得我国成为世界上野生动物资源种类最丰富的国家之一，所拥有的野生脊椎动物的种类占世界总数的10%以上，在世界之中具有重要地位（理查德·普里马克，2001）。

表3-1在世界主要资源国之间针对野生动物资源的四大分类进行了比较，由表可知，国内野生动物资源物种丰富，在世界排名前列，四大种群种数全部达到约2478种，占世界全部种数10.5%，但目前在确切数目上仍国内学者还存有争议。例如，鸟类有观点是1319种（郑作新，2003），或1332种（郑光美，2005），其中特有鸟类种数69种。兽类（哺乳类）则有学者认为应为607种（王应祥，2003），我国特有的哺乳类动物有73种，占我国哺乳类总数的12.0%；爬行类412种（赵尔宓，2000），占世界爬行类总数的6.5%，其中特有爬行类种数26种，占我国爬行类总数的6.3%；两栖类295种（赵尔宓，2000），占世界两栖类总数的7%，其中我国特有两栖类种数30种，占我国两栖类总数的10.2%。其中许多物种属于我国特有，如大熊猫、金丝猴、朱鹮、扬子鳄等等。

表 3 – 1　世界上野生动物资源各类种群排名前 7 位的国家比较

Tab. 3 – 1　The top seven countries of populations of wildlife resources in the world

次序	兽类	鸟类	爬行类	两栖类
1	印尼（515）	哥伦比亚（1721）	墨西哥（717）	巴西（516）
2	中国（约 510）	秘鲁（1701）	澳大利亚（686）	哥伦比亚（407）
3	墨西哥（449）	巴西（1622）	印尼（约 600）	厄瓜多尔（358）
4	巴西（428）	印尼（1519）	巴西（467）	中国（约 298）
5	赞比亚（409）	中国（约 1258）	印度（452）	墨西哥（282）
6	秘鲁（361）	委内瑞拉（1275）	中国（约 412）	印尼（270）
7	哥伦比亚（359）	厄瓜多尔（1447）	哥伦比亚（383）	秘鲁（251）
世界总计	约 4500	约 9000	约 5900	约 4000

资料来源：括号内为物种数。数据来源于赵尔宓（2002）、费荣梅（2003）的研究。

3.1　我国野生动物资源管理现状

我国相关行政部门对于野生动物资源管理也做了大量的投入，由全国陆生野生动物资源调查领导小组组织协调了第一次全国陆生野生动物资源调查，调查自 1995 年伊始，通过长达 6 年的实地调查，全国合计投入调查经费总额超过 1.36 亿元，并经过后期的统计完善工作，基本查清了我国野生动物资源基底，掌握了我国的野生动物保护管理现状，此次调查取得的主要成果如下。

（1）掌握了调查物种的种群分布、数量及栖息地状况。此次大规模调查掌握了 252 个调查物种的分布、种群数量、栖息地状况和受威胁主要因子，积累了大批珍贵资料，为我国野生动物保护管理决策的制定提供了可靠的科学依据。

（2）首次掌握 191 个重点物种的基础数据，填补了过往资源数据方面的空白。在此次调查之前，仅有 61 个物种以往开展过专项或区域性调查，而其余大部分物种在我国均尚未进行资源数量相关方面的清查，此次调查首次获得了除此之外的 130 个物种的种群量。

（3）通过与以往调查资料进行对比分析，首次掌握了 61 个物种的种群变化动态。

（4）发现了 1 个中国大陆新记录，2 个新种，并且许多省或地区发现物种新分布，其中许多为国家重点保护物种或全球濒危物种。

通过调查我国进一步掌握了野生动物资源的整体状况及保护管理现状，为我国野生动物保护管理和合理利用，并更好地履行国际公约提供了重要参考价值和科学依据。此外，资源调查还大力传播了保护野生动物，合理利用与开发资源的理念，扩大了社会影响，对提高民众的保护意识，尤其是来自边远地区及林区的群众的保护意识，发挥了强有力的推动作用。本次调查是新中国成立以来第一次大规模陆生野生动物资源清查，因此还培养了一大批野生动物资源调查人员，储备了相应的人力资源和队伍，奠定了未来持续地科学的野生动物资源监测的基础。

3.1.1　野生动物种群变动趋势

通过首次调查与以往的重点物种调查数据比对显示，自《中华人民共和国野生动物保护法》颁布实施以来，在国家相关部门及社会的积极保护与关注下，一部分野生动物资源数量趋于稳定并有所上升，其中国家重点保护对象群体是种群数量保持稳定增长的主体，但非国家重点保护野生动物，特别是一些具有较高经济价值的种群数量明显趋于下降，一定程度上从侧面反映了当前管理保护制度上的盲区和利用开发上的不科学，如何在保护野生动物资源的同时持续性地合理开发，是亟须研究与探讨的重大问题。

（1）重点保护物种是稳中有升的主体

在首次全国陆生野生动物资源调查涉及的 252 个重点物种之中，有扬子鳄、朱鹮、金丝猴、盘羊等 61 个国家重点保护物种曾进行过专项调查和区域性调查，通过与本次调查结果进行分析对比，发现有 34 种野生动物种群数量保持稳定或稳中有升，占可对比分析种类的 55.74%，其中很多动物资源是受到国内外关注的濒危珍稀物种。其中如扬子鳄自 1986 年建立起安徽扬子鳄国家级自然保护区后，通过加强种群管理、栖息地保护及大力推动人工养殖繁育这一系列卓有成效的措施，其种群数量已由建立之初的 200 余条发展到 400 条，另外人工种群数量已达 9000 余条。朱鹮则从 1981 年仅余的 7 只发展到 2005 年时的 450 只，各方面条件在持续改善，同时人工种群也发展迅速。兽类中的滇金丝猴和黔金丝猴由于在其分布区域相继建立了自然保护区，种群数量基本稳定。盘羊在相关部门的宣传引导下，受到当地政府和民众的有效保护，种群数也由 20 世纪 80 年代的 4 万多只增加到 64000 只。

此外，有的物种由于缺乏可供对比的数据和资料，难于具体分析其种群变化趋势，但根据专家学者多年的观测研究及实际情况，其种群数量趋于稳定或增长，如褐马鸡、黑嘴鸥、狍、野猪等等，尤其是野猪，其种群数量在 2005 年时经研究人员推测，全国数量已近 100 万只，多年的繁衍生息下，缺乏天敌的生长环境，自身较强的繁殖能力，种群数量已泛滥型增长，我国大部分山地林区已频发野猪毁坏耕地农田伤人的事件。

（2）非国家重点保护物种种群量下降趋势明显

在此次调查之中，调查了 99 种非国家重点保护野生动物，其中豹猫和部分蛇类资源拥有之前专项调查所留的资料，经过对比后发现均呈现较为明显的下降趋势。豹猫在 20 世纪 80 年代据统计约有 100 万只，当前仅余 20 余万只，已骤减为原来的数量 1/5 左右。而蛇类资源下降趋势尤其明显，保护形势十分严峻。产生这样的现象是有原因的，由于大部分蛇类均为非国家重点保护动物，并且经济价值较高、市场需求量大，直接导致过度捕猎现象的产生，其资源面临严重的生存危机。以百花锦蛇为例，20 世纪 50 年代，仅广西一省便有 60 余万条，如今全国数量总和仅 35 万条，种群数量下降惊人。

（3）部分物种极度濒危

首次调查显示，我国仍有部分野生动物种群生存遭受威胁，处于极度濒危，一旦遭受动物疫病情、自然灾害等突发事件威胁，将面临绝迹的危险。分布于广西大瑶山地区的鳄蜥现存数量约 700 只，但此次调查之中部分原有的生存区域却未发现其踪迹。海南长臂猿仅余 4 群 21 只，坡鹿则在海南大田分布约 760 只，原有的屯县、詹县等分布区域均已绝迹。

3.1.2　资源种群数量减少的原因

（1）资源滥用和非法捕猎

资源滥用和非法捕猎是我国野生动物资源下降的重要原因之一，调查显示，约132种因国内外市场需求量大，因而遭到偷猎盗猎或无节制开发利用，占本次调查全部种类的52.38%。如麝类具有较高的经济价值，种群数量在人类对其滥用偷猎的手段下，从1950—1960年时的200万~300万只急速下降到近年来的60000—70000只，幅度下降高达98%，资源在大多数原有分布区已接近枯竭。而蛇类肉制品由于可以食用，蛇毒可以药用，蛇皮可以制成工业产品，其资源过度开发利用也是现存的现象。据相关专家估计，仅食用这一方面每年就需消耗6000吨蛇肉，相当于消耗了几百万条蛇的数量。

（2）环境污染与种群栖息地被破坏

环境污染同样是资源种群数量下降的一个重要原因，随着化肥、农药、城市生活化学品以及工业的"三废"严重污染水源和陆地生存环境，越来越多的野生动物种群受到威胁。污染还直接导致了栖息地质量下降，调节生存功能递减丧失。除此之外，人为的干扰、破坏也是破坏资源种群栖息地的直接原因，我国天然林面积自1970年以来减少了40%左右，长期以来的草原过度放牧，每年的草原面积减少约60万~70万平方公里，湿地开垦、围湖造田等种种改造自然，破坏环境的手段，使得野生动物资源的栖息地日趋萎缩，严重片段化或岛屿化，这些都严重地打破了生物多样性的平衡，威胁着野生动物的生存。

（3）人工驯养养殖业经营落后

近30年来，我国的野生动物人工驯养养殖业在政策的支持与扶助下，得到了迅速发展。据详细统计，截至2000年，全国已有18238个野生动物饲养单位。作为当今世界上野生动物驯养繁殖基地最多的国家之一，虽然数量较多，总体规模大，但发展不平衡，科技含量低，经营方式方法落后，都是当前存在的现象。并且由于缺少技术支撑，基地设施简陋，所能生产的产品绝大多数为初级产品或半成品，利润不高导致效益低下，难以持续性规模化发展，不能满足当前的市场需求，仍需要长期的野外资源补充，导致加剧了野外种群的濒危程度。这些都是亟须社会关注，相关管理部门引起重视的问题。

3.2   我国野生动物资源管理相关建设

我国野生动物保护管理工作于 20 世纪 50 年代中期起步，至 90 年代后期基本已进入科学管理阶段。自《中华人民共和国野生动物保护法》颁布实施以来，野生动物资源管理工作取得了长足的进步与发展，其主要体现在管理机构、法律制度以及资源利用等三个方面。

3.2.1   管理机构建设

根据现行法律法规规定，国务院林业、渔业行政主管部门分别主管陆生、水生野生动物管理工作，其中，国家林业局是全国陆生野生动物的行政主管部门，内设陆生野生动物与森林植物保护司，主管全国陆生野生动植物保护管理工作。各级林业行政部门主管辖区范围内的陆生野生动物，通常情况下，设置不同层级的野生动植物保护部门负责陆生野生动植物的保护管理工作，为行政单位。又由于编制等问题，有的省设置野生动植物资源保护站或管理中心，为事业单位。其中部分省份会根据自身资源条件同时设置行政单位和事业单位，加大对野生动物资源的管理保护力度。具体的管理机构基本设置情况见图 3 - 1。

此外，我国自 1981 年正式加入《濒危野生动植物种国际贸易公约》（CITES），根据 CITES 要求，国务院为此设立了中华人民共和国濒危物种进出口管理办公室，其作为职能部门，对内负责协调规范各相关部门，如对外则代表中国政府进行世界交流合作时履行 CITES 公约。

3.2.2   法律制度建设

国家历来重视野生动物资源管理工作，国务院于 1962 年颁布了《关于积极保护和合理利用野生动物资源的指示》。1973 年，《关于停止珍贵野生动物收购和出口的通知》由外贸部发出，并且林业部于当年草拟了《野生动物资源保护条例》。中国是在 1981 年正式加入了《濒危野生动植物种国际贸易

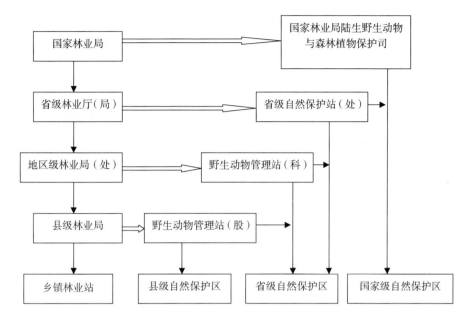

图3-1　我国陆生野生动物管理机构体系结构图

Fig. 3 - 1　Structure of Management Organization System about Terrestrial Wildlife in China

资料来源：国家林业局，《中国重点陆生野生动物资源调查》，2009。

公约》，简称 CITES。国务院于 1985 年公布施行《森林和野生动物类型自然保护区管理办法》。1988 年，全国人大常委会颁布了《中华人民共和国野生动物保护法》，标志着我国野生动物资源与开发进入了法制时代，这部法律具有重要意义。随之野生动物的各类相关细则与法规也逐渐推行，主要有《陆生野生动物保护实施条例》（1992），《中华人民共和国自然保护区条例》（1994），《最高人民法院关于审理破坏野生动物资源刑事案件具体应用法律若干问题的解释》（2000）。

进入新时期，国家相关部门系统整合提出了林业六大工程，其中将野生动物保护及自然保护区工程列入六大工程之一，野生动物资源管理工作从此进入了跨越式发展阶段。2003 年，党中央国务院做出了《关于加强林业发展的决定》，野生动物资源工作迎来了前所未有的机遇。为了加强野生动物保护进行立法，并初步形成了系统的行政管理和执法体系，国家林业局先后依法制定发布了《国家保护的有益的或者有重要经济、科学研究价值的陆生野生动物名录》《国家重点保护野生动物驯养繁殖许可证管理办法》等法律法规，并与有关部门共同商讨制定了一系列野生动物保护行政执法、刑事案件查处的有关规定等。地方政府也积极响应，因地制宜地制定了一系列地方性规章制度。这些法律法规和规章制度的一一发布，初步构成了符合我国国情的野生动物保护法律法规体系，以坚实的法律后盾为野生动物管理工作提供有效支撑。柴亚娟（2007）指出为确保野生动物保护相关法律法规的有效落实，从国家林业局到各地方林业部门都为之设立了保护管理机构，重点地区还设立资源专业保护管理站，并配有专人管理与工作，同样为野生动物保护管理提供了组织保障。

　　然而，我国野生动物保护相关的法律法规虽然出台多年，但依然存在不健全不完善的问题，在执行之中容易被不法分子钻漏洞逃脱监管，难以充分满足新形势下的执法需要，这都说明了还需进一步完善。

　　《野生动物保护法》第 30 条规定：地方重点保护野生动物和其他非国家重点保护野生动物的管理办法，由省、自治区、直辖市人民代表大会常务委员会制定。而据资料显示，当前全国许多省份并没有针对性的制定野生动物资源的管理办法，例如江苏省仅公布了省级重点保护野生动物名单，并没有制定相关管理办法，这给林业部门依法进行管理造成诸多不便。《野生动物保护法实施条例》第 26 条明确提出了经营利用非国家重点保护野生动物或其产品的，应向工商行政管理部门申请登记注册。在工商部门核准登记之后，经营利用资源的单位和个人必须在林业部门或其授权单位所核定的年度经营利用限额指标之内，从事经营利用活动。然而，目前的法律条例中并未明确违反上述规定利用非国家重点保护野生动物的处罚依据，相关法规仍然空白，这常常使违法经营行为难以得到有效处罚。

　　虽然当前我国在法律中提出了保护与利用并举的指导思想，但鉴于国家财力和物力的条件，20 多年来，野生动物资源管理的重心主要是社会各界关注的极度濒危物种保护问题，比如大熊猫、虎、扬子鳄等少数濒临灭绝的物种。对于野生动物资源整体的管理思想，理念和方法都没有进入管理者的视野。在民众呼声及实际需求下，限额管理、分级管理、许可证制度、标识化管理、本底清查核销等等管理措施纷纷制定推行，全面系统地通过法律法规的方式加强资源管理成为我国野生动物资源保护管理的重要内容之一，具体内容如下。

（1）限额管理。野生动物及其产品的限额制度源于最大生物持续产量理论，在野生动物管理领域最早是用于研究资源年度最大捕获数量。目前则应用于野生动物野外捕获数量、人工繁育野生动物的最大经营数量等方面，具体是通过野生动物狩猎限额、人工养殖野生动物年度利用数量限额等形式以执行。

（2）分级管理制度。按野生动物所划分的不同级别，将涉及的行政审批事项划分在国务院野生动物行政管理部门管理以及省级及以下部门管理。

（3）许可证制度是国家让渡野生动植物资源使用权的一种法律凭证，其中野生动物类的许可证共包括野生动物猎捕证，野生动物驯养繁殖许可证，野生动物及其产品经营利用许可证以及野生动物及其产品运输证。

（4）野生动物及其产品标记，是指任何难以除去的印记、铅印或其他识别动物个体及其资源产品的方法。其最早源自西班牙游牧部落，为了区别部落间交换牲畜，都在所有牲畜身上打上烙印（Brand）。澳大利亚、美国改良了这种在牲畜和皮革上进行标记的方式，并最终以法律的形式将其推行。其目的是通过对动物进行识别标记正确记录、识别和管理野生动物及其产品，当前对野生动物资源进行标记已逐渐成为生态学研究领域内所广泛运用的一种辅助手段。根据研究个体的不同，科技的进步使得在野生动物研究和管理过程中发生了小绢片、金属环、胸部刺墨、示踪原子、无线电遥感、智能卡等一系列标记方法的演变。随着现今野生动植物国际贸易的日益频繁，CITES 公约明确规定，必须对濒危物种进行标记方可进行正常贸易。

（5）本底清查核销制度。2003 年，国家野生动植物管理部门专门下发通知，要求各省区市对本辖区内野生动植物及其产品的存量进行本底清查。将经过清查的有关资源产品的基础数据核实后上报国家部门进行备案，并以此作为今后行政审批的依据。在每一次各库存单位进行生产、销售时据此予以核销，增加资源量时需及时增补。当前这一制度主要针对虎骨、豹骨、蛇类制品、熊胆粉、穿山甲、蟒皮、天然麝香、羚羊角、动物标本等价值较高的资源产品实行。此外，也针对豹、熊、麝、虎等重点动物以及城市区内动物园的活体动物同时进行本底清查。

（6）加大执法力度，成果显著。近年来，各级森林公安机关按照国家林业局、公安部的部署，在各级野生动物资源主管部门、公安机关的紧密配合下，不断加强对种群资源及其栖息地的保护，大力开展各类专项治理行动。其中包括：①可可西里一号行动；②南方二号行动；③猎鹰行动；④候鸟行动；⑤春雷行动。

3.2.3　资源利用建设

野生动物资源管理是综合性、系统性的工作，我国政府综合运用行政手段、法律手段以及经济手段来强化资源的科学管理，当前的工作重点也逐步由重点物种的抢救保护转向对野生动物种群整个大概念下所有物种资源的全面保护管理，从对濒危物种的抢救性保护转向至预防性保护。强化依法管理，从生态优先的要求出发，进一步规范和处理好资源保护与开发之间的关系。采取有效措施，积极推动人工繁育工作，逐步实现由利用野外资源向利用人工资源转变，政府部门从管理上、政策上、机制上给人工繁育提供良好的发展条件是我国野生动物资源利用的大方向。

1988 年，国家从进一步科学管理有限的资源的目的出发，全国人大常委会讨论通过颁布了《中华人民共和国野生动物保护法》。这对野生动物资源保护利用具有重要意义，至此我国野生动物保护与利用进入了法制时代。虽然在这部法律中提出了资源保护与科学合理利用的中心指导思想，但鉴于国家当时的工作重心及现实条件，20 多年来，野生动物资源管理的重心主要是社会各界关注的极度濒危物种保护问题，比如大熊猫、虎、扬子鳄等少数濒临灭绝的物种。

随着野生动物保护提上日程，野生动物的存在价值和生态价值越来越被人们重视，但却常常因为其资源稀缺型所带来的巨大经济价值影响，从而被人们忽略其在生态系统中的作用，往往在破坏了生态系统后才感受到其重要性。与此同时，长久对野生动物资源真实价值的忽视导致的开发利用急功近利，缺少对资源的科学管理使得资源存量呈现明显下降趋势，野生动物资源现状不容乐观，我国目前已经出现了严重的资源空心化现象。长期过度的资源获取和其他经济活动对生态环境的破坏导致了大量野生动植物种群数量的急剧下降以及很多物种的灭绝。根据自然保护联盟（IUCN）公布的资料，目前全世界的濒危物种达 15000 多种，占已有科学描述的物种的 3%，而在具有重要利用价值的动植物类别中，濒危物种所占的比例远远高于3%。

对于野生动物资源进行整体管理的思想，其理念和方法自始至终没有进入管理者及相关从业者的视野，这不但和野生动物资源产业长期没有得到正确宣传有关，还和相关研究理论及技术的滞后有关。到2003年全国第一次野生动物资源清查结果显示，国家重点保护的物种数量总的来看呈现上升趋势，然而非重点保护资源物种却显著下降，在所确立的252种陆生野生动物调查对象中，有126种野生动物种群数量下降，已占调查总种数的50%。除此之外，近40%的鸟类调查物种，90%以上的两栖爬行类调查物种，以及近50%的兽类调查物种种群数量均表现下降。为此，自2004年开始，国家提出大力推进以利用野生动植物野外资源为主向以利用人工培育资源为主的战略转变，在保护中开发，在开发中保护，实现野生动物资源管理长久发展的目标。

3.3　我国野生动物资源管理利用现状

对于本研究而言，针对野生动物资源利用的企业社会责任进行实证性探讨研究，发现野生动物资源在行业发展中所发挥作用的动因与机理，挖掘在当前部门管理政策下的野生动物资源保护和利用之中所遇到的问题与困惑，明确社会各方利益相关者诉求，分析其与动物资源之间的深层关系，使得较难直接获取的数据在搜集来源上可以更加便利化且真实有效，对建立给野生动物既能持续利用，又能有序而稳定发展的经济与生态复合型系统有重要意义。

在开始对野生动物资源利用的企业社会责任的研究之前，还应当对当前的野生动物资源利用的相关基础生产部门进行深入探讨，通过对其利益构成的内在关系的研究，在当前野生动物资源的管理与开发利用全过程中，发现资源管理在行业发展之中的利用现状与实际问题。本书在此基础上做出探讨，所获取的野生动物资源产业企业社会责任研究成果才更具应用价值。根据前文中对野生动物资源利用形式的划分，第一类指野生动物资源养殖繁育；第二类为野生动物资源加工利用；第三类则为野生动物资源贸易、狩猎业、观赏旅游业以及文化产业等。据相关资料显示，全球当前野生动物资源繁育养殖与加工业年总产值已超过 2000 亿美元，而我国已达 1000 亿人民币（杨国伟，2009），由此可见野生动物资源利用在丰富国民生活与推动经济发展之中的重要性，当前野生动物资源利用主要表现为以下几种形式。

3.3.1　野生动物养殖繁育

野生动物养殖繁育作为资源利用的主要形式，是一种经济效益、生态效益和社会效益三者均结合较好的生物类资源开发形式。它能够在相对较短的时间提供产品满足人们的物质需求，从而可以大大降低对野外资源的消耗，有利于维持生态平衡，保护野外种群。因此，当前全球范围对这一产业都积极扶持、高度重视，这对于推动资源繁育技术进步，丰富资源管理方法，扩大产业规模也是一个契机。

据资料显示，目前全国野生动物养殖场中共养殖两栖动物约 5 亿多条，爬行动物约 138 万只，鸟类 250 万只，陆生兽类 97.5 万头。养殖企业的经营模式构成中，所占数量比重最大的为较小规模的个体养殖场，约 91.49%，股份制企业所占比例最小，仅 0.54%。而从资产份额上看，国有养殖场所占比例最大，约为 38.2%，其次为股份制养殖场，约 21.8%，再次为集体养殖场，而所占数量最多的个体养殖场所占资本比例最小，为 19.5%。相应地，对于野生动物资源保护管理的宣传教育、科研开发等方面的经费投入上，国有单位所占比例最大，而其科研技术人员也占总技术人员的一半以上。从上述内容可以看出，野生动物养殖业进入门槛不高，而规模化、集约化的经营形式的企业较少，小微个体养殖场因而缺乏专业的技术支撑和组织指导，也没有足够的资本与意愿承担资源开发、技术升级等行为。

我国当前野生动物资源的养殖种类有数十种，按动物的利用途径分类，则可分为实验动物、观赏动物、肉用动物、毛皮动物和药用动物五个大类，其中大部分均属于国家林业局所规定并发布的商业性经营利用资源目录上的 54 种陆生野生动物，余下的少量为国外引进繁育品种。在此之中，如猕猴、食蟹猴等灵长类物种是价值极高的实验动物，被广泛应用在医疗实验、医药开发等领域，据首次普查数据显示，截至 2003 年，养殖总数量已达 72000

只；观赏动物涉及种类较广，兽类、鸟类、两栖类及爬行类等物种大类划分中的一些适合自养的动物物种均在此列；野生肉用动物的养殖则有野猪、狍、麂、穿山甲、蛇、鳖等等，种类繁多涵盖兽类、爬行类以及部分珍禽类资源。毛皮皮革作为野生动物资源产品加工的重要项目，其主要品种在我国具有较长的养殖历史与成熟项目，主要包括蓝狐、水貂、银狐等等；药用动物作为我国中医药产业发展的独有特点及优势，在国内部分种群的养殖具有世界领先的水平，目前我国可供药用的动物约 800 余种，现已对 30 余种实现了具有一定规模的人工养殖。虽然药用动物在中医药产业的发展中扮演着至关重要的角色作用，但针对动物资源的研究依然较少，现实中存在着诸如生态习性、养殖技术、产品生产、人工繁育等等亟须人们解决的问题。

3.3.2 野生动物产品加工利用

野生动物产品加工利用在我国具有悠久的发展历史，但当前除一些大型企业对资源原料进行高附加值产品的深加工以外，如药品或保健品等，余下大多数企业只对资源进行粗加工，以原料或半成品形式直接销售。加工企业的分布与野生动物资源及野生动物养殖业的分布关系密切，一些加工企业选址在养殖场附近或者本身就具有养殖场，但其中大部分加工企业规模都较小，偏重于家庭作坊式经营，各省调查资料中相关数据普遍缺失，数量难以统计，相对规模化的企业为一些利用动物资源原料的加工企业。传统上，这些加工企业的分布与野生动物资源种群以及养殖场的分布具有密切关系，一些加工企业往往就设置在养殖场附近或本身就拥有资源种群养殖业务，如东北地区、新疆与海南等地鹿类资源养殖场较多，因此鹿产品加工企业便大多分布在上述三地。而随着进入 21 世纪，受到资金结构、地方政策以及产业集聚的引导作用，当前毛皮加工企业大多分布在东南沿海，而动物资源原料为主的传统中医药企业以及工艺品生产加工企业则在大中型城市之中分布较多，同时受到野生动物资源种群地区分布差异的影响，在不同种类资源利用上企业间存在差异。

而产品类型按大类划分主要可分为五类：（1）医药保健类，包括中药、化妆品、保健品加工，是一项既传统又新型的产业，初加工通常由养殖企业负责，深加工则在大型医药企业中进行。其中鹿茸、熊胆、麝香是传统的入

4

药原料，现实情况中，这些产品的初加工大多由养殖企业进行，深加工则通常由制药企业进行经营性生产，往往这些现代企业具有悠久的加工历史，如片仔癀、同仁堂等等。（2）酒类，南北地域因资源存量不同所存在差异，北方主要有鹿茸酒、熊胆酒等，而南方主要以蛇酒为主。其中国内云南与广西两省的动物资源原料泡酒产业较为知名，并具有较长历史。（3）食品类，利用野生动物资源原料产品制作肉制品。主要分为两种：一种是通过酒店、饭店等餐饮业场所，由其收购进行直接加工利用；另外一种则是由养殖场自行加工或由规模企业进行加工。（4）毛皮类，作为我国传统产业，包括毛皮原料、服装、皮鞋、制革、装饰物等等产品的加工，毛皮动物产品加工业则大多分布在北方，如河北省的众多毛皮加工企业大多围绕着留史县的毛皮市场而建立。而改革开放后随着外企的进入注资，加上财政政策的倾斜扶持，目前毛皮鞣质及制革加工业在沿海地区较为发达。长期以来，我国作为毛皮动物养殖大国，其产品一度列为重要的出口创汇产品之一。（5）工艺品以及文化用品等，包括标本制作、艺术装饰品以及传统乐器等等，其中以安徽、福建、江浙地区等较为典型。如全国最大的民族乐器厂，苏州民族乐器厂年产二胡50万把，蟒皮的年需求量达4万余条。

当前资源加工企业进行野生动物资源利用所获取的动物原料主要是人工繁育的野生动物，但也有部分企业在政策允许范围下，管理部门配额准许其利用直接来源于野外的动物或经野外地带获取后经短期喂养的动物。

3.3.3　野生动物资源利用的其他形式

根据首次野生动物普查数据显示，仅1999—2000年4年我国野生动物资源国内贸易总额为58.7亿元，按货物类型交易量划分来计算排名，则占首位的为资源活体贸易额，所占总贸易额61.32%，为36.02亿元，其余则为资源产品与原料贸易。其中，来源于人工养殖的动物资源及其产品贸易额约占60%，这说明当前我国野生动物资源的利用在政策引导下，是以人工养殖的野生动物资源利用为主导的。另外，涉及资源出口的国际贸易仅2000年便达20.23亿元，主要以活体、肉类以及毛皮产品进行出口贸易，当年资源进口额则约为10亿元人民币。当前我国的野生动物资源贸易市场仍然存在着一些问题，其中管理较好的为广东省的野生动物贸易市场，为未来在全国建立野生动物及其产品的专业市场提供了参考经验。

　　狩猎是源自最古老的利用野生动物资源的形式，传统目的是为了获取野生动物的肉、皮等产品，以满足人类的生活需求。20世纪50年代初期，为了促进经济发展，我国一度将狩猎作为一大产业进行扶持，但缺乏计划的过度猎取，导致资源种群数量锐减。80年代后，逐步对野生动物狩猎进行规范，在许多地区实现了全面禁猎。随着社会发展，人们越来越渴望回归自然，因此狩猎成为人们一种特殊的消遣方式。通过有计划地开展狩猎活动，也成为一种重要有效的管理手段。自1984年我国第一个国际狩猎场——黑龙江桃山野生动物狩猎场建立以来，当前我国的狩猎根据猎人来源的不同，被划分为国际狩猎和国内狩猎。据统计，截至2006年国家林业局暂停外国人来华狩猎前，我国在境内立国际狩猎场65家，共接待国际猎人1101次，狩猎总收入约3700万美元。资料显示，国外狩猎者大都青睐中国西部的狩猎场，而近年来，关于重启外国人来华狩猎项目的讨论又逐渐进入了公众视野，并引发了激烈争论。目前国内较为知名的狩猎场共有如下6家，相关信息如表3-2所示。

表3-2　国内知名狩猎场

Tab. 3-2　Well-known Hunting in China

企业名称	始建年份	省份	狩猎动物种类	当日接待规模	服务费（不含狩猎费用）
桃山国际狩猎场	1984	黑龙江	20多	10人左右	800元/人/天
东方国际狩猎场	1999	山西	10多	10人起	900元/人/天
五盖山狩猎场	1987	湖南	26	最多12人	400元/人/天
康巴、川西狩猎场	1993	四川	20	7人左右	500元/人/天
都兰狩猎场	1985	青海	20多	9人	2200元/人/天
阿尔金山狩猎场	1993	新疆	10多	7人左右	500元/人/天

　　资料来源：《国内外狩猎场案例》，2012年；《中国六大狩猎场指南》，2011年。

　　根据首次野生动物资源普查显示，截至2000年，全国共有18238个野生动物驯养单位，其中动物救护中心77个，城市动物园177个，野生动物园17个，马戏团130个，各类大小规模饲养场17837个。截至2003年底，显示共有 24539 家驯养单位或个人养殖户，总产值约 78 亿元，反映了驯养产业在国家政策的扶持下得到稳固增长，而作为资源观赏产业的动物园及野生动物园全国已近 300 家，每个省都建有动物园，较大规模城市动物园均分布在大中城市，约有 28 家。自 1993 年林业部批准成立第一家野生动物园，全国野生动物园发展迅速，截至 2004 年，我国较大规模的野生动物园便有 30 家，其中经国家林业局正式审批的综合性野生动物园有 15 家。数据统计显示到 2005 年我国动物园、野生动物园总产值约 17.44 亿元，相较 2003 年增长约 51.5%。除上述产业以外，野生动物资源产业还应包括在社会之中所衍生出的文化产业，但由于相关的文化产业大多没有进行实体资源的应用，因此在本研究之中并未将其纳入目标群体。

综上所述，野生动物资源利用的其他形式主要有资源产品及其衍生制品的贸易活动、狩猎休闲以及观赏旅游等行业。

3.4　野生动物资源企业

结合本书的研究目的，将野生动物资源利用行业内企业作为研究群体，首要便是需要对资源现状及其利用形式充分了解，这样在研究之中才能发现深层问题，进行针对性的理论分析与探讨，这便是本章的研究初衷。由于野生动物资源利用形式较为多样，而较大数量的从业企业通常规模较小，基本为家庭式作坊、小型养殖场等形式。根据走访调查及资料显示，各省调查资料中普遍缺乏相关数据，整体准确数量与产值均难以估计，所能搜集到的资料往往是显示特定区域、行业或种群，调查间隔时间较长，数据上较为陈旧。中国中药协会指出，截至 2009 年熊类资源养殖规模在 200 只以上的企业有 10 余家，主要集中在黑龙江、福建、吉林、四川及云南等省，庞大的熊养殖业下游链条下支撑了 183 家中医药企业，153 个中成药品种。杨国伟（2009）指出，云南省共有各类野生动物资源养殖企业 324 家，均匀分布在省内各地，其中昆明有 82 家，所占数量比例最大，为 25.3%。全省驯养的野生动物资源种群为 239 种，种类涉及兽类数目最多，为 95 种，总养殖野生动物资源总数量为 629385 只（条、头），养殖产业总资产估值为 125177 万元。李林海（2012）指出，当前国家林业局共为 17 家林麝养殖单位核发了国家一级保护野生动物驯养繁殖许可证，主要分布在四川、陕西及湖北等地，而全国经地方林业部门批准或未经批准的养殖场及个体户约 30 余家，分布较为分散，实际情况不易掌握。

根据前文对资源产业的分类标准，野生动物的利用涉及生产经营类型广泛，跨度涵盖第一、第二与第三产业，这使得企业利用资源进行不同的业务经营便具有了不同的企业特性。野生动物资源企业，便是纳入了上述产业分类中在市场产生经营行为的企业。即为以营利为目的，运用土地、劳动力、资本和技术等生产要素向市场提供野生动物资源商品或以野生动物资源为对象的生态环境服务，实行自主经营、自负盈亏、独立核算的具有法人资格的社会经济组织。随着中国工业化进程的推进，经济得到稳定发展及快速增长，在相关政策的倾斜与传统文化的引导下，相关企业得到了长足的发展。其中我国资源加工企业是野生动物资源产业中的代表性企业，其产品已经形成了以中医药产业、毛皮鞣制及制品业、工业品加工业等为主的多个行业的多门类产品体系。

其中，野生动物产品加工业在本文产业分类之中发挥了连接桥梁的作用，与属于第一、第二及第三产业的其他部门存在着密切关系，是未来构建野生动物资源现代产业体系的核心内容。根据资源的利用形式进行分析，养殖业则可被视为资源供应者，是构成整个资源产业大市场环境的基础所在。而野生动物产品加工业的发展程度关系到资源产业链、价值链的构成稳定性及延展性，对于改进资源利用技术及效率，最终实现野生动物资源的优化配置至关重要。此外，考虑到数据搜集的便利以及经营企业的规模，因此，在后续研究之中，将从事野生动物资源加工业的上市公司作为研究的主要目标群体。

考虑后续研究需要，本研究将文中所涉及的动物资源利用行业内，符合筛选条件的上市企业在上表中一一列出，在表中包含其简要信息，并说明其主要经营业务与所涉及动物资源原料门类，如表 3 - 3 所示。沪深两市的市场表现作为中国经济的晴雨表，在此之中的上市公司作为我国典型资本市场的具体行业代表，个体企业业绩某种程度是其所在行业在整个国民经济中所处地位的直接体现。

表 3 – 3　沪深两市上市动物资源利用企业

Tab. 3 – 3　Wildlife resources enterprises in the two cities of Shanghai and Shenzhen

序列	企业名称	股票代码	主营业务	涉及动物原料及资源
1	云南白药	000538	白药系列	麝香、熊胆粉
2	片仔癀	600436	片仔癀系列	麝香
3	东阿阿胶	000423	阿胶系列	野驴皮
4	中新药业	600329	速效救心丸	麝香
5	马应龙	600993	麝香痔疮膏	麝香
6	九芝堂	000989	驴胶补血冲剂	野驴皮
7	同仁堂	600085	六味地黄丸、安宫牛黄丸	麝香、牛黄、犀牛角
8	佛慈制药	002644	六味地黄丸	麝香
9	福瑞股份	300049	复方鳖甲软肝片	鳖甲、虫草
10	上海辅仁	600781	小儿清热宁	羚羊角
11	羚锐制药	600285	膏药系列（壮骨麝香止痛膏）	麝香
12	康缘药业	600557	小儿金振口服液	羚羊角
13	吉林敖东	000623	鹿胎颗粒	鹿茸、鹿胎
14	哈药股份	600664	六神丸	麝香、牛黄
15	嘉应制药	002198	双料喉风散	牛黄
16	香雪制药	300147	抗病毒药剂	牛黄
17	太安堂	002433	麒麟丸	牛黄
18	人福医药	600079	麻醉药	牛黄
19	上海凯宝	300039	痰清热注射液	熊胆
20	华斯股份	002494	皮草、销售	动物毛皮
21	海宁皮城	002344	皮草制革、销售	动物毛皮
22	兴业科技	002674	制革	动物毛皮
23	大连圣亚	600593	旅游	游憩

资料来源：深圳、上海证券交易所网站，各上市公司网站信息报告等相关信息搜集。

在沪深两市的上市公司名单中，通过对其所在行业和主营产品及服务的筛选，共有 20 余家上市企业，其中各家企业所涉及野生动物资源利用形式的主要业务属于动物资源原料制药、稀有动物皮毛加工与销售以及动物资源旅游服务业等三大概念板块。以动物药材为例，当前主要使用的不到百种，但其在中医药处方中起到的是不可或缺的作用，不少亦来源于濒危动物，如犀角、虎骨、麝香、熊胆、羚羊角等。此次"归真堂"事件中的熊胆，其入药现涉及中成药有 123 个品种，我国现有涉及用熊胆的不同规模的中药企业约 180 多家，有 100 多个验方都要使用熊胆。由于不同行业发展的差异性，在研究所涉及的沪深两市上市的这 20 余家动物资源利用企业中，大多为对资源进行消耗性利用的动物药生产企业，其主营产品包含不可或缺的动物资源原料，如在 A 股市场之中表现突出稳居高位的片仔癀与云南白药，市场分析人士指出，由于动物资源产品国外市场需求保持稳定，国内市场需求随民众经济收入改善正不断增加，动物资源作为相关企业发展的战略资源，其资源稀缺性虽给产业发展造成了一定的限制，也使得企业具有了某种程度的产品议价能力。国家资源管理相关政策对于此类企业发展的倾斜支持，使得动物资源类中医药企业长期被市场看好，与此同时还推动了众多科研与市场机构参与到动物资源的管理开发与药物研发之中。值得注意的是，在这些以动物资源利用为主的企业之中，由于可利用野生动物种群天然资源数量有限，还包括了数家以家畜为利用对象的企业，如太安堂、人福医药等。因此，本书在后续实证研究中，力求在拥有足够研究样本的前提下，会对研究样本进行再次筛选。

3.5 本章小结

本章对我国野生动物资源现状进行了系统的概述，梳理当前资源管理的方法模式以及所存在的问题，并在前文产业分类的基础上进一步对我国野生动物资源利用的现状详细阐述。本章系统且较全面地对于当前我国野生动物资源的种群分布、存量现状、管理体制、资源利用发展等各方面现状进行了概述和介绍，通过上述内容可以发现野生动物资源虽引起了社会各界对于其资源保护的重视，也得到了一定时期的长足发展。然而，从目前野生动物资源的管理实践来看，依然存在长期存在的资源保护、培育及利用量之间关系不明确，资源利用额度的科学确定方法，资源价值计量方法的实际应用不规范等诸多问题，这已经严重影响到整个野生动物资源管理事业以及相关基础产业的未来发展。

虽然当前我国野生动物种类繁多，资源丰富，然而伴随着经济发展对资源的过度开发，部分种群尤其是利用技术较为成熟、途径较为丰富的高经济价值野生动物资源还是呈下降趋势。如何在保证野生动物资源种群持续繁衍的基础上，实现对资源开发的可持续利用。首先，野生动物资源的利用分布广泛，涉及国民经济中各行各业，因此对当前资源管理与经营利用等现状进行充分了解，是研究野生动物资源利用企业社会责任问题的基础。此外，如何在确定野生动物资源最优控制量的基础上，动态分析出野生动物所体现的各项价值，才能够对野生动物资源的存量、结构、价值和潜能进行准确的评估和核算。只有核算正确，才能实现野生动物资源的高效利用和科学管理，才能正确核算由于保护管理野生动物、提高环境质量而使得野生动物资源在各项产业中所处的价值地位和作用，为实现野生动物资源的合理配置提供理论和实践基础。

研究成果才能符合实际，贴近现实需求，从而实现野生动物资源的高效利用和科学管理，为实现野生动物资源的合理配置提供理论和实践基础。根据资源现状与产业发展的关系，研究以此为企业责任分类模型的现实基础，结合上述内容对研究问题进行理论分析具有重要的实践指导意义，为下一部分研究设定基本研究框架。

第三部分 03

野生动物资源利用的
企业社会责任

第四章 野生动物资源利用的
企业社会责任问题

4.1 野生动物资源利用的企业社会责任界定

当前，众多学者针对企业社会责任做了大量的研究与探讨，但具体到野生动物资源利用的企业社会责任，这方面的研究工作并不多，目前对野生动物资源产业的企业社会责任这一概念并没有明确定义。本书通过对企业社会责任的研究，归纳总结各行业内企业社会责任所存在的一般共性，在此基础上首先对目前野生动物资源产业履行社会责任的现状进行探讨，总结企业承担社会责任过程行为中的特点。然后研究将企业社会责任与野生动物资源产业的特殊性结合在一起，充分考虑资源利用企业的特点，结合利益相关者理论对野生动物资源产业的企业社会责任进行理论分析，对其中的关键因素进行归纳总结，提出野生动物资源产业的利益相关者分类模型，为后续研究打好基础。

4.1.1 概念的基本界定

企业社会责任作为一个多学科交叉的研究领域，持续受到了不同学科领域研究学者的关注。从管理学角度出发，研究人员认为企业履行社会责任是企业应当对社会对企业经营的期望所做出的反馈措施及管理活动，并提出了其可视作一种能够为企业带来竞争优势的工具。大多数管理学者在研究之中都关注了企业社会责任的工具性作用，但罗宾斯（1997）则从目的的角度开展了探讨，认为"企业只要履行了经济与法律责任就算履行了社会义务，社会责任则是在社会义务的基础上增加了道德责任"。而企业伦理研究者们从伦理学的角度评价企业的经营活动，探讨如何实现管理活动的公平以及满足不同利益相关者的利益需求，从而促进企业与社会的和谐共处。弗里曼（2006）则将利益相关者管理提升至企业经营过程中战略管理的层次，以此提出了企业内利益相关者战略的制定及实施措施。从经济学角度出发考量，学者们往往关注如何通过经济机制进行稀缺资源的配置问题，而不同经济学流派对于企业社会责任所得出的研究结论具有较大差异，传统古典经济学家认为企业应当最大限度地追求利润最大化。制度经济学家则在对收益及损失进行整体考察后，从中选取收益较大的一方，以此避免更大的损害。而福利经济学家则认为企业应当对因自身经营活动所导致受损的利益相关者做出补偿，即履行相应的企业社会责任。随着经济全球化及时代的推进演变，在"股东利益最大化"的研究观点之外，理论研究的不断丰富，社会福利的增加与改善，如何增进现代社会整体的经济福利，成为越来越多研究者关注的重点。

　　福利经济学是西方经济学家从最大化原则或福利观点出发，对经济体系的运行及予以社会评价的经济学分支学科。初期代表人物是庇古，他坚持依据社会福利标准来评价各种资源配置的经济状态，其在《福利经济学》一书中以完全竞争为前提，系统地论述了福利概念及政策应用，建立了福利经济学的理论体系，并结合社会成本理论，从而提出了外部成本内在化的经济外部理论。庇古认为企业生产的污染成本没有构成生产成本，而是社会成本，使得出现社会福利的整体下降。因此，政府应当通过管制措施促使企业主动将外部成本内部化，积极主动地负担社会成本，或者对自身企业经营活动所产生的外部效应进行评估后，对于利益相关者的福利损失给予合理补偿，从而保证并促使整体社会福利的稳步增加。福利经济学理论研究的发展引发了学者们以经济学的角度对企业及社会发展问题的整体思考，客观上解释了企业对社会责任承担并履行的因果关系，对于研究人员将利益相关者理论引入企业社会责任的研究之中提供了有效的支撑。企业不仅只代表某一社会群体的利益，例如传统观念下的股东利益，还应当代表各社会群体的利益。企业对于内部员工改善福利与提高薪酬的要求、客户希望获取价格更低质量更好的商品与服务的需求，以及股东及高管希望资本增值的需求，针对不同利益相关者的诉求，企业应当通过自身的经营活动做出协调及选择。企业通过经营自身，为了实现上述社会目标，增进社会整体福利，其所获得收益需要达到符合条件的水平，从而企业经营追求利润的过程最终可能成为实现社会目标的手段，即对于企业社会责任理论其中的"工具性观点"做出了说明。

野生动物资源利用企业与其他行业的企业一样，都是独立的、营利性的经济组织，因此在企业社会责任的概念定义上，同样具有普遍性。通常情况下的企业社会责任定义为"企业在追求股东利润最大化的同时，还应当要承担对内部员工、客户、企业所在地区或社区，以及外部环境的责任，企业社会责任要求企业组织必须超越纯粹追求利润最大化为目标的传统理念"。该定义从整体上对于现代企业在经营过程中应当承担的社会责任进行了概括，然而，由于涵盖范围具有一般性但不全面，野生动物资源利用企业自身行业特点却难以从中得到体现。

现代企业作为独立的经济个体，是社会的经济细胞，随着企业在社会生活中的影响及作用愈发显著，企业应当承担一定程度的社会责任是现代社会对于企业的普遍要求。目前，环境问题已经成为我国发展过程中所面临最重大的问题之一，政府及社会各界已经从问题中认识到，在社会经济发展过程中，缺乏对生产经营行为的管制，放任对于有限资源的过度使用是重要原因之一。生态系统的平衡和环境容量某种程度上取决于生物的多样性以及物种群数量的相对稳定，而野生动物资源作为其中的重要组成部分，不仅具有可利用的经济价值，还蕴含了难以估量的生态价值，当前已是人类生活中尤其是我国的重要利用资源对象。野生动物资源利用行业作为几千年传统文化的积淀，是我国相关企业发展壮大，走向世界的独有优势，野生动物资源企业的健康发展离不开政府、社会、民众等群体的关注与支持。

企业与社会的相互关系中，企业作为社会的重要经济单位，是社会的组成部分。企业不能被单单看作为一个以追求利益最大化的组织，而应该将其视作实现社会功能、满足社会期望的重要社会组织。传统的民法理论认为，野生动物资源属于无主物，实行先占原则，而现有公共财产理论、环境权理论、生态系统理论等等认为野生动物资源作为环境要素，属于全体所有的公共财产，不能任意使用，要在法律规范下合理使用。根据福利经济学的原理，企业在追求利润进行经营活动时，会对企业外部产生影响，野生动物资源作为自然环境与生态资源的重要组成部分，就集中表现为野生动物资源利用企业对于资源种群的损耗并由此所导致的外部性问题。外部效应问题的起因在于经济活动中个体成本与社会成本、个体收益与社会收益之间的差异。外部效应使得市场主体不需要承担其行为的所有后果，或者不能获得其行为产生的全部收益。外部效应可分为正外部效应和负外部效应。正外部性的存在会导致对良好行为的激励不足，负外部性的存在往往强化了对不良行为的激励。这两者都会使资源配置偏离帕累托最优点，从而导致资源配置的低效率。

进入近代，我国野生动物资源利用企业的生产技术得到迅速发展，自然天择的资源更新速率与工业生产下的利用效率两者步伐难以保持平衡。此外，资源企业在追求自身经济利益的同时，忽视了社会与公共利益，使得有限自然资源遭到滥用，造成了极大的资源浪费与社会公共环境危害。现实结果表现，企业对于野生动物资源的利用对于生态环境造成的损耗，没有通过切实有效的政策及管理手段纳入企业的经营成本，导致生产成本小于社会成本，产生了显著的负外部性。结合我国目前野生动物资源管理现状以及资源利用企业自身的经营活动两方面来看，野生动物资源利用企业承担并履行相关企业社会责任，作为一种发展的过程，其形成主要来自外部的约束以及市场经济条件下自身承担社会责任内在动力机制的作用，这是寻求对于上述不利问题进行内部化处理的重要途径。

从现实中市场反应与社会反响来看，野生动物资源企业为社会及民众提供了较好的产品及服务，但资源保护与利用两者间的矛盾冲突，成为当前影响野生动物资源产业发展的关键问题，引发了不少社会问题及激烈争论，这也暴露出我国野生动物资源产业在企业社会责任意识方面远不如发达国家。产业内相关企业也是如此，加上我国监督制度与机制仍然在逐渐完善之中，经营企业往往会将应履行的社会责任视为增加成本的负担，并没有意识到企业责任会使得企业形象整体得到提升，对于自身长期发展的重要性。而发达国家的野生动物资源利用企业相较国内而言，在利用的同时往往会更加注重对资源保护及相关宣传的投入，调节企业与各利益相关者的关系，使得企业能够主动地根据资源、环境、政策及社会反馈等实际情况制定有效经营策略。

从以上分析可以发现，作为社会的一个组成部分，野生动物资源利用企业在追求利润的同时，应当积极承担对于不同利益相关者群体的企业社会责任。由于企业自身经济行为所引起社会成本增加的外部性问题，并且当野生动物资源利用企业发现其不履行社会责任所获取的收益大于承担社会责任所付出的成本时，将极容易在实践中流于形式。类似情况亟须通过强有力的政策手段与充分的理论指导来改善治理，而这些外部调整手段对于实现外部不经济性的内在化显得尤为重要。

因此，为了化解当前野生动物产业发展中所引发的社会矛盾，发现经营过程中问题的本质原因，本章将在野生动物资源利用企业社会责任问题的研究中，考虑资源稀缺性及生物多样性保护等因素，引入利益相关者理论，与产业可持续经营理念相结合进行研究分析，因企业经营活动受到影响的不同利益相关者，对于其利益诉求的维护就形成了企业的社会责任。本书认为，野生动物资源产业的企业社会责任含义应当是：野生动物资源企业在经营中寻求利润的同时，企业应当积极承担并履行对于不同利益相关者群体的责任，尊重不同利益相关者群体的利益诉求，从而发现产业发展中所存在的问题及矛盾的解决途径，实现企业、社会及环境的和谐永续发展。

4.1.2 野生动物资源利用企业社会责任分析中应考虑的基本要素

野生动物资源企业作为资源利用的重要途径，其企业的商业性首先决定了经营的经济利润性，但在追求自身发展与企业利益的过程中，野生动物资源利用企业绝不能忽视它应当履行的企业社会责任。在本书企业社会责任分析的整个过程中，应当要考虑野生动物资源行业特性与企业特性，注意区分它与其他类型企业在履行企业社会责任时所存在的差异与联系，这样才能保证研究具有针对性与合理性。基于此，本书提出在野生动物资源产业的企业社会责任研究过程中，应始终注意如下要点。

4.1.2.1 野生动物资源利用与其他产业的区别及联系

根据前文对野生动物资源利用形式的分类标准，可见其涉及产业广泛，跨度涵盖第一、第二及第三产业，相应地野生动物资源产业本身便具有了不同产业标准下的企业间共性。比如第一产业类别中养殖业便表现出传统农林业中所具有的生产易受自然环境影响、周期性以及季节性等特点，动物资源的生长发育关系到整个生产过程的最终收益，但人类劳动时间仅仅只占动物生长周期的一个部分或某一时点。这是由于动物生长发育除了受到外界温度、光线、水源、空气等等自然条件的影响以外，自身生理条件也是决定因素之一，因此各种资源生产的适宜时间通常会在物种成熟至收获期后的年度一定月份，人们在养殖过程中除保证物种正常生长繁衍外，大部分劳动时间也会集中在这些月份时期。并且养殖场所在区域自然环境的变化，也会对资源生产产生波动或者长期积累性的影响。

野生动物产品加工业大多是劳动密集型产业，在促进就业率增长，带动地方经济，稳定社会等方面作用巨大。根据资源的利用形式进行分析，养殖业则可被视为资源供应者，是构成整个资源产业大市场环境的基础所在。而野生动物产品加工业在本研究的产业分类之中发挥了连接桥梁的作用，与其他部门存在着密切关系，是未来构建野生动物资源现代产业体系的核心内容。野生动物产品加工业的发展程度关系到资源产业链、价值链的构成稳定性及延展性，对于改进资源利用技术及效率，最终实现野生动物资源的优化配置至关重要。

第三产业类别中的产业当中除资源贸易业外，都得到了主管部门的较好管理，有着成熟的管理体制和方法，但仍存在一些问题。如在对桃山国际狩猎场进行实地调研时发现，虽然狩猎场制定了一套较为规范的管理细则，从员工针对狩猎场范围内的山林管理、动物资源的补充饲养到狩猎枪支的使用、子弹管理，以及狩猎指导人员的培训等一一涵盖，但由于长期缺乏宣传与群众基础不足，加上狩猎行为同样受到季节性气候的影响，例如冬季的积雪利于发现动物足迹，从而来进行狩猎消遣相较夏季明显增多，所以目前的狩猎场大多存在经营困难，需要进行多元化经营，在淡季则通过进行野生动物养殖和产品粗加工进行经营。而贸易业由于资源特殊性，全国范围都存在管理盲区及监管难度大等问题，由于世界各国对于野生动物资源的严厉管制，高额的利润收益导致地下非法贸易额巨大。2012 年，总部位于瑞士格朗的世界自然基金会发布年度报告称，全球每年野生动植物非法贸易额已高达190 亿美元，非法行为的存在危及大量濒危物种资源，同时还给民众健康造成潜在危险，对各国国家安全造成威胁。野生动物非法贸易早已被列为除毒品与军火走私以外的世界第三大非法贸易，其资源交易合法与非法界限在实际市场反应中很模糊，加上执法力度与资金投入的不足，还导致了一些合法企业在利益的诱导下同样存在着非法贸易的行为，比如国内的象牙及工业品的贸易，存在非法象牙生意早已是业内公开的秘密。野生动物资源非法贸易行为的存在与屡禁不止，严重威胁了资源的生存及正常繁衍，引起了党和国家的高度重视。由于野生动物贸易是一个全球性行为，加强国际执法合作交流势在必行，2013 年 7 月 12 日第五轮中美战略与经济对话上，中美正式启动合作打击野生动植物非法贸易磋商。

野生动物资源产业作为一个非常特殊的行业，与其他产业相比，其最大的区别点即在于在国家法规及部门管理下企业可以合法地控制或利用一定配额的野生动物资源，在本书的研究之中，野生动物资源不仅是指林地和林区内野外生存的动物资源，还应当包含除家禽家畜外的人工驯养的动物物种。根据朱永杰于 2005 年对林业部门的主要管理工作的三个方面的划分，野生动物产业内企业的经营状况可概括为以获得收益为目的的野生动物产品或生态环境服务供给的经营性商业活动。因此，对野生动物资源进行利用的企业应当承担社会责任，并且因为所利用资源的特殊性，其在承担一般企业所应承担的社会责任之外，还需要承担相应的不同层次的专属社会责任。

4.1.2.2 野生动物资源利用的资源特性

（1）资源的稀缺性

野生动物资源的利用主要可分为两类，即消耗性利用与非消耗性利用，其产业发展规模普遍受到资源保有量的约束。随着经济发展对生活水平的改善，民众对资源产品或服务的需求日益增长，加上人类对自然环境的持续开发，使得野生动物资源的栖息地区域不断缩小，可利用资源种群数量呈现出稀缺的趋势。当前主管部门对于资源利用管理严格，在全社会对加强野生动物资源保护不断呼吁的背景下，产业内相关企业所能获取的资源非常有限，尤其是消耗性利用的配额资源越来越少。然而，与之相对的则是人们对纯天然野生动物产品及生态服务的需求增强，并根据资源的稀缺性而赋予它相对高昂的经济价值。此外，国家对于中国传统产业的大力扶持与推广，如中医药产业这类对动物药材资源较为依赖的产业，这也直接带动了对于资源利用的需求增长，使得野生动物的资源稀缺性进一步显现出来。

(2) 资源价值的公共属性

目前野生动物资源价值构成是以自然资源（包括森林资源）的价值构成为依据的。以往的野生动物价值的研究也多是参考自然资源价值研究理论和方法。自然资源价值评价方面，克鲁蒂利亚于 20 世纪 60 年代在 AER 上发表《自然保护的再认识》，提出自然资源价值的概念，为资源价值评论奠定了基础。70 年代影响较大的资源价值评价方法是 Helliwell D. R. 所提出的 HELLI-WELL 系统，其选定的评价影响指标涉及范围较广。库伯·比斯瓦（1973），辛登·沃瑞尔（1979）在理论研究和实证研究方面均取得较显著的成果，将环境评估方法引入至自然保护区价值评价。

King 是目前文献中经常引用的发表最早的关于野生动物价值分类的文章。Shaw 基于此提出了一个更为全面的野生动物价值体系：美学价值（Esthetic values）；游憩价值（Recreational values）；生态价值（ecological values）；教育与科学价值（Educational and scientific values）；实用价值（Utilitarian values）；商业价值（Commercial values）。

关于野生动物的价值分类的研究，我国学者涉猎较少，马建章等认为，野生动物的价值分为野生动物的自身价值和野生动物对人的价值两部分；何杰提出野生动物具有食用价值、实用价值、科研价值、审美价值和伦理价值；高智晟提出野生动物资源的价值应分为存在价值和附加价值两部分。

从以上研究可以看出，有关野生动物资源价值分类的构成大致上相同，关键是从使用价值与非使用价值两个方面出发去考虑。使用价值是人们通过对资源的直接利用所获得的利益的价值，非使用价值则包括选择价值以及存在价值。选择价值是指当代人为了避免后代人失去利用环境资产的机会而保存或保护某一资源所做出的价值支付，在此概念衍生出来的还有遗产价值，即后代人因为这种利用而获得的经济收益。存在价值又被称为内在价值，指人们为确保某种资源继续存在，这种存在不仅是物质意义上的存在，还包括知识或文化层面上的存在，因存在而在社会之中实际具有或体现有效价值。自然资源是指一切可作为生产投入的未经人类劳动加工而自然存在的物质及其可利用的条件，许多自然资源均属于公共品或准公共品，其主要包括土地资源、水资源、海洋资源、气候资源、矿产资源、森林资源，以及各类动植物资源。

公共资源是竞争的但并不排他的，公共物品则是指具有非排他性和非竞争性的物品，野生动物资源作为一类重要的自然资源，其在两者之间的界限并不确立，对于物品在排他性或竞争性上的区分，通常存在一个度的界限。如没有受到严格管制或者难以监管的林区中的野生动物，便可能不是排他的，因为范围极大的林区难以完全阻止其他人的捕猎或资源利用行为，但通过设立自然保护区或加强森林警察部门的投入，又可以保证野生动物具有一定的排他性。相应地，按照现有野外动物资源存量，如果放开使用管制或推行政策鼓励资源利用行为，动物资源也会因此具有竞争性。而诸如野生动物园之中的动物资源，在对资源进行非消耗性利用的时候，人们的使用相互并不冲突，不会因为其他人的使用导致自身状况变差。

公共品的概念自1954年被首次提出，学术界的研究便集中在公共品种类划分、由何种群体提供以及供给形式等三方面。国内的相关探索自20世纪90年代初伊始，洪银兴（2003）认为市场无力解决的城市公共品应在其边界严格界定的基础上，进而制定合理的经营方式。刘诗白（2007）指出加强公共品生产，构建社会主义公共品新理论的必要性。曾康霖（2008）以政府在公共品提供所扮演的角色为切入点，系统研究了资源的市场配置与政府行为二者间关系。众多学者结合社会主义市场经济环境，对公共品的分类、需求与供给等问题开展了广泛的研究。然而国内外对公共品研究范围主要集中在关系普通民众群体福利的人造品类别中，如基础设施、医疗教育、污染控制等领域，而将野生动物资源结合公共品属性进行研究则较为少见。

（3）资源收获可更新性与周期性

经济学中根据资源在生产过程中的不同作用及消耗形式，对于公共资源的基本划分是将其分为可再生资源与不可再生资源。野生动物资源在科学合理利用的前提下可以持续性地进行自我更新，只要不对其过度捕获，森林湖海之中的动物能一代代繁衍，其资源能够不断收获、永续利用。野生动物资源的周期性受到动物生命现象特有的"生物钟"所控制，涉及种群资源的生存繁衍及产品产出，其具体表现为日节律、月节律、季节节律以及年节律。在对野生动物资源的利用过程中，尤其是养殖繁育过程，资金周转率低，投资回报时间较长，易受到外来自然状况变化的影响使得经营风险较大。正是因为资源利用可更新性与周期性的存在，为了有效保护野生动物资源这类重要的公共资源，主管部门对其管理时，资源面向社会的租凭使用期不宜短，若租赁时间过短，资源使用者有可能为了短期利益而不顾资源恢复期的约束而滥用资源，这将危及野生动物资源种群数量的有效保有量致使其濒危。只有保证其使用权的较长有效期，这样才能够有效避免"经济人"的"短视行为"。

（4）产业经营集经济效益、生态效益和社会效益三者的统一

野生动物产业经营可以为企业带来经济效益，拓展林区就业人员收入来源，促进社会稳定。此外，野生动物产业的良性发展可以加大对自然保护区的资金投入，改善可利用动物资源的生存环境及动物福利，更加有效地保护野生动物资源，为全社会广大民众增加生态效益与社会效益。野生动物养殖业是以培育资源为主的产业，能够直接增加物种种群数量。而产业分类之中的第二类是运用人类的社会必要劳动对野生动物资源进行综合利用提高资源附加价值的产业，不仅可以满足社会人群对于野生动物产品的刚性需求，还可以反哺第一产业，拉动其发展，实现资源永续利用。在第三类分类之中的观赏旅游业则在对资源进行非消耗性利用的前提下，通过对其明显的生态价值利用，这类产业依托的是典型的动物种群代表和良好的保有量。更重要的是，野生动物资源产业经营对于物种数量保护与控制，维持生态平衡，保护国家资源安全，促进林区山区经济发展，安置农村大量闲置劳动力发挥着显著作用，因此也产生了明显的社会效益。

4.1.2.3　利用过程中不同企业经营范围的差别

产业内企业所处分类层次、自身经营形式与资源利用方式等都存在不同，范围涵盖野生动物的野外资源跟踪、捕获，人工繁衍资源的养殖，野生动物产品的初级加工与深加工，产品销售售后服务以及利用资源向民众提供生态服务等过程。不同类型的野生动物资源企业的价值实现形式与具体流程不完全一样，如野生动物养殖业企业的主要经营流程便是通过向林业主管部门申请获批后，捕获野外资源或进行资源贸易获取种群种源，继而投入人力物力进行养殖管理，最终根据该种群的主要利用形式，直接贩卖活体动物或者利用动物产品产生销售服务等行为。野生动物观光旅游业内的各类企业则主要通过对动物资源的养殖及管理等行为，以此来进行生态服务价值的销售的经营行为。野生动物加工业的企业则是通过对资源进行自营或寻求养殖企

业作为上游供应商，通过对资源的利用进行产品深加工生产销售，在这个过程之中，野生动物资源有可能是产品的占比例较高的主要成分或不可缺少的核心成分。例如作为我国医药行业概念下在世界范围唯一具有自主知识产权的产业，中医药产业的关键要素药材原料大多来源于自然界的动物、植物与矿物资源，根据第三次中药资源普查结果的最新显示，我国中药资源一共12807 种，其中植物资源药材原料多达 11000 多种，而野生动物资源具有药用用途的则有 1574 种。

4.1.2.4　企业内不同利益相关者需求的差异

本书对于企业社会责任的研究分类是建立在利益相关者理论之上的，前文对企业的利益相关者的理论研究与实际应用进行了文献回顾，并针对其各利益相关者的特征进行了探讨。在对野生动物资源企业社会责任展开分析研究时，应当要充分考虑到不同利益相关者满足需求的差异性，而这些差异性同样是引发社会问题的根源所在。企业是由不同类别的利益相关者组合而成的社会性经济组织，野生动物资源企业也不例外，对于企业的投资不仅仅是来自股东与投资人的经济型投资，还来自公司员工、客户、供应商以及社区、政府等等群体的人力型投入、技术型投入以及其他形式的物质型投入，因此企业也相应地承担了对于不同利益相关者群体的社会责任。企业的经营目标是期望通过自身经营活动能够满足不同利益相关者群体诉求与权益，但在实际经营中，不同利益相关者需求的差异往往会产生冲突，如社区期望企业进一步发展所带动地区就业与促进社区经济，但社会型资源保护组织则希望企业能够控制自身发展增速，加大对资源环境的保护力度及投入，企业如何通过调整策略及经营活动，在不同利益相关者需求间努力平衡其关系，维持自身长久经营发展，这是在研究中应考虑的因素。本书在建立野生动物资源产业的利益相关者分类模型时要有针对性，对野生动物资源企业关于不同利益相关者应履行的社会责任做出具体分析，还应当根据资源企业在自身经营发展过程中不同层次的企业社会责任进行考虑。

综上所述，本书认为，野生动物资源产业的企业社会责任意识滞后，实质上是其企业社会责任理念的不完整。以利益相关者视角对野生动物资源产业的企业社会责任进行研究，能够获取野生动物企业履行社会责任的依据，明确企业承担社会责任的对象群体与涉及范围，为企业社会责任的研究提供了科学有效的理论框架。通过前文研究中的理论基础，据此对其做出确切的定义，并通过利益相关者理论的引入，对野生动物资源产业企业社会责任的研究进行深入探讨。

4.2　基于利益相关者的野生动物资源利用企业社会责任

　　"企业社会责任"概念自出现以来，众多学者深入的研究取得了不少成果，而对于野生动物资源产业而言，在开发利用有限资源时，为什么要承担企业社会责任，如何对不同社会责任的重要程度做出定位，在企业的日常经营中怎么履行企业社会责任。企业社会责任理论是20世纪中期以来对传统企业社会责任观的不停反思中发展起来的，作为一种具有争议性的思想观念，自其出现以来就伴随各种争论。而"利益相关者"概念自20世纪60年代在斯坦福研究中心以内部管理论文的形式正式提出，它强调企业不仅对股东承担责任，还应当要承担对其他利益相关者的责任。

　　在关于企业社会责任的讨论中，利益相关者理论得到了许多学者的关注，并将其作为支持企业社会责任理论的重要依据。伍德（1995）指出，利益相关者理论是最适合评价企业社会责任的理论框架，最为符合构建企业社会责任评价模型的原则。华立群、朱蓓（2009）指出利益相关者理论相比其他理论框架具有三点较为明显的优势：首先，利益相关者理论在实际操作上最为人们熟悉，并得到多方认可；其次，依据利益相关者理论对企业社会责任评价指标体系进行展开分析，其结构上是相对清晰的，具有对企业社会责任进行评价和披露过程时的便利性；最后，利益相关者框架可以更加全面地体现出企业社会责任主体框架。

　　卡罗尔（1983）在自身所提出的企业社会责任四责任框架的基础上，构建了企业社会责任金字塔模型。随后的研究中，卡罗尔于1991年进一步在模型之中引入了利益相关者理论，并指出企业社会责任问题的研究应当有针对性地，分析考虑每一类利益相关者群体的需求。惠勒（1998）首次将社会型因素引入到利益相关者的分类中，他认为实际情况中存在具有社会型以及不具社会性的两类利益相关者，例如遭受正面或负面影响的环境、非人类物种等等。并结合克拉克森（1995）提出的紧密型因素，界定分类了四类利益相关者。前文文献回顾内容显示，众多学者将利益相关者理论与企业社会责任两种理论结合探讨，而国内也有不少学者进行了类似的研究工作。通过研究发现，利益相关者理论明确了企业社会责任的责任对象，帮助社会责任理论找到了衡量企业社会责任的有效方法和社会责任促进企业发展的理论依据。因此，企业社会责任的界定问题就演变成对利益相关者的界定问题（夏楸，2010）。通过对利益相关者理论产生及发展的相关文献研究，自 1963 年斯坦福研究院以工作论文的形式正式提出利益相关者问题以来，国内外学者对于利益相关者的界定与分类至今做了大量研究工作，本书对部分具有代表性的成果进行了整理，如表 4-1 所示。

表 4-1　利益相关者定义及分类

Tab. 4-1　Definition and classification of stakeholder

作者	年份	相关定义及分类
斯坦福研究中心	1963	利益相关者是这样一些群体，没有其支持，组织则不可能生存
伊戈尔	1965	理想的企业目标必须平衡企业的诸多利益相关者之间相互冲突的需求，其包括管理者、工人、股东、供应商与销售商
弗里曼	1984	能够影响企业（组织）目标的实现，或者受企业目标的实现所受影响的个人与组织，从社会利益、经济依赖性、所有权三个角度出发将企业利益相关者划分为三类
弗里德里克	1988	企业利益相关者根据其与企业的关系和影响程度分成直接利益相关者、间接利益相关者两类群体
克拉克森	1995	利益相关者是在企业经营之中进行了一定的专用性投资的群体，利益相关者在企业的经营活动中参与并投入了相应的物质资本、人力资本、财务资本以及其他类型的一些具有价值的物质或能力。根据利益相关群体在企业管理活动中所承担风险的类别，将其分为"自愿者群体"与"非自愿群体"

续表 4 - 1

作者	年份	相关定义及分类
米切尔，伍德	1997	核心是从权力性、紧急性和合法性三个方面进行利益相关者评分，然后根据得分高低来确定群体类型，最终两位学者将企业利益相关者分为确定型、预期型和潜在型三类利益相关者
惠勒，马里奥	1998	在 Clarkson 的研究基础上，引入社会维度，将利益相关者群体划分四类：首要的社会利益相关者、次要的社会利益相关者、首要的非社会利益相关者及次要的非社会利益相关者
杨瑞龙、周业安	1998	结合国有企业改革，将其利益相关者划分为国有资产局、银行、债权人、工人、管理人员等等
李心合	2001	从合作性与威胁性两个维度出发，将利益相关者细分为四个类型，在利益相关者合作逻辑下公司财务控制安排具有多样性、层次性、非均衡分布性和状态依存性等特征
陈宏辉、贾生华	2004	借鉴米切尔评分法对企业利益相关者进行三维分类的实证研究，从主动性、重要性以及紧急性三个维度界定 10 种利益相关者
吴玲	2006	根据企业对各利益相关者群体重要性的大小程度进行排序，将企业利益相关者群体分别划分为关键层、重要层、一般层以及边缘层四类层面的利益相关群体

　　卡罗尔在企业社会责任理论研究中引入了重要的金字塔模型，可以将其视作三角模型在研究中的一类具体应用。三角形作为力学原理之中最具稳定性的结构，内角确定后具有形状固定不变的性质，且能承担较大的作用力。在人类实际生活中，三角原理获得诸多应用，如埃及金字塔、钢轨、起重机、三角形吊臂、屋顶、钢架桥中的三角形框架结构等等。自然科学中的力学原理给予现代管理理论深刻的启发，一定的管理结构是由不同层次、不同能级的要素所组成的复杂系统，在这个系统中，每一个单元根据其本身的能量的大小而处于不同的地位，以此来确保系统结构的稳定性和有效性。社会组织是人类社会中的重要构成元素，其在经营及发展过程中首要考虑的便是组织的稳定性与系统性，管理者的重要责任便是通过系统内制度、机构设

置、人力配置等管理手段构建组织系统的稳定结构，确保实现整体目标，因此三角原理也被广泛地应用在社会科学的研究之中。马克·H. 穆尔（1997）在政府管理领域做出了重要的研究工作，其在著作《创造公共价值：政府战略管理》一书中开创性地提出了政府战略管理的三角分析模型。美国著名管理学家卡尔·阿尔布雷希特与让·詹姆克在合著的《服务经济：让顾客价值回到企业舞台中心》中指出，企业与客户应当紧密结合于一个稳定的"三角关系"之中，并提出了由企业系统、公司员工与服务策略三大子系统围绕客户需求所构建的"服务三角模型"。

　　本书针对野生动物资源利用的企业社会责任的研究属于社会科学领域的范畴，在借鉴前人构建三角模型的核心思想及框架的基础上，参考当前资源产业的企业经营现状与问题困境所在，根据不同责任的关注度、重要性以及实现程度的不同，将其企业社会责任划分为四个层次，从而构建出我国野生动物资源利用的企业社会责任 T－S 框架，具体形式见图 4－1。

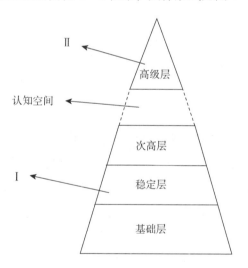

图 4－1　野生动物资源利用的企业社会责任 T－S 框架

Fig. 4－1　The corporate social responsibility T－S framcwork of Wildlife resources development

　　如图 4－1 所示，本书将野生动物资源产业的企业社会责任划分为了四个层次，其中值得注意的是在次高层与高级层之间是以虚线所连接，整体因此被分为了Ⅰ与Ⅱ两个部分，两者之间以虚线连接的这一区域，被视为资源产业内整体在企业社会责任理念上所存在的"认知空间"。本书认为这一空间的存在恰当地反映了野生动物资源利用企业经营管理中的实际问题，即行业内的企业在发展过程中根据自身企业规模、发展需要逐渐形成自身个体的企业社会责任观，但仍然存在部分企业在认知空间上受到理念及现实原因的限制，没有发展构建出自身稳定的企业社会责任三角框架系统，经营管理停滞在第Ⅰ部分。虽对企业现阶段的正常经营不会产生影响与阻碍，但如果企业期待更进一步的扩大经营规模，企业管理人员与企业经营规划在企业社会责任理念上都必须做出相应改变，寻求"认识空间"上的改善及补充，构建自身稳定的企业社会责任系统。否则在不稳定的第Ⅰ部分系统之下，因此产生阻碍企业经营与发展的因素与事件等，诸如2012年初"归真堂"上市终遭暂停，以及2013年底在媒体集中报道西北区域皮毛动物养殖户棒杀数万狐狸后，所引发的善待动物组织呼吁全社会抵制皮草的事件，这些事件的出现不仅造成了短期市场的波动，还直接影响了企业的正常经营，同时也是直接考验了企业自身的危机管理水平以及履行企业社会责任的力度。在下文的研究中，将对所做出的企业社会责任 T–S 框架中所涉及的四个层次的企业社会责任进行详细阐述。

4.2.1　野生动物资源利用企业社会责任的基础层

野生动物资源利用企业社会责任的基础层代表了企业经营的基础，同样是企业在经营中承担社会责任的首要目标对象，企业应当对股东与债权人的权益负责，并保持与供应商及经销商的良好关系。基础层包括：①对股东负责；②对债权人负责；③对供应商负责；④对经销商负责。

任何企业存在及发展的基础都是在社会中能够保持正常的生产经营活动，企业要想生存，就必须通过经济活动产生收益，而企业在经营产生利润的同时也为社会带来了福利及经济提升，企业通过发展推动了社会经济的良性发展。野生动物资源产业作为与民众生活息息相关的重要产业，其生产和消费关系已经渗透到整个社会生活的各个方面，正是由于经营范围的广泛，野生动物资源产业在产品生产、销售售后、顾客反馈等等方面的表现好坏，关系到企业的持续发展。随着野生动物资源产业在国民经济发展中的地位逐渐凸显及受到关注，整个产业所应履行的社会责任越显得重要，而企业维持自身长期的正常经营，与利益相关者保持良好的互动关系，便是首先应当履行的企业社会责任，是最重要的体现之一。该层次的企业社会责任具体而言，则是企业在经营之中，通过良好的业绩表现进行股东分红，给予投资者回报，使债权人获得资金安全感和收益，与上游供应商及产品分销合作者维持长期良好关系，保证企业自身的正常运转，为经济社会的运行做出贡献。

4.2.2　野生动物资源利用企业社会责任的稳定层

野生动物资源利用企业社会责任的稳定层意味着企业在承担了基本的社会责任之后，接下来履行社会责任便是基于维护企业经营发展的长期稳定而出发的，企业在经营中应当善待员工，为客户提供良好服务与优质产品，服从政府管理并与其保持良好关系。稳定层包括：①对客户负责；②善待员工；③服从政府管理，遵纪守法。

企业作为重要的社会组织成员之一，无论哪一个个体在生产经营过程中都受到了各类外来因素及条件的约束，除了自身经营条件的限制，还应当在政府相关管理部门的监管下合法经营，依法纳税，诚信经营，并且企业将这种行为当成企业社会责任履行的重要部分。如果一个产业内的企业不遵守国家政策法规与市场准则，不注重自身产品质量与员工权益，一味追求利益最大化，做出虚假经营和商业欺骗等行为，那它根本不可能维持长期经营发展，保证自身组织稳定性。野生动物资源产业因为其原料资源的特殊性，是一个涉及行业门类广泛、深受社会关注的产业，因此其所涉及的相关企业社会责任表现也较为宽广。例如税收方面，不同分类下的野生动物资源产业应缴纳的涵盖税总略有差异，总体上普遍包括：企业所得税、增值税、营业税、资源管理费等等，其中资源管理费主要是根据企业经营地、规模以及受辖管理权限的差异向不同层级的林业主管行政部门缴纳。政府作为社会服务的管理者与提供者，企业是否遵纪守法、按期缴纳税收，都关系到政府对社会总财富的管理及再分配。政府也可以通过法律法规、政策实施以及行政处罚等方法，对企业经营行为进行管理和限制，这些都意味着企业履行相关责任的关键所在。

近年来随着野生动物资源原料的稀缺性愈发显著，部分相关企业也认识到自身主动积极承担并履行责任的重要性，如当前我国的药材资源消耗严重，针对已形成的迅猛增长的国民需求与有限中医药资源两者之间的尖锐矛盾，江苏康缘药业集团董事长肖伟于 2013 年指出，可通过税收杠杆来解决行业发展的可持续问题，其认为当前解决问题的关键除加大对野生动植物资源保护，对其培育及开发利用进行财政扶持以外，还应当征收中医药资源税，在此基础上建立中医药资源发展基金。中医药资源税的提出引起了社会的广泛关注与回响，不少企业的管理人员普遍表示理解与赞同，其中河南羚锐制药产品经理吴延兵指出，当前结构性矛盾的存在制约了产业发展，运用经济手段可以促进资源原料的高效使用与配置，保证其合理开发。中医药产业由于生产工业的特殊性，药材原料供应的重要性对于中医药产业的发展不言而喻，当前国家大力倡导野生动物的人工养殖，要求对必不可少的野生动植物药材要将取材从零散的野外资源获取转向至规模化的繁育养殖，国家的政策支持同样不可或缺。

此外，企业为了保证自身稳定地持续发展，除了和政府管理部门进行良好互动以外，还应当保证产品生产质量，注重客户的产品使用体验及反馈，保护客户忠诚，维护员工发展与福利等责任。其中，如安全生产方面，由于利用资源与方式的特殊性，野生动物资源利用企业的社会责任就应当是保证员工的人身安全，产品质量方面，企业则应当严把质量关，进行资源管控，提供优质服务，增强客户体验。这些都是企业稳定的保障和建设和谐社会的基本要求，然而，从现实情况来看，资源产业中的部分企业还存在不少疏忽导致社会责任履行不到位的情况，如媒体曾报道过的动物园放养的动物袭击游客事件，以及最近发生的上海动物园老虎咬死饲养员的事件，都在社会上引起了对于产业管理存在缺陷的相关争论。"归真堂"事件所引发的关于整个以动物原料使用为主的中医药上市企业的争论便是例证，股东、债权人对企业的信心因为对政策倾向的担忧而动摇，而员工作为企业长期发展的基础，会受到市场的波动与社会舆论的导向而影响其对企业的忠诚度。

对于企业而言，无论是高层管理还是基层工作人员，每一位员工都是企业持续经营的基础，员工自身的机遇发展与在生活中所遭受到的困难，企业是否能及时地予以支持或帮助等反馈，是考验企业是否具有一个良好管理系统的条件之一。行业内不少企业在注重保持良好社会外部关系的同时，也关注着来自内部的状况。例如，上海凯宝 2012 年在企业工厂及全国五大销售区内部公开倡议，由管理层自上而下带头贡献爱心援助身患重疾的员工黄某，为正为高昂医疗费用不知所措的黄某及家人做出了有力支撑。资源利用企业生产必然要产生大量的废料废渣，在整个生产过程中，废水废气等工业附加物对周边环境也造成了影响。注重青山绿水、加强环境保护是大势所趋，自 2009 年来，国内不少野生动物资源利用企业纷纷推进自身的技术发展与产能调整，使企业在未来的竞争中能够获得有力的位置。存在的种种现象表明，野生动物产业想要持续进步与发展，就应当将积极履行社会责任作为维护自身组织稳定的必要条件。

4.2.3 野生动物资源利用企业社会责任的次高层

野生动物资源利用企业社会责任的次高层是相关企业在履行了基本层和稳定的社会责任后，根据自身实力所能为社会所做出的进一步贡献。企业应当具有良好的企业道德，并在自愿基础上积极投身社会公益事业，这一层面的社会责任对于企业的经营而言，并不具备强制性，是作为企业在管理过程中出于进一步提高自身形象，增强行业竞争力，改善流程管理而实施的。但其对于企业长期发展而言，同样不可或缺。次高层包括：①具备良好的企业道德；②热心慈善，积极投身公益。

任何企业在注重自身作为一个经济组织发展的同时，都应该积极地参与到社会性行为中，以社会组织的身份，通过物质、资金以及人力方面的一系列投入与捐助行为，目的在于对社会之中的弱势群体与组织或个人进行物质帮助或行为扶持，以此增加社会整体福利，从而提升企业形象与社会价值。由于自然资源所具有的公共品特性，一些持续关注资源存量并对之进行管理或保护的组织，他们可以通过自身社会活动影响企业运行。此外，企业道德作为企业履行社会责任的核心与本质，是指在企业这一特定的社会经济组织中，依靠传统习惯、社会舆论以及内心信念来维持的，以善恶评价为标准的道德规范、道德原则与道德活动的综合。每一个具有远大目标与愿景的企业都应当在这方面有所担当，作为特殊产业，资源利用企业所面临的问题较为复杂，诸如上文之中提到的产品质量、员工福利、安全生产以及环境资源现状等问题的存在，使得野生动物资源产业的企业道德的相关责任尤为突出。企业积极履行相关社会责任的具体表现通常为：是否具有或通过了严格的质量保证体系；企业内部人员管理是否存在歧视现象；员工对于企业的认同度；企业是否积极投身于社会公益事业以及企业对于环境变化的关注度；等等。从"归真堂"事件在整个社会引起的巨大激荡来看，媒体与环境保护团体同样在此中担任了重大推手的作用。在本研究的分类中，企业社会责任的次高层与高级层都属于企业自觉性承担的责任，是出于企业自身发展需要的考量，并不具有强制性的硬性属性。企业承担这类责任应该根据自身发展期望与规模实力量力而行，野生动物资源产业履行相关责任对缓解地区就业压力，减少社会矛盾，促进社会财富公平分配等都具有重要作用，但应当在自身可承受的程度之中进行，这是经济理性的必然选择。

  野生动物资源上市企业作为产业典型代表，从其对社会公益的投入来看，可以反映出当前的部分现状。中国作为一个幅员辽阔的国家，地理状况多变，在其范围内的不同地区时常发生不同程度的自然灾害，给人民给地区经济造成了巨大损失。在 2008 年汶川地震，2009 年玉树地震以及 2013 年 4 月雅安地震发生时，相关企业除了向受灾地区及民众直接捐款外，还相应地捐赠了大量救灾急需的物质。由上节阐述中可以看出，沪深两市的涉及野生动物资源利用的上市企业大多为中医药企业，当发生特大灾害的时候，对医药产品的需求又特别旺盛，而作为秉承救死扶伤理念的传统医药企业，尽企业微薄之力帮助受灾民众渡过难关，是其义不容辞的责任与义务。如 2008 年汶川地震发生后，云南白药集团为了使灾区民众得到更好的治疗与帮助，除了直接向灾区捐款外，在与客户沟通协商的基础上，义不容辞地抽调了最新研发生产的 1000 个云南白药急救包紧急援助灾区，在相关产能严重不足的情况下，还紧急抽调捐赠适合救灾需要的白药系列产品进行支援，药品物资总价折合人民币约 192 万余元。据媒体不完全统计，医药企业总捐款超过 2.5 亿元，其中传统中医药企业的捐资额占据了主要比例。从当年捐资数额及投身救灾情况来看，国内的野生动物资源利用企业之中，中医药企业的表现远好于其他行业内的资源利用企业，如表 4 - 2、图 4 - 2 所示。

  据灾情的严重程度及社会各界的关注度，相较而言，在 2008 年各家企业的投入的平均水平普遍大于 2010 年玉树地震及 2013 年的雅安地震的捐助力度。总而言之，2008 年由于国内发生了 5·12 汶川大地震并举办了北京奥运会，因此当年企业在履行相关企业社会责任时主要围绕这两大要素，如中医药企业响应政府号召，实行环保保护与清洁生产等工作，降低生产厂区对周边自然环境的影响，最大限度通过不断地创新减少和杜绝污染物的排放。

表 4-2　相关企业地震灾害总捐助情况一览（2008—2013）

Tab. 4-2　The total donation situation in earthquake disasters
of relevant enterprises（2008—2013）

	捐款 （元）	物资 （元）		捐款 （元）	物资 （元）
云南白药	/	300 万白药系列药品及急救包	吉林敖东	116 万	100 万
片仔癀	13 万	50 万药品	哈药股份	2000 万	/
东阿阿胶	19.76 万	100 万药品及 50 万肉制品	嘉应制药	10 万	/
中新药业	73 万	110 万药品	香雪制药	22.6 万	165 万
马应龙	95 万	637 万药品	太安堂	150 万	
九芝堂	112.11 万	150 万药品	人福医药	1805 万	
同仁堂	476.38 万	/	上海凯宝	50 万	
佛慈制药	53 万	50 万药品	华斯股份	/	
福瑞股份	/	/	海宁皮城	50 万	150 万物资产品
上海辅仁	130 万	/	兴业科技	1000 万	
羚锐制药	220 万	50 万药品	大连圣亚	/	/
康缘药业	531.63 万	210 万药品			

资料来源：根据上海深圳交易所各公司年报及媒体报道资料整理。

　　而慈善捐款由于受到经营理念、控股人类型以及其个人因素的影响，许多大额捐款并没有以企业名义进行直接捐赠，其控股人也并没有将捐款基于广告效应的经济动机之上。如兴业皮革科技有限公司董事长吴华春便以个人名义向地震灾区捐款一千万元人民币，大连圣亚旅游控股股份有限公司总裁周昱今便于 2008 年当年获得"支援四川地震灾区捐款先进个人"的称号，但其具体金额却缺少有效途径进行搜集。此外，由于野生动物资源利用的特殊性，我国地震灾害的发生地又存在是资源产出地的情况，不少企业在灾害发生后自身产能进一步下降，例如青海玉树地震发生后，震中玉树市恰好是虫草产地，虫草作为福瑞股份的主营产品的原料之一，直接影响了其企业的短期经营策略。因此，上表中所涉及的部分企业缺少捐款或捐资数额的，并不一定意味着该企业没有针对灾害进行捐助，有可能是其通过年报或公开的媒体渠道尚没有体现出这一数据。

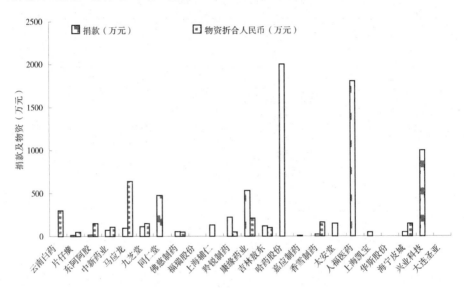

图 4 - 2　相关企业地震灾害总捐助情况一览（2008—2013）

Fig. 4 - 2　The total donation situation in earthquake disasters

of relevant enterprises（2008—2013）

不同企业在践行社会责任时，在环保、教育、医疗及公益等不同领域有所侧重，如武汉马应龙地震发生后在积极援助的基础上，在后续中的救助计划将以教育作为主线，全力开展帮扶活动，资助灾区学子完成学业。相关活动在计划期内陆续推进，一是直接定向资助校园重建与受灾学生重新就学；二是对在企业所在地武汉地区的来自受灾地区的学子进行资助，为其解决后顾之忧。康缘药业则在 2009 年甲型 H1N1 流感疫情蔓延之时，向连云港市全市中小学免费提供了价值 800 万元的防治药物，其还关注民族团结与发展，捐资百万余元兴建民族小学，荣获"江苏省最具爱心捐赠单位"的称号。

2011 年，经过半年的策划筹备，天津中新药业与中国红十字会共同成立了旨在"培训基层医生、改善基层医疗、促进基层健康"的专项慈善基金——"中国红十字基金会中新药业速效救心基金"。"救心基金"是一个为配合中国红十字会"红十字天使计划"，搭建心血管病治疗基层网络，增强基层治疗力量而建立的心血管病诊疗救助平台。"救心基金"目标是五年内募集近3000 万慈善捐款，年均组织 300 次以上培训，使上万名基层医师受益，覆盖全国 30% 乡村医疗机构和 50% 的城镇社区医院。

4.2.4　野生动物资源利用企业社会责任的高级层

野生动物资源利用企业社会责任的高级层是根据产业自身特点所提出的，将生态环境因素与非人类物种（野生动物）纳入企业社会责任框架之中。目前，野生动物资源企业在前三个层面的社会责任中都具有一定程度的意识，尤其是资源上市企业能够在自身能力范围内对于这三个层次的社会责任履行投入进行分配。但正如文中所构建的野生动物资源产业企业社会责任 T-S 框架，野生动物资源产业对于高级层应当承担的社会责任，大部分企业并没有突破"认知空间"的限制，并没有将其视作为应当承担的社会责任，这除了企业自身经营现状的因素，还受到了企业经营理念、政府政策以及产业环境的影响。本书认为对于企业个体而言，承担高级层社会责任可能会受到自身能力的限制，但对于产业整体而言，认识并积极履行对于高级层的社会责任，是事关野生动物资源产业可持续发展的重要因素。高级层包括：①对自然生态环境负责；②对非人类物种（野生动物资源种群）负责。

当前国内的环境安全形势十分严峻，健康舒适的环境与每个人息息相关，资源与环境保护问题作为全社会的关注焦点，如何处理好产业经济发展与自然生态保护的关系，调和有限的资源开发与增长态势的经济需求间的矛盾，这是当前野生动物产业所面临的巨大考验。我国发展野生动物产业的初衷是满足民众的物质需要，促进地区经济发展，解决就业问题，提高林区人民的生活水平，最终目的是传承中国优秀传统文化，构建当代和谐社会，实现中国梦的伟大复兴。野生动物资源利用行业是一个多门类的复杂产业，对于因为资源利用而产生的环境破坏、生态失衡及资源滥用浪费等问题则有悖于产业发展中资源永续利用的基本精神。自然生态环境受到污染破坏，野生动物资源的不断稀缺乃至濒危，这在很大程度上都约束了企业规模发展壮大，甚至决定了本产业的生死存亡，最终影响国家国民经济的稳定发展。野生动物资源产业在开发利用中通常被区分为对资源的消耗性利用及非消耗性利用，而消耗性利用大多为集聚型、规模型的大中型加工企业，在整个生产过程中，不仅需要耗费大量的自然资源，还需消耗一定规模的能源资源，这给我国产业的经济发展带来了阻力。

　　野生动物资源企业履行社会责任的重要形式应当是基于扩大资源保有量，加强资源种群保护的目的出发，针对野生动物资源所投入的人力资源、物质资源、技术改进以及经济投入等等行为，本书认为这应当是野生动物资源企业践行相应责任的重要方式。值得说明的是，当前野生动物资源利用行业中养殖繁育业是增加种群数量的主要方式，其作为一种商业行为的驯养繁殖是否改善了动物福利，降低了对资源的非法捕获，履行了社会责任，在社会各层次引发了不少争论。对其持反对意见的人认为，商业驯养繁殖行为鼓励了人们对野生动物资源的利用，是人类在经济利益驱使下所产生的商业行为，对于提高数量保护种群所发挥的作用有限，不应当视作为是对动物福利的改善，应当对其加以限制。2013 年 5 月于北京举行的"抢救性保护野生动物"学术座谈会中会议报告明确建议，结合当前国内野生动物保护的严峻形势和社会发展的迫切需要，从以下四个方面对野生动物保护法进行修改和完善：从严惩处食用、伤害和虐待野生动物的行为；调整野生动物保护名录，扩大保护范围，使之与国际接轨；加大对制造和销售野生动物猎捕工具行为的处罚力度；野生动物的商业驯养繁殖和经营性开发利用应得到限制。另外，国家层面以及相关研究者们则指出，野生动物驯养繁殖利用是造福和谐社会的重要方式。首先，我国《野生动物保护利用法》规定："加强资源保护、积极驯养繁殖、合理开发利用。"野生动物是我国重要的基础资源，在国民经济发展中具有重要的战略地位，合理经营利用野生动物资源，是促进经济和社会持续、快速、协调、健康发展的重要保证。对野生动物积极驯养繁殖和合理开发利用，是我国野生动物保护工作的重要内容。这一规定表明，这是我国野生动物资源保护工作的基本方针。其次，长达 10 年的全面禁猎，使得我国野生动物种类和数量呈现增长态势，而以人工驯养的野生动物资源取得长足发展，不仅一定程度上使得野生动物种群数量得到增长，还满足了不断扩大的社会需求。人工驯养繁殖业的茁壮发展与成功，市场需要得到满足，从而降低了违法捕猎行为的发生，野外资源得到了有效保护。在贯彻"积极驯养繁殖、合理开发利用"方针的过程中，我国政府以及相关主管部门一直依法加强对野生动物繁育利用产业发展的监督管理，并及时针对野生动物繁育利用产业存在的弱点强化有关管理措施。国家林业局有关负责人指出，我国已经进一步加强对野生动物养殖利用的规范管理，提高野生动物养殖条件和技术，确保野生动物福利得到有效保障。韦荣华（2007）认为，严格保护野生动物，驯养繁殖利用人工资源，是我国《野生动物保护法》和《濒危野生动植物种国际贸易公约》的基本精神之一。目前关于野生动物利用的争议是暂时的，有些非议是片面的，是野生动物繁育利用实践中出现的正常现象。

基于研究目的及需要出发，本书据此认为，野生动物资源企业对于动物资源的相关投入，虽然是一种经济利益驱使下的商业行为，但其在改善种群利用现状，增加种群数量，引导社会舆论导向都发挥了重要的作用，其应当视作为积极地承担并履行自身的社会责任。其中野生动物繁育利用这一产业的健康与否意义重大，其行业发展实实在在地造福野生动物，并且作为本研究中上游的资源供给行业，是研究目标群体中加工企业通过经营行为承担并履行对野生动物资源企业社会责任的重要途径。

野生动物作为资源利用企业进行生产行为的主要原料来源，其种群保有量的数量多寡关系着一类产品或一个行业的延续或消亡，当前自然环境生态形势日趋严峻，资源利用备受社会关注，如何在有限的资源保证企业自身生产所需原料的永续供给，是摆在所有资源利用企业面前的一道难题。而野生动物资源作为一类可更新资源，其生存与繁衍都受到外界自然环境的直接影响，因此企业在关注动物资源本身的同时，也密切注意着企业周边及资源原料生产地附近的生态环境变化，相应地不同企业也针对性地实施了一系列活动与措施。值得注意的是，因为不同生态资源自身所处情况的差异，不同物种间的保有量和稀缺性存在区别，企业所面临资源缺口形势程度各一，结合自身经营发展情况，其在相关领域的投入自然高低不同。例如，福建漳州片仔癀药业的国宝名药片仔癀的主要原料是麝香，其来源问题一直是困扰企业做大做强的大问题，虽然国家为了支持这一传统瑰宝持续发展，一直给予相关政策扶持。但目前市场上的天然麝香库存有限，根据国家 2005 年所颁布的文件显示，国家天然麝香的库存配额供应截至 2015 年，而坚持使用天然麝香入药的片仔癀公司必须面对这一现实。不解决好药用原料资源的来源问题，片仔癀产品就难以生存，企业可持续发展更无从谈起。片仔癀药业每年的麝香消耗量大概是 2 万克到 3 万克，如果麝香原料紧缺，药品的高议价能力所引发的难以停止的持续提价，不仅不利于企业自身长远发展，也给民众福利造成损害。因此，企业自 2007 年以来一直推动实施麝香储备发展战略，积极寻求破解资源困境的解决之道。企业于 2007 年在四川阿坝州投资建立养麝基地，大力推动并开展人工养麝、活体取香等相关项目的科研课题。该项目不仅为我国近 400 种中成药找到了合法天然麝香来源，进一步保护了濒危动物，所以被列为国家重大科技支撑计划，而且为当地的经济发展带来新一轮活力。2009 年，企业进一步加大投入，在陕西秦岭山脉以南开辟另一养麝基地，为养麝产业化铺垫基础，同时给予了老少边穷地区更多经济支撑，在企业发展作用下一并带动富起来。相关活动的持续开展，为我国保护野生麝资源和中医药产业的可持续发展做出贡献。依照公司设立麝业公司的宗旨，公司在 2010 年度向四川种源基地拨付研究经费 83 万，对有关人工养麝的科研和饲养技术改进等科研项目提供了资金支持。四川麝业公司相继开展了林麝行为学研究、分子遗传学研究、饲料配方改进研究以及疾病防治研究等科研课题工作，并陆续完成了部分阶段性研究报告。2011 年，片仔癀公司已逐步加大在人工养麝、活体取香、麝类种群资源繁育养殖、动物疾病控制等研究项目的投入，累计投资 1000 多万元用于合作并设立人工养麝基地。

此外，在利用过程中对于野生动物资源是否保证物种尊严地对待，尽可能降低物种在利用过程中的痛苦，动物福利是否完备，国内的野生动物资源产业不仅仅得到了全社会的关注，还遭受了世界全球范围内的影响，如 2013 年底亚洲善待动物组织通过国外网络视频网站发布了一段关于中国的安哥拉兔养殖场工人的活体拔毛行为的视频，消息一爆出即引发强烈的社会反应与市场震荡。在"活体拔毛"事件出现后，中国畜牧业协会兔业分会即发布声明，拔毛方式在 20 世纪 80 年代以前为提高产量使用较多，但现在绝大部分养殖户已基本淘汰这种不人道的方式，并且国内相关专家早已对活体拔毛对动物的危害进行研究并说明，如吴金山（2009）在《当代畜牧》刊物中针对活体拔毛对长毛兔的危害进行了研究并给出了相应的对策。然而，当前野生动物资源利用产业是作为一类整体产业直接面对社会与消费者的，某一家企业的个别行为在一定程度上代表了整个产业在全社会各界中的印象与定位，整体行业受到这类企业的个别行为的负面影响的事实难以扭转。12月4日，全球第二大服装零售商H&M即发布声明，将立即停止生产所有含有安哥拉兔毛商品的决定，以回应关于中国安哥拉兔养殖场涉嫌虐待动物的有关指控。国外多家知名服装品牌随后陆续宣布停产安哥拉兔毛产品，中国作为长兔毛制品及原料的出口大国，相关商品出口及生产订单受到极大影响。有企业负责人反映，自从该事件发生后，订单量减少至少三成以上，而这家企业的产品通常销往欧美等发达国家，生产方式均一直以电推剃毛的形式为主。诸如此类事件在国内近年来频频出现，一方面是因为随着经济发展，物质生活水平提高，使得民众及消费者社会意识的觉醒，在关注产品质量与服务的同时，越来越多的人将目光投入到周边非人类物种及自然环境的境遇与现存问题中；另一方面则应归功于科技水平的提高，带动了信息咨询的进一步提高，暴露出了此前产业内可能存在但却被人忽视或选择性遗忘的落后技术与生产方式。这都充分说明了在当前瞬息万变的现代社会，对于国内的野生动物资源企业而言，期望还是像以前的经营方式一样故步自封不思改善，这是不符合产业发展准则与市场规律的，相关企业需要进一步加强对自身企业社会责任理念的建设和践行力度。而又由于受到生态系统多样性、复杂性等因素的影响，野生动物资源的保护及管理关系到整个自然环境的稳定与安全，谁也无法预估当某一类物种在不受控制及管理的企业滥用下，而濒临灭绝所能产生的"蝴蝶效应"。这已经不是某一家企业、一个产业的问题，这已关系到国家的安全与民众的福祉等问题层面。

因此，我国野生动物资源利用在寻求自身发展进步的同时，必须要突破"认知空间"的限制，处理好短期利益与长期利益，局部利益与全局利益之间的关系，把握好资源开发利用及保护之间的度，协调好两者间关系。资源利用企业当前应当认识到自身产业所肩负的重要意义，积极承担社会责任。具体表现为：注重资源保护，以身作则投身生态环境事业，加大相关资金、人力投资的扶持力度；进行产业升级，努力转变"高消耗、高投入、低效率"的生产经营方式；加强科研投入，寻求技术支持，增大创新力度，提高产品质量与服务。

4.3　野生动物资源利用的利益相关者分类模型

　　企业经营的目的是利润最大化，这一传统观点早已是主流经济学与管理学界的基本认识之一，而实质上这种观点与满足不同层次利益相关者的需求并不冲突。因为一味地仅仅以利润最大化代表股东与企业主的利益，从短期来看，或许企业业绩能得到显著的提升，然而以企业的持续经营和产业发展着想，长期的利益最大化才是保证企业生存的必要条件。企业社会责任理论的演进过程中，学术界关于企业社会责任的研究主要集中在"企业社会责任是什么""企业是否应当承担社会责任"等问题上，利益相关者理论作为企业社会责任理论的重要发展，其出现更好地解决了"为什么要承担社会责任"的问题，明确了"对什么对象承担社会责任"的问题，从而进一步弥补了企业社会责任理论的不足，为解决企业社会责任的一系列问题提供了合理解决方案。当前野生动物资源产业整体上存在企业社会责任意识不明确，认识不完整，履行程度及目标对象整体上不统一。通过引入利益相关者理论进行企业社会责任分类研究，是对企业经营中"股东至上"原则的一种调整，指出了产业发展及企业经营的目的不仅仅是追求利润最大化，还应当以一个更高的可持续发展的角度，考虑企业与不同利益相关者群体，乃至整个社会的责任。利益相关者理论的引入，首先明确了野生动物资源产业承担企业社会责任的对象，为企业社会责任的可操作化提供基础。其次，利益相关者群体受到野生动物资源企业的经营活动影响，反过来又通过自身权力、行动以及所处位置的变化影响到野生动物资源企业发展，在两者间构成了企业与利益相关者之间的契约型责任。再次，利益相关者通过自身投入专有型资产，共同拥有了对于企业的专有权益，通过利益相关者分类，为衡量野生动物资源产业企业社会责任状况提供了客观依据与方法，进一步阐明了企业应当积极履行企业社会责任的原因。

　　因此，企业为了保持良好业绩还应当优先解决两个问题：一是提高生产经营效率，在满足客户需求的前提下使得产能最大化。二是经营之中应当平衡各利益相关者间需求，最大限度地保证经济公平。在对野生动物资源产业内利益相关者进行分类时，应当从以下四点出发：一是通过什么样的标准与方法来界定利益相关者。二是各类利益相关者对企业通过什么形式的资源投入形成关系。三是各方利益相关者对于企业所存在的主要利益需求的差别。四是对这一类与野生动物资源关系密切的产业而言，如何辨析野生动物资源乃至自然资源在此之中所处地位与发挥的作用，以及其是如何表达自身利益诉求的。本研究在所提出的企业社会责任 T－S 框架的基础上，结合野生动物资源产业实际情况，通过定性分析各利益相关者的利益需求及其影响企业经营的要素，构建设计出野生动物资源利用的利益相关者分类模型，以此来研究企业社会责任问题。

研究企业的利益相关者分类问题，首先要分析每一类利益相关者对于企业的利益需求包含了什么诉求；其次还要分析这些诉求之中在每一类利益相关者中所处地位的主次；最后还要探讨不同利益相关者之间是如何通过所建立的企业社会责任框架产生一定联系。通常而言，不同的利益相关者往往会具有不尽相同的利益诉求，这些利益诉求对于每一类利益相关者都是多样化的。

企业通常由股东、债权人提供资金，以供应商提供的原料为起点，由员工从事创造价值的活动，最终由客户实现价值增值。杰弗里·F. 雷鲍特、约翰·J. 斯维奥克拉（1995）指出，政府的调控政策不仅影响企业的采购、生产、销售这条"有形价值链"，还对信息的收集、组织、筛选与分配这条"虚拟价值链"产生影响。此外，企业作为社会的成员，其所面对的除了与它发生直接交易的组织和消费者，还要面对非直接交易关系的一般公众与组织。

周鹏、张宏志（2002）指出，通常来说，企业股东的利益诉求是追逐利润收益并借此实现企业的其他目标；企业的管理人员及员工则追求薪酬的提升、个人职业生涯的发展与晋升，企业福利的形式；债权人则会关注自己能否顺利收取所投入到企业的资金和利益；供应商与分销商则会关注自己与企业在交易过程之中能否保持长期关系；顾客则会倾向于质量安全可靠的商品购买行为，并努力争取更多的消费者剩余；政府则期望企业在发展壮大自身的同时提供更多的税收；特殊利益团体与社区则期望企业能为改善其所属区域环境做出更大的贡献。然而本书认为从总体情况及实际现状相结合来分析，有的利益诉求对于利益相关者而言应该是主要诉求，而有一些则不然，处于次要地位。每一类利益相关者正是因为存在着差异性的利益诉求，而这些利益诉求又通过企业这一组织结构形式产生关系连接在一起，企业则在经营发展时进行资源配置以履行不同的社会责任，以此提高相应的利益相关者满足度。根据对利益相关者利益诉求本质的分析，结合上文所提出的野生动物资源产业的企业社会责任 T－S 框架。T－S 框架显示，企业社会责任各个层面代表了企业在经营过程之中所侧重的不同方面，各个层面之间的关系可以说是递进层级并息息相关的，最终由各层面统一形成的一个稳定的企业社会责任系统。综上所述，本书认为产业内利益相关者在企业年复一年的经营活动之中逐渐形成具有差异性的利益诉求，这些利益诉求应当是多样化的。但在复杂的构成形式中，不同的利益相关者对企业的各种利益诉求存在着需求程度的高低分别，正是因为这种需求程度差异的存在，使得在T－S框架下不同层级的范围内，不同类别的利益相关者追寻自身主要利益诉求的满足，且通过其他次要的利益诉求与其他层级所侧重方面的利益相关者形成联系，从而企业通过经营对各利益相关者需求度的满足履行其企业社会责任，也使得各利益相关者之间围绕企业形成一个良性的有机整体。例如，顾客与企业发生交易行为，其利益需求是期望企业能够提供质量安全可靠的产品或服务，但在随后的使用过程中，会期望企业保持自身的持续经营，以良好的企业道德提供售后服务及产品支持，相应的企业可以通过与客户交易或服务行为的经营维持客户忠诚。陈宏辉（2002）运用 SPSS 软件进行实证研究，继而指出每一类利益相关者对于企业都有特定的利益需求，并且对各利益需求间的重视程度存在差异性。本书的研究分析是在紧密联系现实中企业的实际经营表现，且在前人理论研究基础上所做出的，结合上文中对企业社会责任各层面的内容分析，构建出野生动物资源企业的利益相关者分类模型，以此来作为对企业社会责任进一步实证研究的基础，如图 4－3 所示。

利益相关者分类模型是以野生动物资源产业的企业社会责任 T－S 框架为基本条件，首先根据不同类别利益相关者在企业生产经营流程中的作用形式与影响程度上的不同，研究选定了十一类利益相关者作为对象进行后续的企业社会责任研究，并依据前文对企业社会责任 T‐S 框架内各层级的分析做出划分，其总计包括如下：基础层（股东、债权人、供应商、分销商）；稳定层（员工、客户、政府）；次高层（社会公益因素、企业道德因素）；高级层（自然环境、非人类物种）。为了进一步保证所构建模型的科学性与有效性，研究将根据当前野生动物资源企业在市场之中履行企业社会责任的实际表现，选取一系列符合条件的利益相关者满足度指标进行实证研究。

此外，在前文研究的表述中，将野生动物资源加工业视作贯穿整个资源产业的桥梁，并且资源加工业经过了长时期的规模化发展，在国内资本市场的表现上相比其他类别的资源产业也较为成熟，其代表企业作为上市公司也具有完备的财务数据与企业年报。因此，在后续研究中，考虑到数据搜集的时效性与完整性，本书将会把野生动物资源加工业视为资源产业的典型代表，作为验证研究相关数据的主要搜集对象。

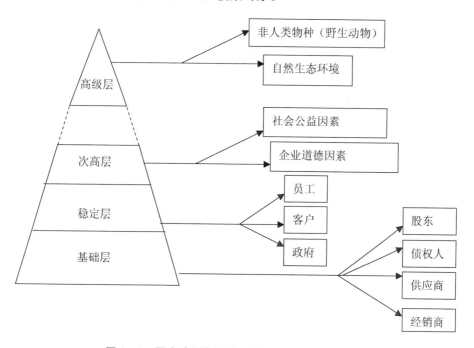

图 4‐3　野生动物资源利用的利益相关者分类模型

Fig. 4‐3　Wildlife resources development stakeholders classification model

4.4 野生动物资源企业承担社会责任特点分析

根据上文对野生动物资源产业企业社会责任的各层次分析，以及结合野生动物资源企业在企业社会责任方面的表现，分析其当前具有如下特点。

4.4.1 企业承担社会责任与企业文化及发展历史相关

野生动物资源企业大多属于传统行业自进入现代社会后发展演变而来的，当前的沪深两市上市相关企业之中，无论是从事中医药生产针对资源进行深度研发的医药类企业，还是养殖毛皮动物以进行皮草加工生产的企业，均引起了世界先进的生产工艺与技术，也代表了当代国内相关行业的最高生产水平。不少企业除了保证自身长期经营，推动行业地区经济发展的任务以外，还承担了弘扬中国传统文化及工艺技术的重要使命。如片仔癀在企业发展的同时，积极开展品牌文化建设，着手建立片仔癀博物馆，围绕其打造工业园，最终被福建省旅游局列为省级工业旅游示范点。在企业的发展规划中，还将申报国家级工业旅游示范点以及筹备申请国家级非物质文化遗产。作为中国近年来中成药单品种出口创汇前列的片仔癀，秉承着"炮制虽繁必不敢省人工，品味虽贵必不敢减物力"的古训，遵循传统古艺技法的基础上，精选天然药材原料，采用先进设备与技艺，在现代工业经济的推动下寻找着适合自身的可持续发展道路。从企业发展历史角度出发，长期获得国家政策扶持即资源稳定配额的企业，或者是拥有稳定的原料供给下游服务商的企业，对于企业社会责任各个方面的履行情况相比其他更好，如片仔癀、康缘药业等企业。

4.4.2 企业履行社会责任程度与企业自身实力相关

从2009—2013年几次地震灾害国内野生动物资源企业的表现来看，企业自身实力对企业承担社会责任程度大小有显著影响，在这方面企业经营性质则影响并不明显，如哈药集团、兴业科技等表现位于整体前列。某种程度上，正如同一行业中各企业间主营产品、品牌影响力、生产规模及技艺等方面存在较大差异外，各企业间对于企业责任的履行程度也大不相同，但若企业实力或规模较小，也不是绝对地意味着该企业社会责任的执行度较低，企业对于自身社会责任的履行是受到多方面因素所影响的。

4.4.3 消费者的关注与表现成为推动企业履行社会责任的主要动力

对于野生动物资源的利用而言，依然存在着大量的消费者刚性需求，由于技术的限制，当前纯粹的人工替代品还尚未形成取代野生动物天然产品的成熟条件。并且天然资源自身的稀缺性因素，即使出现了效用和成本二者均衡的替代品，但对于资源利用的刚性需求者并不会退出市场。例如人工合成皮革的技术已经很成熟并得到了广泛应用，其各式产品的出现，将使用产品的范围进一步扩大，人类福祉因此得到增益，但随着经济条件的改善，人类需求的递增，其无论是经济价值还是利用地位依旧难以取代天然皮革的位置。

随着国民经济的持续发展，行业内消费者数量的不断增多，国内需求的持续上升，使得以前专供出口的药品、皮草等商品，也逐渐地开始调整战略加大内销力度。根据近年来国内各行业发生的几桩重大事件显示，消费者在注重产品质量、消费体验的同时，也关心着企业是否注重生态保护、关心动物福利及进行环保清洁工业改进等，消费者成为各企业主动承担并履行社会责任的关键推动力。

4.4.4 不同企业的社会责任观发展程度不一

根据当前情况来看，许多资源利用企业已经把履行社会责任，定期发布社会责任报告作为企业应该承担的责任之一，相关企业的管理者对于承担社会责任与企业经营业绩密切相关也逐步达成共识，但是不同企业的发展规模，内部员工的整体表现，经营管理人员的成长、教育及从业背景等，乃至企业所面向的消费者群体的区域、性质等不同层面都是影响企业建立社会责任观的重要因素。

4.4.5 企业履行社会责任受国家政策影响较大

由于国家对不同保护级别的野生动物资源的管理与开发管控措施与程度都不相同，因此使得不同企业对于自然资源、野生动物资源等群体所履行社会责任的意愿上存在较大差别。从当前野生动物资源利用实际产业市场的反馈看，如近日内备受关注的东阿阿胶提价事件，其产品及衍生品6年以来提价12次，至2013年10月，其主要产品阿胶价格相比3年前涨幅已超过150%，其当期价格的上涨还间接带动了其他品牌的阿胶产品的上涨。根据东阿阿胶发布公告显示，"国内可利用野驴皮资源日趋紧张导致其原料收购价格的不断上涨"，这基本是其产品屡次涨价的主要理由。但通过市场分析后发现，驴皮原料的价格涨幅远远没有跟上产品终端市场的涨幅，而人工繁育养殖户或合作企业的生产积极性不高，供给原料的有限使得产能受到限制。这直接反映了野生动物资源企业在自身发展经营的同时，并未足够重视对源头上的投入，即野生动物资源存量的持续稀缺却难以引起资源利用企业的持续关注和措施实施。

而片仔癀是国家法律规定的可以继续使用天然麝香入药的为数不多的厂商之一，因此其将资金大量投入在养麝基地的建设上，但实际上片仔癀的养麝基地依然不能满足其产能需求。截至2012年，片仔癀企业在四川和陕西两地养麝大概一千多头，只有2岁到10岁的雄麝才能产生麝香，平均每头每年生产20克。除去雌性、年老的以及幼小的麝类，实际上能产生麝香的资源存量并不多。而目前片仔癀每年的麝香据估算消耗量在2万克到3万克之间。相对麝香庞大的需求量而言，却是背后麝类资源种群培育、科研投入乃至资本市场遭遇的冷落。

野生动物资源管理当前提倡以保护为主，开发利用在合理适度的可控范围下。如果按国家所颁布最新规定在2015年将停止库存麝香的配额供给，不仅是片仔癀会存在原材料紧缺的问题，还会危及对麝香资源进行利用的相关企业。通过野生动物资源产业发展及其履行社会责任的现状分析，可以发现，化解企业与民众、社会、政府乃至资源间现存矛盾，提出产业发展的新思路，推动野生动物资源产业的企业社会责任研究的需求极为迫切。

4.5　野生动物资源利用履行企业社会责任的重要作用

　　近年来国内环境卫生问题层出不穷，地下水体污染导致水安全问题的出现，空气雾霾侵袭全国各大城市，引发了全社会对于环境问题的高度关注，民众呼吁环境改善，还家园青山绿水，提高生活质量的需求日益迫切。导致我国环境问题频现的原因较为复杂，以雾霾现象为例，高速发展的经济使得全国汽车保有量飞速增长，最终成为汽车保有数量的世界第一，大量的尾气排放是产生雾霾的原因之一。然而，在长期经济增长的过程中，工业发展所产生的大量地持续的燃煤、灰尘和废气等工业排放同样是问题形成的直接因素。此外还有一个重要因素，中国产生雾霾问题是高速的工业发展速度与落后的林业发展速度两者长期矛盾的必然结果，森林是大自然的空气净化器，是大气循环系统的核心，没有一个全地区乃至全国的相对均衡的高覆盖率、高质量的森林资源，仅依靠局部地区的改善或优势，雾霾天气不可能避开或根本解决。江苏扬州市便是一个典型的例子，作为国家森林城市，有着22.6%的林木高覆盖率，却依然在 2013 年底深陷雾霾之困。地方政府出于地区经济指数增长的目的，在环境问题上大开绿灯，而环境主管部门的监管不足，加上部分产业企业社会责任的缺失，直接导致我国在经济建设进程之中环境污染事件频现。仅 2013 年上半年，就出现了诸如河北钢铁集团由于大气污染遭环保部紧急叫停；浙江新安化工严重污染京杭大运河；中石油长庆直接排污入湖；天心牧业用药溶解病死动物，将所产生污水直排湘江；晨鸣纸业和岳阳林纸两家企业恶意排污导致严重水污染。环境问题的爆发并不是一朝一夕就能导致的，2013 年这些环境事件的企业主体涉及广泛，包括国有、民营及外资大中型企业，具有一定的代表意义。上述这些事件的产生，除了地方环境部门的监管不力与失职，还意味着当前国内企业存在对于应承担的社会责任涵盖不足，以及相关企业自身履行社会责任意愿不强的实际情况。持续开展企业社会责任理论研究，推动企业加强社会责任意识建设，发挥企业社会责任对于产业发展的重要作用是新时期的必然选择。

4.5.1　化解产业发展所引发的社会问题

野生动物资源利用行业在我国具有悠久的发展历史，为推动传统文化传承与国民经济发展发挥了重要作用。然而，进入现代社会以来，随着机器工业文明的技术推动，人类对资源利用的不加控制及管理保护意识不到位，导致资源消耗速度的增加远超过了种群自身更新速率，众多具有高经济价值的野生动物物种数量一度面临濒危。由此引发了全社会关于动物福利及资源利用与保护的争论，同时产生了一系列社会问题，而这些社会问题的背后，反映出野生动物资源企业对于不同利益相关者群体的社会责任履行不够全面，企业社会责任意识还亟须培养的现状。

反观国内的野生动物资源保护及利用，国内近年来持续推动并加大野生动物资源保护投入力度，一个又一个自然保护区的陆续建立，一个又一个生态小区、生态家园等被冠以"生态"名头的社区综合进入人们生活中，但与之相对的却是野生动物的踪影离普通社会民众越来越远。当人们意图通过对野生动物资源利用获取价值、满足物质和精神需求时，相伴而来的持批评态度的声音则越来越大。对于那些呼吁为了环境、为了全社会进行野生动物资源的极端保护的人士而言，这越来越像一个空中楼阁，民众能够与野生动物产生接触行为的机会越来越少，而接触方式也越来越单一。与之相对的是，林业及野生动物资源管理较为优秀的国家，如北美地区的美国与加拿大，两国同样面对的是国内环境中有限的野生动物资源，但其国内人民却可以在科学制定的有效法规及管控制度下，在规定区域环境及季节时期下享受垂钓、狩猎等行为带来的满足体验。澳大利亚为了更加有效地保护草地与林地，采用捕猎行为使得袋鼠数量控制在合理范围内，维护生态平衡的同时还可确保其他濒危物种拥有一个较好的生存环境。如何实现野生动物资源的保护与资源利用产业的发展，政府、企业乃至全社会都应当为追求拥有类似发达国家的资源权利做出自身贡献。

资料显示，近年来自然灾害的频繁，资源危机问题的加剧，民众对企业信任度不断下降，将社会问题的产生根源归结为企业经营，迫使政府制定各式各样限制企业发展与经营行为的政策，最终导致了一种恶性循环。Michael

E. Porter（2011）所提出的创造共享价值理论充分说明了企业践行企业社会责任的重要性，他认为企业可以通过创造"共享价值"，在推动社会进步的过程中取得自身发展。企业社会责任理论的理论发展及深入研究，是解决社会矛盾，化解公众、社会、政府乃至资源与企业发展间矛盾的必然选择，企业在创造经济价值的同时，通过履行企业社会责任还满足了社会需求，应对社会挑战，解决了社会问题。

通过利益相关者视角的切入，明确了野生动物资源企业"对什么样的群体承担社会责任"，以及解决了"应当承担什么样的社会责任"的问题，就此根据自身经营范围及能力，积极承担并履行对于不同利益相关者群体的社会责任，是解决当前因"资源困境"所引发的发展问题的良好途径。野生动物资源企业不仅仅对经济组织、非经济社会型组织及人类个体等履行社会责任，还应当认识到自然生态环境、非人类物种因素对于自身持续发展的重要性，针对不同利益相关者群体履行社会责任，改善企业形象，加强公众对企业的认识，是解决资源利用与保护的矛盾，化解当前存有的社会问题的关键措施。

4.5.2　引导正确的资源保护及利用理念

Dwight R. Lee 与 James L. Doti（2000）在著作《市场经济：大师们的思考》一书中"环境污染与政治污染"章节中指出："我们只有意识到环境污染问题从根本上讲是一个经济问题，才能充分了解环境污染的问题，即稀缺的问题。至关重要的问题是，既然我们为了获得更多的某样东西就得牺牲部分其他东西，那么什么才是纯净的环境和我们享受的其他所有想要的事物的恰当组合呢？"借助经济学的这个思维角度，分析野生动物资源的保护与利用，似乎也可以得到类似结论。野生动物资源的稀缺性，在国际黑市贸易活动中展现得淋漓尽致。20世纪70年代国际野生动植物资源样品及其制品的贸易价值估计年均为0.5亿至1亿美元，80年代则迅速上升到年均约15亿美元，90年代已经在50亿美元左右，2007年惊人地达到年均约150亿~250亿美元，其价值在黑市中仅次于毒品，排行第二。

人类对野生动物资源的利用历程便是人类社会发展的历史，随着人类生产力的不断发展，对资源的利用方式也从简单的、小规模的家庭作坊式初级加工到如今的深层次的、产业化的，融合了生物技术手段的企业生产，这便大大提高了资源的利用及产出效率。从前文内容可以发现，野生动物资源是大自然赐予人类的宝贵资源，资源的生存状态、动物福利以及保护管理都是我们应当要关注的焦点，但万万不可因为对单一或某些重要物种的重视，一味强调保护杜绝资源的合理使用，忽视刚性群体的物质需求。并且自然环境是一个复杂的生物圈系统，因为对单一或某些重要物种的偏好，在没有进行综合考虑科学分析之上而加大对其保护力度，势必会产生对自然生态系统的平衡破坏。例如在"归真堂"上市事件的全过程之中，如果按某些动物保护人士的呼吁彻底取缔黑熊养殖产业，势必会对生态环境造成极大压力。根据表4-3统计数据显示，当前被圈养的黑熊数量已有一万余头，这些缺少野外生存体验的黑熊势必要经过相当长的一个训练期，但如果缺少资源产业支撑下的大量资金投入，没有足够的人员看护照料，仅凭动物保护团体的一时热情，只会造成更大的动物福利灾难。喧嚣一时的京哈高速公路拦狗事件便是典型例子，因为人类自身的偏好与不顾后果，获救动物的最后去向成为难题甚至无人过问。

表4-3 2011年中国主要养殖场熊类数量情况

Tab. 4-3 Number of Bears of Chinese Main Bear Farmers in 2011

企业名称	熊数量（头）
和龙市长白山野生动物养殖场	100
延边东方熊业参茸实业公司	2000
延边华龙集团养熊场	100
延吉市北方黑熊养殖场	60
敦化市长白山野生动物繁殖试验场	1000
延吉市白头峰养熊场	200
黑省林业科学院平山野生动物实验场	51
黑龙江黑宝药业集团熊场	2000
黑龙江垦区野宝药业公司	1000
同江市三江口酒业公司	110
宝鸡人民公园药用动物养殖园	30
温州市林观火熊类养殖场	500

企业名称	熊数量（头）
桐庐天子岗熊场	15
四川养麝研究所	300
四川省资阳黑熊养殖场	200
四川省仁德制药公司	200
云南省瑞丽野生动物养殖场	300
德宏州陇川县甸川熊场（云南省陇川县章凤制药厂）	600
屏边熊胆三七酒公司（云南大围山生物制药公司）	150
广州市天湖鹿场（广州市永福堂药业公司）	100
海南琼山黑熊养殖公司	100
定安居丁黑熊养殖公司	40
邵武市科技开发中心野生动物实验厂	146
泉州市泉港东宝养殖公司	160
福建钱山特种动物养殖公司	400
桂林市雄森熊虎山庄	400
合计	10262

资料来源：亚洲动物基金。

　　野生动物资源企业在这类事件之中乍看下是十分无辜，自身已经通过办理相关手续获得了主管部门审批，从而具有了有限度地对动物资源利用与配额捕获权限，在通过产品生产经营获得企业利润的同时，按法规缴纳税收，吸纳社区劳动力，完成应尽义务。但结合前文分析从深层进行探讨，这恰恰反映出了当前野生动物资源产业对于自身企业社会责任存在认识不足的问题，普遍没有将物种保护，维系动物与人类的和谐共生关系作为自身发展的重要责任。作为经营野生动物这一类特殊资源的企业，应当对此定位清晰，积极承担企业社会责任，在引导社会正确的资源保护及利用观方面上发挥自身作用，营造正面良好形象，防止归真堂事件的重演。

4.5.3　拓展林区收入渠道和推动林业产业发展

　　三农问题是关系到深化体制改革推动小城镇建设全局的重大问题，新型城镇化新在人的城镇化，核心价值是以人为本。因此，当前执行农村政策，开展工作的种种目标都指向农村经济建设，即农民收入问题。增加直接收入是提高农民积极性，保障农民物质利益，是农村实现小康，跨步迈向正确城镇化道路的重要基础。就农民收入而言，由于种种原因导致，同一区域内林区相比非林区是较落后的地区，并且林区农村还肩负了建设生态，发展现代林业循环经济的责任。因此，多种经营拓展林区收入渠道，对于增加林农收入，改善林区农民生活水平有着重要意义。野生动物资源产业内企业经营领域跨度大，相比市场需求而言，无论是消耗性利用或非消耗性利用方面，产能都还具有可以大大提升的空间。而产业发展所遇到的瓶颈主要有三大原因构成：有限资源、严格管制和生产工艺。其中生产工业的流程与技术含量，不仅决定了产品的产出质量及效率，还会直接影响整个社会对于野生动物资源产业的判定。产业内企业无论是养殖业、加工业，还是观赏旅游业，在本书看来，由于对于企业社会责任缺少系统的认识，对自身在林区建设、林农扶持和生态建设各方面应发挥的作用没有清晰定位，目前三个大类产业在联动上尚存在一定的断层，难以发挥共同的合力。作为与林区林农最为贴近的野生动物养殖业，周期长、资金需求大，若投入不足则难以形成规模效应，造成单位成本过高，且由于缺乏技术支撑使得产品质量难以保证。野生动物资源利用行业作为林区多种经营利用的典型产业，企业在充分发展后积极履行社会责任，这是林区林户的转型契机，也是提高林农收入，早日实现林区小城镇化的具体措施。当前林业发展相比其他国民经济重要支柱产业各地区普遍较为滞后，林产品加工、林材培育等相关上市企业在资本市场的表现并不尽如人意，受市场和政策的波动影响较大，而野生动物资源加工业、观赏旅游业在 A 股市场中则以良好的业绩为基础一直表现稳定，如云南白药、片仔癀等中医药产业概念股票还是一直稳居前列的高价股。野生动物资源产业作为一类深受全社会关注的产业，其发展的好坏和走向趋势，对于林业发展的未来而言，不仅发挥推动器的力量，还起到一个标杆的作用。资源利用行业内企业只有真正认识到企业社会责任的重要性，主动积极地承担并履行，才可给自身发展增添重要砝码，为推动林业产业进一步发展贡献自身力量。

4.6　本章小结

通过上文对我国野生动物资源管理及利用开发的现状进行了总结与探讨，发现当前在资源管理、种群保护以及产业开发利用各方面的现状及存在问题。本章试图利用野生动物管理学、产业经济学以及企业管理学的有关理论为研究基础，将野生动物资源企业的现实经营情况纳入研究考虑要素。针对当前具有典型代表意义的物种及相关社会事件进行讨论分析，指出以野生动物资源利用行业为目标行业，以利益相关者的视角入手，构建行业内企业社会责任框架，进行相关研究对于产业发展与经济进步的重要现实意义。在整个构建过程中，严格遵循分析的基本原则，发现野生动物资源产业与国民经济中其他产业的区别与联系，从而把握相对其他产业资源产业自身企业社会责任的一般性与特殊性。根据对企业社会责任的普遍性进行研究，发现在野生动物资源利用的相关研究中，应该依据行业特殊性，将企业对于自然资源的重视与非人类物种种群保护纳入研究之中，本章最终构建出具有科学依据及研究意义野生动物资源利用产业的利益相关者分类模型。

通过本章研究，期望解决"什么是野生动物资源利用的企业社会责任""对谁履行企业社会责任""应当履行什么样的企业社会责任"以及"为什么要履行企业社会责任"等问题的理论基础。只有合理地经营管理，野生动物资源才可以长期存在，并不断地提供各种利益。通过研究，不仅能够认识到野生动物资源对于产业发展的意义，发现资源在产业利用过程中的细节问题，满足后续研究的科学性与严谨性，同样有利于政府管理部门有针对性地制定切实有效有效的资源管理政策。本书将在构建出的企业社会责任分类模型的基础上，继续针对当前具有典型代表意义的企业进行相关实证研究，验证所设计模型的科学性及有效性，为资源管理及企业发展制定科学合理的政策措施与战略建议。

第五章　基于 SEM 的野生动物资源利用
企业社会责任评价指标研究

通过前文的研究分析可知，构建野生动物资源利用的企业社会责任框架的基本原则与理论基础，指出了在企业社会责任研究过程中应当考虑的注意事项，在此之上最终得到其利益相关者分类模型，并讨论了相关企业履行企业社会责任的现状与特点，并指出了相关资源企业履行企业社会责任对于产业发展、社会进步以及资源管理等方面的重要作用。因此，为了对野生动物资源利用企业社会责任进一步研究，验证所拟定的野生动物资源利用的利益相关者分类模型，考察所构建模型与现实环境的契合程度。本章将继续深入探讨，为所构建的模型拟定科学有效的评价指标，并通过实证分析进行验证性研究，保证指标体系的有效性与较强的解释能力，从而确立适当的测量指标，为后续开展企业社会责任与企业绩效间的相互影响关系，以及对企业的社会责任表现进行评价等研究奠定扎实基础。

5.1　企业社会责任评价指标的筛选

企业社会责任的评价指标是整个企业社会责任评价指标的核心和开展后续实证研究的基础，是对野生动物资源企业开展企业社会责任评价的重要依据。本书所建立的野生动物资源利用的企业社会责任评价指标是基于对当前野生动物资源管理理论与企业管理理论的整合学习上的，是建立在对当前野生动物资源企业实际经营管理中的问题现象进行分析整理的基础上的，只有通过找出那些符合行业特性，并且具有科学意义与实践价值的蕴含较大影响作用的因素，才能保证本书所构建指标体系的合理性与科学性。由于企业社会责任相关理论拥有较为丰富的研究成果，因此还应当在对野生动物资源产业企业社会责任指标进行设置时，还应当有所参照，并充分考虑资源产业的生产管理机制与经营发展形式，充分考虑所选取指标的信度与效度基础上，分别设置企业社会责任测量指标。

在关于企业承担社会责任的研究之中，自 Parker & Albert（1975），Heinz（1976）使用了包括净资产收益率（ROE）、利润率、每股收益（EPS）以及资产回报率（ROA）等等不同的财务指标来对企业社会责任问题进行实证研究，这些学者的研究成果表明企业社会责任与企业绩效间存在一种正相关关系。会计实务中的财务指标作为重要的衡量形式，成为大部分研究人员开展研究的选择。国内学者陈玉清、马丽丽（2005）分析了国内上市企业社会责任会计信息披露的现状，针对市场对于相关信息披露的反馈进行了实证研究。本书认为财务数据具有易于使用、量化精确以及客观反映企业实际情况的优点，拟对相应的财务指标与定量指标进行综合选取，开展后续研究的实证分析，其中以财务指标为主。前文已构建了野生动物资源利用的企业社会责任 T－S 框架以及其利益相关者分类模型，在评价指标得到验证研究的基础上，在后续的第六章将选取相应测量指标运用面板数据模型对于企业社会责任与企业绩效间影响关系进行探讨，并将其作为对野生动物企业进行企业社会责任表现评价的分析基础，成为衡量企业经营的一个重要因素，同时说明企业履行社会责任对于产业发展的重要性。因此，为了更好地反映研究问题，发挥承接全文的系统作用，下文将分维度对各指标进行讨论，对指标如何反映企业对于不同利益相关者群体的企业社会责任进行分析。

5.1.1　基本层指标

按前文中所构建的利益相关者分类模型，野生动物资源产业企业社会责任的基本层中包含了股东、债权人、供应商及分销商四类利益相关者群体。

（1）股东作为上市企业的主要投资者，关注所投资企业的盈利能力以及自身投资的回报，但企业与股东维持长期利益关系的基础上，从长远考虑或者更应该关心的是自身投资的增值与保值能力，所以本书选取的为资本保值增值率来衡量企业对股东的社会责任，该指标越高意味着资本保全性越好，所有权增益越大，则意味着企业对于股东的社会责任履行得越好。

$$资本保值增值率 = \frac{期末所有者权益}{期初所有者权益} \times 100\%$$

（2）债权人作为企业经营资金的另一主要来源，企业经营理应对债权人的资金承担到期偿付和规避借贷风险的责任，从债权人的角度来看，企业的资产负债率越低越好，因此选取资产负债率来衡量企业对债权人的社会责任，若资产负债率越高则意味企业履行对债权人的社会责任投入越少。

$$资产负债率 = \frac{负债总额}{资产总额} \times 100\%$$

（3）原料供应商与产品经销商作为野生动物资源企业完整经营链上上下游的合作者，企业与两者均具有密切的业务往来与联系。供应商作为企业生产关键原料的提供者，其必然在意企业向其回款速度，企业支付其货款时间越短，则应付账款周转率越高，企业占用供应商货款程度则较低。因此本书选取应付账款周转率来衡量企业对供应商的社会责任，该值越高则说明企业对于供应商群体履行社会责任越好。

$$应付账款周转率 = \frac{主营业务成本 + 期末存货成本 - 期初存货成本}{平均应付账款} \times 100\%$$

（4）经销商作为企业产品及服务与终端客户产生联系的重要渠道，其关系具有一定的稳定性，本书认为作为商品经营者其应当关心的是其经营业务是否畅销并稳定，因此若应收账款周转率越高，则说明经销商向企业支付货款越快，企业资产流动性强，能更好地根据情形制定经营策略，对双方都是不错的选择。因此，本书选取应收账款周转率来衡量企业对经销商的社会责任，该值越高则说明企业对于经销商群体履行社会责任越好。

$$应收账款周转率 = \frac{赊销收入净额}{应收账款平均余额} \times 100\%$$

5.1.2　稳定层指标

按前文中所构建的利益相关者分类模型，野生动物资源产业企业社会责任的稳定层中包含了员工、客户、政府三类利益相关者群体。

（1）企业员工作为企业前进发展的中坚力量，贡献了自身的劳动力、知识以及宝贵时间，其自然希望得到良好的个人发展与工资福利，员工在获取自身利益满足后，工作积极性将会提高。同时员工也希望在企业的发展中找到一种归属感，所以同样迫切得到企业的尊重与帮助提升。因此，本书将通过公司对员工的支付高低来衡量员工的福利水平及企业对员工的重视程度，即用于职工支付支出的资金与主营业务收入的比率，该指标越高则说明企业对于员工群体的社会责任履行越好。

$$公司对员工支付支出率 = \frac{用于职工支付支出的资金}{主营业务收入} \times 100\%$$

在此基础上，还选取 SA 8000（Social Accountability 8000 International standard）社会责任标准作为衡量企业对员工的社会责任指标之一，SA 8000 的要求涵盖广泛，具体要求包括：童工、强迫性劳工、健康与安全、组织工会的自由与集体谈判的权利、歧视等等共 9 个方面，涉及员工的合法权益、劳动保护、工资待遇等方面。这个认证作为一种劳动保护壁垒，可以较好地检查企业是否有效保障员工权益，如果通过这个认证，则说明企业在其有效期很好地履行了对员工的社会责任。

（2）客户与企业之间关系的好坏，决定着企业的生死存亡，对于客户而言，其关心的是否能得到企业良好的产品与服务。对于企业而言，其在意的是能否保持客户满意，维护客户忠诚，本书将通过企业对消费者经营销售产品及相关服务的所得净利润率来进行衡量，该指标越高表明客户与企业间关系越好，忠诚度越高，客户对于企业的经营行为正向支持力度则越大。本书选取企业的收入净利润率来衡量企业对客户的社会责任，该指标值越高则说明企业在相关社会责任上投入越大。

$$收入净利润率 = \frac{净利润}{主营业务收入} \times 100\%$$

（3）野生动物资源产业由于关键原材料的特性，受政府政策的影响较大。政府作为公共服务的提供者，为企业持续经营提供保障，企业在合法经营的前提下，通过足额纳税等方式提高政府满足度，研究用资产纳税率来衡量相关企业社会责任。该指标越高，说明企业对政府履行社会责任投入程度越大，与政府所维持的关系越好。

$$资产纳税率 = \frac{当期缴纳税金}{资产总额} \times 100\%$$

5.1.3　次高层指标

按前文中所构建的利益相关者分类模型，野生动物资源产业企业社会责任的次高层中包含了社会公益与企业道德，而这两类与企业息息相关的社会责任在进行衡量时，应该将其利益相关者群体的诉求充分考虑，但在衡量时由于其概念较为广泛，因此在制定时需要考虑如何保证指标相关数据的科学性以及与实际关系相符合，并且资料具有可搜集性。

（1）本文最终设定企业的公益费用支出率衡量企业对于社会公益的社会责任，企业在社会公益方面的投入意味着企业经营成功后对于社会的反哺，该指标越高意味相关支出占企业主营业务收入越大，企业对于社会群体所承担社会责任越大。

$$公益费用支出率 = \frac{公益费用投入}{主营业务收入} \times 100\%$$

（2）此外，选取是否通过 ISO 9000 质量认证来对企业在经营之中是否很好地进行了质量控制，保证产品质量及良好的服务。选取企业的女性高管数比率来衡量企业自身在经营管理中是否具有性别歧视等行为，女性员工在企业管理之中是否具有充足的个人晋升空间。通过这两项指标，研究对企业是否承担相应责任践行了良好的企业道德进行衡量。

$$女性高管数量比率 = \frac{女性成员高管}{公司高管总数} \times 100\%$$

5.1.4　高级层指标

自然环境与非人类物种（野生动物）在人类社会中难以通过自身直接表达利益诉求，通常是将特定的社会群体及广大民众定位成其利益相关者群体。在当前野生动物资源上市公司发布的企业社会责任报告之中，普遍没有将企业对于保护自然资源、关注生态变化等方面承担的社会责任以量化的数据形式列出，在报告之中往往以文字进行表述。

（1）通过对各年度企业年报的筛选整理，本书最终选取为改善自然生态环境而进行的技术改进、环境治理等方面的自然生态投入支出率来衡量企业对自然环境的社会责任，该指标越高则说明企业对于自然环境所承担社会责任越大。

$$生态投入支出率 = \frac{企业对自然生态的投入}{主营业务收入} \times 100\%$$

并且，ISO 14000 环境认证体系融合了发达国家在环境管理方面的成功经验，是一种操作性很强、完整的体系标准，研究选用企业是否通过 ISO 14000 环境认证体系来对自然因素层面的社会责任进行综合衡量。

（2）考虑到当前野生动物资源相关数据统计的不足，及调研搜集的难度较大，因此选取合适的测量指标是值得探讨的问题，由于不同企业间仍存有主营业务及主要利用动物资源不同等差异，综合考虑后，以法定缴纳的野生动物资源管理费结合企业主营产品的生产总量，以及该企业经营中所产生的与野生动物资源相关的专项投入。本章将企业以野生动物资源的管理、保护以及开发等方面为主的资源专项投入支出率来衡量企业对野生动物的社会责任，该项指标值越大则意味着企业在野生动物资源方面上的各项相关投入越大，所履行的社会责任则越好。

$$资源专项投入支出率 = \frac{企业对可利用动物资源专项投入}{主营业务收入} \times 100\%$$

由于相关数据统计的不足，及调研搜集的难度，选取合适的自然资源衡量指标来进行产业研究是值得探讨的问题，而资源管理费用作为国家部门针对动物资源不同种类的一类管理手段，向经林业主管行政部门批准后对资源利用的个人或单位所收取费用的高低，很大程度上取决于野生动物资源的法定保护级别与稀缺程度，能从侧面反映自然资源种群存量现状对于企业利用资源的影响。当前的《野生动物资源保护管理费收费办法》相关收费规定如下：对批准出售。收购、利用的国家一级保护野生动物或其产品，按其成交额的 8% 向供货方收费，对受货方不予收费；对批准出售、收购、利用的国家二级保护野生动物或其产品，按其成交额的 6% 向供货方收费，对受货方不予收费。除资源管理费以外，还应当将企业以野生动物资源的管理、保护以及开发等方面的信息公开的投入共同测算，以资源专项投入比率来衡量企业对野生动物资源种群的社会责任。

本章所设计野生动物资源产业企业社会责任评价指标体系如表 5-1 所示，对指标的选取是在前文研究基础上所做出的，还加入了一部分定量指标。从上表可见，本章基于利益相关者视角所构建的企业社会责任指标总共分为 4 个维度 14 个测量指标，在后续研究中将通过实证研究对指标构建是否科学合理进行验证。

表 5 –1　企业社会责任变量定义汇总表

Tab. 5 –1　Summary table of variable definitions of

corporate social responsibility

潜变量		观测变量	测量形式
基本层	股东	资本保值增值率	年末所有者权益/年初所有者权益
	债权人	资产负债率	负债总额/资产总额
	供应商	应付账款周转率	（主营业务成本 + 期末存货成本 – 期初存货成本）/平均应付账款
	经销商	应收账款周转率	年赊销净收入/平均应收账款
稳定层	员工	企业对员工支付比率	支付给员工的支出及相关支付现金/主营业务收入
		是否通过 SA 8000 社会责任标准认证	通过为 1，未通过为 0
	客户	收入净利润率	净利润/主营业务收入
	政府	资产纳税率	应交税金/总资产
次高层	社会公益	企业对社会公益的支出比率	社会公益支出/主营业务收入
	企业道德	是否通过 ISO 9000 质量保证体系标准认证	通过为 1，未通过为 0
		女性成员占高管数量比率	女性成员高管/公司高管总数
高级层	自然环境	企业对生态投入支出率	企业对生态投入/主营业务收入
		是否通过 ISO 14000 环境管理体系标准认证	通过为 1，未通过为 0
	非人类物种（野生动物）	企业对野生动物资源物种的专项投入支出率	企业对可利用动物资源专项投入/主营业务收入

5.2 研究样本选取

上一章内容中整理了国内野生动物资源企业的社会责任履行现状，在其中涉及了沪深两市总共 23 家相关上市企业，其中主营业务涵盖了医药保健、皮草服装与旅游服务等行业。研究所选取上市企业，由于具有一定的规模要求与资本要求，因此符合标准并入选的大多隶属于野生动物产品加工业，仅大连圣亚是以经营野生动物资源旅游服务业为主营业务，并且其业务资源利用广泛，动物种类涵盖陆生、水生、爬行等等几乎全部门类。而野生动物产品加工企业大多属于劳动密集型产业及轻工业，在带动地方经济发展，解决就业问题，稳定社会等方面作用巨大。又根据前文对资源产业的分类标准，野生动物的利用涉及产业广泛，跨度涵盖第一、第二与第三产业，这使得企业利用资源进行不同的业务经营便具有了不同的企业特性。野生动物产品加工业在本书产业分类之中发挥了连接桥梁的作用，与属于第一、第二、第三产业的其他部门存在着密切关系，是未来构建野生动物资源现代产业体系的核心内容。根据资源的利用形式进行分析，养殖业则可被视为资源供应者，是构成整个资源产业大市场环境的基础所在。而野生动物产品加工业的发展程度关系到资源产业链、价值链的构成稳定性及延展性，对于改进资源利用技术及效率，最终实现野生动物资源的优化配置至关重要。因此，本研究最终选定了以野生动物产品加工业为主的沪深上市企业为主要研究样本，研究其当前的企业社会责任问题。

在进行后续研究前，本书在遵循分析原则的基础上，还严格按照当前资源利用的实际情况，企业经营形式以及法律法规标准进一步对研究样本进行筛选，具体选择及排除因素如下。

（1）中医药产业作为中华民族的宝贵财富，2009 年颁布的《国务院关于扶持和促进中医药事业发展的若干意见》文件明确规定，它是我国重点扶持和发展的领域，中医药产业应同西药发展具有同样重要的地位。而在前文中所涉及的从事医药保健的动物资源利用企业，正是中医药领域内经营企业的佼佼者，它们从事的主营业务或产品原料都由不同种类的野生动物资源所提供。又因为本书的研究对象是野生动物资源产业的企业社会责任问题，因此结合前文中对野生动物所做概念定义，即除家禽家畜以外，为野外生存或人工驯养繁殖的具有显著或一定价值的动物物种。因此，根据前文中所列 23家企业的主营产品及原料，排除掉以家畜为主要生产原料的企业，因药材牛黄本为黄牛或水牛的胆囊结石，而制造皮草皮革的企业之中也存在主营业务为牛皮、羊皮与猪皮等家畜原料的生产企业，为了保证本书研究的客观性，特将主要以家畜资源原料为主的 5 家资源产品加工企业从研究样本中剔除。

（2）可进行资源利用再进攻的野生动物资源种类繁多，形式方法也多种多样，仅本章所拟选取的野生动物资源加工业而言，根据由原国家林业局与原国家工商行政管理总局联合颁布的 2005 年第 3 号公告中内容显示，以麝香为例，依照中国野生动物经营管理专用标示制度标记规定，国内仅五家企业四种中成药产品获批，相比民众庞大的药用需求及目前国内发展中医药产业的迫切需要，这数量可谓是入不敷出。依次推定，市面上以麝香入药的药品，由于资源紧缺及配额标示等制度限制，均会选择以人工麝香等原料进行入药。而人工制品相比天然资源而言，从经济学意义上的价值与使用价值对其判定，两者都存在较大悬殊。例如安宫牛黄丸，由于天然原料日渐稀缺，逐渐改用人工牛黄及人工麝香入药代替，但是根据实际市场反映，药力锐减，并且其相比当初以天然原料入药的同类产品，其价值远远赶不上天然产品。根据 2011 年底相关媒体报道，由于我国自 1993 年起严格执行《野生动物保护条例》，加上相关原料资源的日渐稀缺，因此 1993 年前所产包含有纯天然成分的药品身价倍增。此时的北京同仁堂安宫牛黄丸市场价格约 180～360 元一粒，而 1992 年前生产的安宫牛黄丸在市面上却被炒至 1 万～5 万的惊人价格。并且人工麝香作为药用原料，其概念往往受到了人们的误解，药用人工麝香是一类国家保密品种的新药，其理化性质等同于天然麝香，当前在全国 400 多家制药企业、科研院所与医院广泛使用，普通群众往往将药用人工麝香与日化行业的人造麝香所混淆，人造麝香作为一种生产工艺公开的工业添加剂，是没有任何药用价值的，只可称作为人造麝香。这些类似的情况不仅仅在中医药产业，同样存在于野生动物资源利用产业的其他行业。

虽然人工原料或替代品与天然原料相比，存在众多因素不同导致条件上的差别，但本书认为，无论是使用天然原料还是替代品，但其企业进行资源利用的性质以及生产工艺、销售服务、企业定位等都与野生动物资源存在着紧密联系。并且由于可利用替代品或人工原料的存在，与配额标示制度下的资源利用企业共同发展，对本书所研究的企业社会责任而言，两者间情况差异所决定企业制定相关战略的差别，具有现实性的比较意义。因此，本章在进行研究样本选取时将会考虑这些特点。

（3）野生动物资源用途广泛，在国家所颁布的相关标示制度文件中，除中医药产业外，也包括了如象牙制品、蟒皮制品、皮草制品等工艺产品及生产厂家。但由于资源稀缺性，限制了企业的发展规模，出于研究便利及数据搜集等因素考虑，因此在对沪深两市所有企业进行主营业务筛选时，将筛除不符合条件或不在上市列单中的企业或厂家。此外，为了保证研究一致性，因此本章所选取的研究样本应均属于野生动物资源产品加工业的企业。

（4）根据资料搜集及实际情况显示，野生动物资源利用行业具有覆盖区域广、数量较多、经营形式多样、可利用动物资源种类繁多、个体经营规模较小等特点，这便给研究工作中的数据搜集带来了统计口径难以统一，相关数据大多不易获取，数据精确性较低等问题，而研究中同样难以将目标研究群体设定为野生动物资源利用的第一手经营企业，这部分群体经营规模较小，相关数据也缺少系统的统计，而且个体差异过大所带来的巨大工作量以及数据的不确定性，都给研究带来了较大困难。研究选取野生动物资源利用上市企业，正是出于解决数据搜集困境，进行定量研究有效论证的目的。研究以相关上市企业为目标群体，而这些企业又以野生动物资源加工业为主。虽然其中同样存在所涉及可利用动物资源种群的相关数据较为匮乏，但可通过对文献资料与咨询渠道等各类信息的搜集与筛选进行整理，相较一般的中小型规模以下企业而言，在数据的完备性上具备一定优势，能够保证研究的正常进行。

（5）由于结构方程模型方法对于研究样本数量具有一定要求，因此将根据上市公司整体情况选取一个时间区间进行数据搜集，而存在部分企业由于上市年限或经营过程中产生问题所导致的数据缺失，由于野生动物资源利用行业中作为研究样本的上市企业数量不足，因此将通过 SPSS 软件的缺失值处理对研究数据进行完善，以保证后续研究得以运行。

在遵从上述五个因素的条件下，本章拟选取 17 家沪深上市企业作为研究样本，开展后续的评价指标研究。

5.3　研究数据搜集

本研究以沪深两市证券交易所上市的野生动物资源企业为研究样本，他们的主要产品都需对动物资源进行消耗性利用或非消耗性利用，所选取的 17 家企业均符合本章所提出的五个筛选原则。有关于研究指标的相关数据搜集，本章研究主要选用 Resset 锐思金融研究数据库，其中观测变量中如资本保值增值率、资产负债率、应付账款周转率、应收账款周转率等一系列指标，均可按照上节之中制订的测量形式有针对地搜集整理后对观测变量进行测算。但研究之中同样存在部分数据需通过电子资讯、新闻媒体以及公司年报等形式对相关数据进行整理后，再进行指标数据的计算录入。具有类似情况的观测变量有：是否通过 SA 8000 认证、是否通过 ISO 9000 认证、女性高管数量比率、生态投入支出率以及专项投入支出率等。以上指标可通过以下方法进行数据的统计整理。

（1）是否通过 SA 8000 认证：通过对国际知名检验、认证集团 Bureau Veritas（必维国际检验集团，简称 BV）的官方网站查询渠道进行查询，其主营服务领域集中在质量、健康、安全和环境管理以及社会责任评估领域，当前中国大陆通过 SA 8000 认证的企业主要进行 BV 认证。

（2）是否通过 ISO 9000 认证：ISO 质量保证体系是企业发展与成长之根本，本章通过对国家认证认可监督管理委员会的官方网站查询渠道进行查询，值得注意的是 ISO 9000 认证证书有效期为三年。三年内，每年要进行一次监督审核，并取得年度监督审核的标志，证书三年期内每年进行一次监督，就是说至少要进行二次监督。如果三年内按规定正常进行了监督审核，则在第三年之后进行的就是换证，叫复评或再认证。在其管理体系查询渠道中，通过对其记录与年限的查询与计算可以得出不同企业各年度的质量保证体系认证情况，其中 ISO 9001 等认证属于 ISO 9000 系列标准之一，在研究之中将视作同类比予以认可。

（3）女性高管数量比率、生态投入支出率：这两个测量指标中的一些关键数据，需要通过对不同企业的各年度公开发布的年报内容进行整理，以及有的企业会定期发布参照《深交所上市公司社会责任指引》所编制发布的社会责任报告，对其中涉及的相关数据进行筛选与整理，例如为高级管理人员及以上管理层中的女性成员所占比重，保护自然环境所做的工艺改进项目等等投入，可从各企业的年度报告以及公开信息中进行筛选整理。

（4）资源专项投入支出率：此项指标中需要在资料文献中需要对企业为维持生产经营而管理、开发动物资源的相关支出进行筛选整理，其中也包含了降低动物资源原料消耗的技术研发与资源替代品的消耗成本等。指标中的部分数据可以从每年度年报、文献、新闻报道及企业公开信息中筛选。动物资源的相关基本数据主要来源于《林业统计年鉴》、中国林业信息网、相关研究文献以及自身的走访调查所获知的数据，而其中关于动物资源原料的年度支出，在前文研究的基础上，拟定基本设定如下。

①野生动物资源种群数量按生存形式当前可分为两大类，一类为野外生存的种群，另一类则为人工繁殖驯养利用的种类，虽然野外种群并未得到实际意义上的利用，但本研究认为其在经济价值上同样具有人工繁育种群的价值，或许由于其天然稀缺性甚至具有更高价值，但出于数据搜集及法规层面的考虑，为了统一研究核算，数据处理上将以人工繁育种群相关数据为基准，在资源存量上则视为两者之和。

②以熊资源为例，资源产品的主要利用形式为熊养殖业、熊产品深加工业和熊观赏业三大类（马莉，2008），根据其测算，2005 年我国熊资源利用产业总产值为 18208.219 万元，增值率约为 51.6%。此外，还在熊类资源的利用当中，作为两大主要产业的熊养殖业与产品深加工业，熊胆粉均是其主要利用形式。当前熊类资源的活体取胆技术较为成熟，统一建设科学管理的场地使得对熊类资源的损害降到最小，并且从法律的合法性考虑，研究将熊胆粉的供需价格视作为熊产品的主要价值。而其资源除其产品经济价值外，还应当包含社会价值、生态价值等非利用价值等，但由于缺乏持续的观测，所能采用的可信数据存在部分缺失，并且由于当前熊类资源的数量并不为濒危程度，其另外几类价值与单位熊类资源的产品价值相比较而言，较小的数

值若不放入模型之中所造成的偏差在研究可接受的范围以内，因此在本章中我们将根据野生动物资源的利用途径与主要价值为基准进行测算。

③野生动物资源种群利用成本方面可分为三大主要部分：维持主营业务资源利用的物种种群的资源生产投入、维持正常经营的成本投入和应缴纳的资源管理费用。

SPSS 统计软件作为 AMOS 软件调用研究样本数据的基础，因此通过选用SPSS 软件对所搜集 17 家上市企业 2005—2012 年间相关数据进行录入分析，为下文野生动物资源产业企业社会责任评价指标体系的研究巩固基础。

5.4　研究方法

评价方法作为评价指标体系研究中重要的领域之一，当前被学者们用于构建并验证企业社会责任评价指标体系的方法种类多样，从研究分析主客观导向差异进行区分，主观导向的评价方法具代表性的有层次分析法、模糊评价法；客观导向的方法则有因素分析法、神经网络以及结构方程模型等等。

结构方程模型（Structural Equation Modeling）作为本章研究的选取方法，是当代社会科学领域量化研究的常用统计方法之一。作为一类线性统计建模技术，其源于 20 世纪 20 年代由塞沃尔·赖特在遗传学领域提出的路径分析体系，并由瑞典统计学家卡尔·G. 乔雷斯科格和达格·索博姆两人于 20 世纪 70 年代正式提出结构方程。它融合了传统多变量统计分析中的"线性模型之回归分析"与"因素分析"的统计技术，可以分析多因果的联系，通过一些可以观测的变量测量那些不能够被直接测量的潜在变量的关系，反映这些潜在变量。它对各种因果模型可进行模型识别、估计及验证，弥补了传统统计方法的不足。结构方程容许其需要估计及验证的自变量与因变量之间含有测量误差，能够测量、估计与拟合模型参数并测量数据与模型的适配度，当前结构方程模型已被广泛地运用在管理学、心理学、经济学以及社会学等研究领域。

结构方程模型是由两个基本模型所组成：测量模型与结构模型。

　　测量模型由潜在变量与观测变量所组成，潜在变量由于无法直接测量获取，是由观测变量所测量的数据来反映，测量模型是一组观测变量的线性函数。在结构方程模型之中，用方形符号来表示观测变量，而潜在变量（潜变量）以圆形符号进行表示。多个观测变量与潜在变量的测量模型图如图 5 - 1 所示：

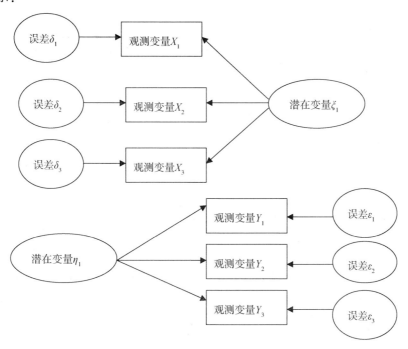

图 5 - 1　观测变量与潜在变量结构模型图

Fig. 5 - 1　Diagram of the observed variables and

latent variable structure model

　　测量模型在结构方程的模型中即验证性因素分析（Confirmatory Factor Analysis，CFA），即检验测量模型之中的观测变量与其潜在变量间的因果模型是否与测量数据适配。结构方程模型分析之中变量又可以区分为外因变量与内因变量。外因变量在模型当中未受其余变量影响，但它却能直接影响别的变量，即自变量。内因变量在模型中会受到其余变量的影响，即因变量。上述测量模型的回归方程可以以矩阵方程形式表示如下：

$$X = \Lambda_X\xi + \delta$$
$$Y = \Lambda_Y\eta + \varepsilon \tag{5-1}$$

在该矩阵方程形式中，Λ_X 与 Λ_Y 作为指标变量（X、Y）的因素负荷量，而 δ 与 ε 为测量误差，ξ 和 η 分别为外因潜在变量与内因潜在变量，潜在变量与测量误差间不可有因果关系路径存在。

结构模型作为潜在变量之间因果关系模型的说明，作为因的潜在变量被称为潜在自变量或外因潜在变量，作为果的潜在变量则被称为潜在因变量或内因潜在变量。在 SEM 分析模型中，如果只有测量模型而无结构模型的回归关系，即为验证性因素分析；如果只有结构模型而无测量模型，则相当于传统的路径分析。结构模型的方程式可用下列矩阵方程式表示如下：

$$\eta = \Gamma\xi + \zeta \text{ 或 } \eta = B\eta + \Gamma\xi + \zeta \tag{5-2}$$

其中，η 为内因潜在变量，ζ 是随机干扰项，反映了 η 无法解释的部分，B 是描述内因潜在变量 η 相互之间关系的系数矩阵，Γ 是描述外因潜在变量 ξ 对于内因潜在变量 η 的影响关系的系数矩阵。

本书对结构方程的运用取决于研究样本的选取与数据的搜集、整理，因此必须梳理结构方程的建模过程，能够进行结构方程模型分析的软件通常有 LISREL 与 AMOS，本研究拟选用 AMOS 软件进行模型分析。根据 Diamanto-poulos 与 Siguaw（2000）对结构方程模型的基本步骤的研究，其主要研究步骤依次分为：（1）模型确认；（2）模型辨识；（3）参数估计；（4）检验适配度；（5）模型的再确认。吴国锋（2012）在运用结构方程模型研究家族企业竞争力的论文之中，提出结构方程模型的步骤为：（1）模型构建；（2）模型拟合；（3）模型评价；（4）模型修正；陈媞（2012）则在研究中基于验证性因素分析的角度指出结构方程模型分析步骤依次为模型假设、测量变量、模型估计与拟合、模型评价以及模型修正。

而通过前文中评价指标筛选一节可知，研究中采用了大量的财务指标及通过换算后整理所得的数据，相关数据对于研究方法的适用性可通过对前人研究的借鉴进行参考说明。在文献整理中发现，以财务指标为主运用结构方程模型进行研究的相关成果较为丰富，国内学者中宋华，胡左浩（2007）选取相应财务指标，利用结构方程模型探索供应链流程因素指标、关系因素指标、经营因素指标与企业财务收益和潜在竞争收益之间的关系，研究探索了分销商绩效实现的途径和价值创造的过程。刘霜叶（2009）选取 2005 年至 2008 年国内能源行业上市公司财务数据，采用构建结构方程模型的方法分析财务指标观测变量与收益质量潜变量之间的关系。孟秀转，胡克瑾（2009）选取北京、武汉、广州等地区的企业为调研样本，基于结构方程模型选取财务指标数据实证研究了 IT 控制基础能力、IT 控制实施能力以及 IT 控制学习能力与企业绩效之间的关系。陈卫东，卫维平（2010）以中国制造业、服务业和信息产业等 112 家企业为样本进行数据调查，通过大量的财务数据运用结构方程模型对企业家精神与企业绩效间相互关系进行了实证探讨，相关结果表明，企业家精神通过组织学习中介变量对企业绩效产生影响，环境的不确定性通过企业家精神、组织学习两条途径对企业绩效产生影响。综上所述，通过学者们的研究可见，财务指标及相关数据在结构方程模型方法的实证研究中得到了系统应用，说明了本研究选用财务数据的可行性。

结构方程模型发展至今，其建模过程研究已较为成熟，参照前人研究成果，本书拟运用结构方程模型对所构建的指标体系进行验证性因素分析，而探索性因素分析（Exploratory Factor Analysis）与验证性因素分析（Confirmatory Factor Analysis）作为因素分析的两种不同形式，EFA 意图找出研究事物内在的本质结构，CFA 则是为了用来检验所构建结构是否按预期方式发生作用。相比较而言，验证性因素分析（CFA）比探索性因素分析（EFA）需要更大容量的样本，主要是因为 CFA 需要处理推论统计量，并且 CFA 应当选择与每个因素在很大程度上匹配的变量，而不是可能潜在变量的随机观测量。王松涛（2006）指出验证性因素分析与结构方程模型具有极强的联系，有关观测变量内部结构，如果缺少坚实的理论基础作为支撑，一般先选用探索性因素分析（EFA），先用 EFA 产生一个关于内部结构的理论，再在此基础上用验证性因素分析（CFA），这样的做法才是可取的。由此可见，在实际研究中，EFA 与 CFA 作为研究过程的两个阶段，不能截然分开，只有两者综合运用，才能取得更有深度的研究成果。因此，本研究将选用 SPSS 统计软件录入相关数据，在进行信度与效度分析后取得良好结果的基础上，首先进行探索性因素分析（EFA），试图对本书进行理论分析而构建的评价指标体系找出其内在结构。然后运用 AMOS 软件选取结构方程模型进行验证性因素分析（CFA），验证所构建的野生动物资源产业企业社会责任评价体系中观测变量与潜在变量的关系。

5.5　模型验证

有关于结构方程模型的研究之中，为保证数据可靠性，通常要求研究达到至少 100 个样本以上，200 以上则为较佳，能够得到比较好的模型适配度。布姆斯马（1982）研究发现样本量 N 越大，模型的收敛性，参数估计的精确性都较好，他建议样本量 N 至少大于 100，最好大于 200。本书研究数据来源于 2005—2012 年 17 家沪深两市上市野生动物资源企业的相关资料与年报数据，在剔除掉因为信息披露不及时、不规范或企业自身情况形成的指标年度异常值及极端值后，本文样本最终总容量为 136，大于基本样本数 100 的要求，符合结构方程研究对样本量的基本需求。

5.5.1　信度与效度检验

指标体系测量的结果能否达到研究目的，能否正确反映客观事实，通常以信度与效度来进行衡量，因此信度与效度分析是对野生动物资源产业企业社会责任指标体系能否反映客观现实的衡量方法与判定手段。

信度即可靠性，指测量工具能否稳定地测量所测得事物或变量。Cronbach's α 系数是使用最多的检测方法，娜娜莉（1978）指出 α 值达到或大于 0.6 以上，被研究的参数之间具有较高信度。本文采用 Cronbach's α 系数来进行信度检验，α 值达到或大于 0.6 以上，则表明评价指标体系具有良好的内部一致性和稳定性。本书选用 SPSS 根据潜在变量的选取对所收集的企业社会责任相关数据进行 Cronbach's α 系数计算，在研究过程中，发现第一次模型检验中出现矩阵不正定无法收敛的情况，通过数据筛选，发现存有极端值即员工测量指标中的"是否通过 SA 8000 认证"，在所选取的 17 家上市企业在观测年限之中均未通过 SA 8000 认证或通过认证后在有效年限过后未再次认证，因此在后续研究中拟定剔除"是否通过 SA 8000 认证"这一呈现极端数值的指标。最终表 5 - 2 的数据分析结果表明由 13 个测量指标所构成的评价指标体系的整体 α 值为 0.727，具有较好的内部一致性；各构成维度的 α 值均大于 0.6，表明其余各测量维度间均具有较好的内部一致性。

表 5 - 2 信度检验

Tab. 5 - 2 Reliability Test

构成要素	Cronbach's Alpha	N of items
基本层	.712	4
稳定层	.726	3
次高层	.659	3
高级层	.627	3
整 体	.727	13

效度是指测量结果的正确性，即测量量表能够正确测得研究所要衡量的特征和功能。本研究采用表面效度和建构效度来分析评价指标体系。表面效度主要是用来反映测量内容切合主题的程度。建构效度要求对每个变量的测量背后有足够的理论支持，并且这些被测量的特征之间应有合理的关系，即测量工具所能测量到的理论概念的程度。本研究的指标选取是建立在文献回顾的基础上，并结合野生动物资源产业发展及资源管理的实际情况，通过系统完备的理论分析所得，通过定性分析的形式解释了部分指标。综上所述，本书认为所构建的评价指标体系具有良好的表面效度与建构效度。

5.5.2 探索性因素分析

本研究在进行探索性因素分析前，首先采用了 Bartlett 球体检验及 KMO 的取样适当性量数检验各变量之间相关性。根据 Zhu（2002）的观点，KMO 值若小于 0.50 时，则不宜进行因素分析。从表 5 - 3 中可以看出模型整体的 KMO 值为 0.687，Bartlett 球体检验的 χ^2 值显著性概率为 0.000，小于 0.001，表明变量间具有相关性，满足做因素分析的前提条件。

表 5 –3　KMO 检验和 Bartlett 球形检验

Tab. 5 –3　Test of Kaiser – Meyer – Olkin & Bartlett

Kaiser – Meyer – Olkin Measure of Sampling Adequacy.		.687
Bartlett's Test of Sphericity	Approx. Chi – Square	976. 338
	自由度 df	106
	显著性概率 Sig.	. 000

　　采用的因素萃取方法是主成分分析法，旋转方法为最大方差法。因子旋转经 4 次迭代后收敛，13 个指标最终被萃取为 4 大因素。这 4 个因素变量的特征值都大于 1，描述的总方差占原有变量总方差的 73.61%，故认为这 4 个因素能够解释大部分的变量，反映原有的大部分信息。表 5 –4 显示的是经正交旋转后的因子载荷矩阵，将选项中设定为因素载荷绝对值小于 0.4 的不予显示。

表 5 –4　正交旋转后的因子载荷矩阵

Tab. 5 –4　Factor Load Matrix after Orthogonal Rotation

测量指标	因子 Component			
	F1	F2	F3	F4
资本保值增值率	. 733			
资产负债率		. 802		
应付账款周转率		. 635		
应收账款周转率	. 667			
企业对员工支付比率		. 751		
收入净利润率	. 653			
资产纳税率	. 739			
企业对社会公益的支出比率			. 817	
ISO 9000			. 653	
女高管数量比率			. 719	
企业对生态投入支出率				. 632
ISO 14000				. 596
动物资源专项投入支出率				. 793

上表为探索性因素分析的因子载荷矩阵显示结果，通过其可以发现在 13 个观测指标对于 4 大因素的反映程度与初始设定存在一定差异，本书认为研究所进行的探索性因素分析发挥了对于理论模型的修正效果，达到了为下文进行验证性因素分析提供可靠性强且具操作性的模型内在结构的分析目的。因此，根据表 5 - 4 中显示的不同观测指标在不同纬度下的因子载荷，应对模型的内在结构进行微调。首先，将不同利益相关者股东、经销商、客户以及政府等的潜在变量聚为一个维度，本书根据在企业经营管理中发挥的作用将这个维度重新界定为基础层。其次，将债权人、供应商以及员工等调整为另一个维度，即重新界定为稳定层。从表 5 - 4 中还可以看出，次高层与高级层维度均得到了较好验证，研究中初始设定对其做出的界定较为有效。最后，在探索性因素分析研究的基础上，可以发现每个潜变量的测量指标都在 3 个以上，因此研究样本数量与评价指标数量都符合结构方程模型的研究需要，因此本书将对评价指标运用结构方程模型进行验证性因素分析。

5.5.3 结构方程模型

5.5.3.1 观测变量与潜变量

通过上节的探索性因素分析的结果表明，需要对企业社会责任评价体系各维度间的评测指标做出一定调整，研究所设定的三级评价指标体系为观测变量：依次分别简称为资本保值增值率、应收账款周转率、收入净利润率、资产纳税率；资产负债率、应付账款周转率、员工支付比率；公益费用支出率、ISO 9000 认证、女性高管数量比率；生态投入支出率、ISO 14000 认证、资源专项投入比率。

潜变量则根据结构方程模型的内涵分为外因潜变量与内因潜变量，其中外因潜变量为：基本层 X_1；稳定层 X_2；次高层 X_3；高级层 X_4。内因潜变量则为野生动物资源企业的企业社会责任 Y。

5.5.3.2 研究方程与模型

研究设定的野生动物资源产业的企业社会责任评价指标体系属于一个三级指标体系，在体系之中，观测变量即显变量，而外因潜变量与内因潜变量均属于隐变量，因此，研究设定的企业社会责任评价指标体系所拟合的结构方程模型中测量模型的矩阵方程形式如下：

$$Y = \Gamma \times \begin{bmatrix} X_1 \\ X_2 \\ X_3 \\ X_4 \end{bmatrix} + [\zeta] = [\gamma_1 + \gamma_2 + \gamma_3 + \gamma_4] \times \begin{bmatrix} X_1 \\ X_2 \\ X_3 \\ X_4 \end{bmatrix} + [\zeta] \quad (5-3)$$

其结构方程式为：

$$Y = \gamma_1 X_1 + \gamma_2 X_2 + \gamma_3 X_3 + \gamma_4 X_4 + \zeta \quad (5-4)$$

在上述各项分析的基础上，我国野生动物资源产业企业社会责任评价指标体系包含四个因素方面内容，每个因素下包含至少三个以上指标，接下来的研究重点就是对指标体系进行验证性因素分析。本书通过 AMOS 视窗环境下构建结构方程模型，并执行相应的参数估计与回归程序，最后对各拟合参数进行标准化处理，以消除测量指标中因不同量纲的数据类型所带来的影响，最后得如图 5-2 所示的结构模型路径图，其中 e1～e13、z1～z4 分别为外显变量的测量误差项与外因潜变量的测量误差项。

5.5.3.3　模型的评价与分析

结构方程模型评价的主要方法是通过各种拟合指数对结构方程模型做出整体性的拟合适配度评价，拟合指数作为检验样本数据协方差矩阵与模型估计协方差矩阵的契合程度的指标，是对模型适配度的检验，通过拟合指数，可以反映出模型与数据的拟合好坏。拟合指数判别属于定量分析，在实际操作过程中，研究人员往往会将定性方法与定量方法相结合，运用理论分析与拟合指数进行模型适配度的综合判别。

拟合指数最早是由玛希（1988）所提出的，玛希、休与盖森（1998）将结构方程拟合指数划分为绝对拟合指数、相对拟合指数以及简约指数，其中简约指数在研究之中的应用较少。绝对拟合指数包括拟合优度指标 GFI（Goodness of Fit Index）、调整后的拟合优度指标 AGFI（Adjusted Goodness of Fit Index）。胡与本特勒（1999）指出通常情况下这类指标的模型估计结果在 0.90 以上，但是往往会受到研究样本数量大小不同所带来的影响，在不同情况下，会出现程度上的误差。近似误差均方根 RMSEA（Root Mean Square Error of Approximation）也属于绝对拟合指数，相对而言受到样本数量影响较

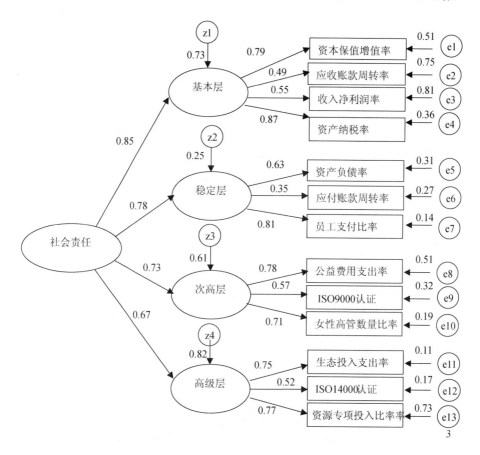

图 5 - 2 野生动物资源利用企业社会责任评价指标的结构模型图

Fig. 5 - 2 Structure model diagram of Corporate social responsibility

evaluation index system of wildlife resource development

小，其作为比较理想的模型适配度检验指数，数据越小则表明模型适配度越
好。当 RMSEA 值小于 0.05 时，便说明模型适配度较为理想，小于 0.08 时，
则说明模型适配度可以接受，在 0.08 到 0.1 之间，说明模型适配度普通。而
相对拟合指数之中的规范拟合指数 NFI（Normed Fit Index），非规范拟合指数
NNFI（Non - Normed Fit Index）以及比较拟合指数 CFI（Comparative Fit In-
dex），Bender & Bonett（1980）认为通常情况下这类指数大于 0.90 时，模型
即通过检验。此外，卡方自由度比 χ^2/df 作为一类重要检测指标，在验证性
因素分析的模型检验中常常会用到。其中卡方值与研究样本的数量有直接关
系，通常情况下当卡方值显著性 $p \geqslant 0i.05$ 即表示接受虚无假设，假设模型与

研究样本可以适配。但同时由于卡方值无法直接说明模型适配的程度，在应用时往往需要结合自由度或其他拟合指数，卡方自由度比作为直接检验研究样本所导出的方差协方差矩阵与结构模型所导出的协方差矩阵的相似程度的统计量，其范围在 1 到 5 之间即表明模型可以接受，其中 χ^2/df 的理论期望值为 1，越接近 1 则说明模型适配度越好。因此，对于结构方程模型的评价，本书将采用上述各拟合指数进行综合评价，见表 5 – 5。

表 5 – 5　模型拟合指数表
Tab. 5 – 5　Model fitting fares

p	χ^2/df	GFI	AGFI	RMSEA	NFI	NNFI	CFI
0.093	4.813	0.896	0.923	0.072	0.867	0.912	0.879

通过表 5 – 5 的模型拟合指数表可以发现，各拟合指数大多通过模型检验，表明研究模型与数据样本契合，整体模型适配度较高。但其中 NFI 指数与 CFI 指数略小于 0.90，不在前文中模型拟合指数值的检验范围内。本书认为，这可能和研究所选择的研究样本数较小不大于 200 有关，但通过参照前人成果，Bagozzi（1988）认为模型拟合指数的理想数值范围是 CFI、GFI 均大于 0.9，0.8 以上也可以接受；刘莉（2011）与雷鸣（2013）在研究中指出 NFI、AGFI、CFI 等指数小于 0.9，但大于 0.8 的临界值，整体模型适配度也在可接受的范围内。因此，本研究认为本书所构建的研究模型在可接受范围以内，能够较好地模拟野生动物资源产业企业社会责任的构造机理。

从实证结果层面上来看，结构方程模型图 5 – 2 中数据很好地说明了模型所构建的四个维度能够有效地反映野生动物资源产业是否具有良好的企业社会责任，其中相比较而言，高级层（0.65）、次高层（0.73）对于企业社会责任的影响关系没有另外两个层面基础层（0.85）与稳定层（0.78）对企业社会责任的影响关系大。从模型整体上来看，四个维度间具有较强的独立性，相互作用影响较小，共同决定了企业社会责任的优良程度。四个维度中，基本层维度的路径系数最大，说明其对企业社会责任的影响程度最大，同理，则代表着高级层维度的影响程度最小。

本书认为产生这样的结果是与现实情况相符的，本研究所选取的研究样本均属于大型上市企业，数据来源则主要为客观性的财务数据，就目前的经营现状与资源管理制度而言，对位于基本层与稳定层维度的利益相关者群体积极履行企业社会责任就显得尤其重要。这反映了当前现实环境下，管理部门及全社会对野生动物资源行业应当积极引导，加强企业对次高层群体的社会责任感，培养其在高级层维度的社会责任意识是寻求整体平衡的方式。在未来的研究之中，如果有足够条件，还可以在本企业社会责任评价指标体系的基础上，对指标进行一定的筛选与更替，加大对主观性指标的选取使用，更换研究样本进行比较性研究，从而对野生动物资源产业企业社会责任评价指标体系进行深入、全面的探讨。但就本书研究结果来看，所构建模型与现实环境适配度比较良好，研究建立的野生动物资源产业企业社会责任评价指标体系，其较好地反映出在对产业内野生动物企业履行企业社会责任时在不同领域的重视程度，同时对野生动物资源企业更加目标明确地、有针对性地履行企业社会责任具有指导作用。

5.5.4　评价指标在企业社会责任问题研究中的应用分析

在上文中，本书基于野生动物资源产业的利益相关者分类模型构建了有效的企业社会责任评价指标，并以此选取了一系列观测指标进行验证性研究。结果显示所构建的分类模型及其评价指标对于现实环境的拟合度较好，而其能否用于指导我国野生动物资源产业履行企业社会责任的实践工作，这需要进行进一步实证研究做出验证。在此基础上，本书将根据所设计的评价指标对野生动物资源产业内企业开展社会责任评价研究。通过对企业社会责任评价方法及实践研究的相关文献分析，发现对于企业社会责任评价最简单的便是研究人员将自己或权威机构选定设计的对企业所享有社会声誉的相关评定结果，把其作为企业社会责任的评价标准。在国内外研究中，早期的企业社会责任评价普遍采用这一思路，即"声誉指数法"。由于声誉指数主要是通过对某些专家或权威人士对企业的总体印象进行评价的结论引用，但带来的问题是由于具有较强的主观性，专家或权威人士会由于对受评价对象的某一方面影响从而影响到最终企业社会责任的总体评价。因此，研究人员开始寻求更为客观的研究方法，而转为通过对企业自身年度报告、各类文件与信息披露内容来制定企业社会责任表现的评价标准，即为"内容分析法"。通常情况下，一般会根据自身理解或者研究需要，由研究人员从其中确定企业社会责任表现的各个项目,赋予一定的分值或搜寻相应数据。但由于不同企业对社会责任的自身理解存在差别,所披露的内容也有较大不同。因此,内容分析法应用过程中存在信息真实性及具体指标量化上的风险。

当前无论是国外还是国内的研究者,随着利益相关者理论与企业社会责任理论的逐渐融合,使得企业社会责任的评价具有了更为细化、具体的载体,社会责任相关评价方法上得到较大改善。在构建企业社会责任评价指标体系的基础上,越发重视挖掘企业社会责任对于产业发展与企业经营之间关系的内在影响,便侧重于通过评价指标体系,进行探讨企业社会责任与企业绩效间关系的计量分析。

本书据此认为,野生动物资源企业作为资源型企业中的一类,当前其发展受到社会民众的持续关注,社会影响力大,企业社会责任表现的问题较为突出,对企业社会责任的表现提升做出要求也显得更为迫切。然而,企业并不是慈善组织或政府,在明确其利益相关者对象的前提下,企业应当仅对不同利益相关者群体承担社会责任,但企业资源是有限的,不可能完全满足所有利益相关者群体的权益与诉求。因此,单纯地通过主观打分或权重赋值对企业社会责任进行评价,考察不同企业在履行社会责任中的表现,便会演变成对于其履行程度大小的衡量,这对于野生动物资源产业的企业社会责任建设的实践指导意义有限。

在对企业社会责任进行评价研究的过程中,应当考虑到这一因素,而在企业社会责任与企业绩效的关系研究中,企业社会责任表现是因,企业绩效表现是果,其理论基础依据正是利益相关者理论。企业作为经济组织存在于社会之中,不同利益相关者群体直接或间接地投入了资源,企业社会责任就是满足利益相关者需求的程度,而受评价对象企业社会责任表现的好坏会影响到利益相关者与企业的关系,以及相关资源的后续投入,最终通过企业经营业绩的实际表现所体现出来。综上所述,通过开展后续的野生动物资源利用的企业社会责任与企业绩效影响关系实证研究,不仅可以对受评价企业的社会责任表现做出更为客观的评价,反映企业实际现状,并且对于企业未来发展以及推动企业社会责任进一步履行更具有实践指导意义。

5.6　本章小结

通过前文对模型构建及应用的理论基础探讨,本章首先基于野生动物资源利用的利益相关者分类模型对于企业社会责任评价指标进行了选取,从而确定了分 4 个维度 14 个观测指标的评价体系。然后对本章实证研究的研究样本与研究数据的搜集形式与方式方法进行了讨论,从而确定了以 17 家沪深上市野生动物资源利用企业作为研究样本,相关数据来源于 RESSET 数据库、文献资料及公司信息披露等搜集渠道。最后对相关研究方法进行讨论与研究,通过运用 SPSS 软件对所构建指标体系进行信度、效度检验及探索性因素分析,从而剔除了一个极端指标,然后根据实证结果对观测指标的测量维度进行了一定调整。在此基础上,运用 AMOS 软件构建结构方程模型进行验证性因素分析,验证了指标分类的合理性,结果表明模型适配度较好,所构建的野生动物资源产业企业社会责任评价指标体系反映了行业内企业社会责任内在构成机理。本章最终确定了野生动物资源产业企业社会责任评价指标体系由 4 个维度 13 个评价指标所形成,为后续研究从中选取有效指标,对企业社会责任与企业绩效关系深入研究,讨论野生动物资源产业为什么要承担企业社会责任的问题,以及分析其企业社会责任履行所产生后果现状的实质原因,保证了整体研究的系统性。

第六章　野生动物资源利用的企业社会责任与企业绩效的关系研究

　　根据上一章的结构方程模型研究，验证了指标分类的合理性，所构建的野生动物资源利用的企业社会责任评价指标体系，有效反映了行业内企业社会责任内在组成机理。因此，本章将继续深入研究，基于4个维度13个评价指标的指标体系，从中拟定选取兼具可操作性及实用性的研究指标，对于企业社会责任与企业绩效间的影响关系进行研究，并以此对研究样本的企业社会责任表现进行评价。通过实证研究，本章期望能发现在野生动物资源企业践行社会责任的过程中，所遇到的问题及现存不足，对于难以通过理论分析发现的企业承担社会责任的影响因素本质进行解释，并实证分析野生动物资源产业为什么要承担企业社会责任的问题。本研究意图说明推动产业内企业社会责任研究与实践发展的重要性，并讨论影响野生动物资源企业对于不同利益相关者群体履行社会责任存在差异的原因及问题所在。

6.1　研究样本选取思路

　　在前文研究中，本书选取了国内上市公司中野生动物资源利用企业作为讨论对象，但行业之中的企业经营内型涵盖了医药保健、皮草制品及旅游休闲服务等，且大多数企业均属于中医药产业领域。由于本章的研究核心是探讨企业社会责任相对于企业绩效间的影响机理与相关关系，为了消除行业间资产结构的不同所带来的差异影响，统一标准保证研究稳定性，因此将会把研究样本缩小至主营业务类似，且符合野生动物资源产业内涵的单个行业，而中医药生产经营性产业作为可利用动物资源种群的主要利用形式，将成为后续研究的主要目标群体。

第三次中药资源普查结果显示，我国中药资源共有12807种，其中植物药材多达11000多种，可入作药用的动物资源则有1574种。动物药与其他类型的药物相比，具有以下特点：①显效性：动物药在临床应用上剂量小，药理活性强，药效显著；②普遍性：药用动物资源丰富，普通民众对用药自古以来具有一定的基础知识和实践经验；③特效性：动物药对很多疑难病症都具有较好的疗效，约30种动物药被列为抗癌药物的筛选对象；④稀缺性：目前很多动物药来源于珍稀或濒危野生动物，其资源数量的锐减使得可用药品产量稀缺，已占整个中医药产业中紧缺药的62%。最终研究拟选取中医药产业中占比较大的以野生动物药材原料为主的上市企业作为研究的目标行业，期望通过定量研究准确地反映内在问题与现象本质。

中医药，对于我国而言，不仅是一门医学科学，作为传统文化的瑰宝，其具有医药与文化的双重属性，更是中国文化软实力的重要体现。在2012年所举办的两会间，时任卫生部部长陈竺就明确指出，中医药在国内具有不可替代的优势，无论是在理念上还是实践上，中医药对于疾病的预防、治疗、康复以及健康促进都发挥了很大作用。越是民族的，越是世界的，我国的医改制度的推进与医药创新都离不开中医药产业的传承与发展。中医药产业作为一门我国独有的医药学科，同样是野生动物资源开发利用领域内的一类重要产业，而动物药在中医药产业中同样具有重要地位，因此其一定程度上可以反映出当前野生动物在我国当前开发利用领域中的资源地位和实际现状，同时间接地体现了当前国家政策及管理部门的趋势和态度动向。早期的关于中医药产业发展的研究多为定性描述，停留在对存在问题的分析和对策路线的探讨之上，而对待自然资源上，又片面地将资源的保护与利用割裂开，强调政府在资源保护的管理职能，却忽视了产业内企业的参与性。而由于药材资源的多样性和复杂性，生长环境各异，资源存量难以界定，纯粹的定性分析对社会与企业两者间有关资源保护和利用的"矛盾"问题无法解决。以定量研究的形式，联系企业的实际经营活动，从利益相关者视角切入，发现野生动物资源在中医药产业整个价值链上所关联的不同环节对象的差异，进行再次构建，各利益相关者通过所订立的"契约"参与企业行为，对其中的联系深入研究，使企业能理解现存"矛盾"的真正诉求并制定科学有效的发展策略。

本章选取野生动物资源利用行业内从事中医药生产经营的上市企业作为目标对象，以利益相关者视角为研究的切入角度，探讨产业发展之中企业社会责任与企业绩效之间的关系，这不仅是企业社会责任问题研究的重点，也是涉及野生动物资源管理利用以及其他多个基础生产经营部门的生存发展的重要问题。

6.2 药用动物和中医药产业

中国传统文化强调"天人合一"，而标志着中医学由经验科学上升为理论医学新阶段的典籍《黄帝内经》，其正是传统思想继承发扬的佼佼者，其关键要素药材多取自自然界的植物、动物与矿物。当前，世界各国纷纷加大开发传统医药的力度，凭借技术优势抢占国际天然药物市场，对于中医药产业的创新与发展而言，既是机遇，也蕴含巨大压力。

药用动物特指种群资源身体全部或局部可以入药的动物，如麝、林蛙、熊等等，动物药是指由药用动物所产生的药物，如麝香、熊胆、鹿茸等。我国古代关于动物药的记载出自后汉时期的《神农本草经》，在 365 种中药记录中，包含了 65 种动物药。至明朝李时珍所著《本草纲目》中约有中药1892 种，动物药则有 461 种。据现今最新资料记载，我国可供药用的动物有1574 种。由此可见，动物药是几千年来华夏医药工作者辛勤工作的珍贵提炼和经验总结的集中体现，是中医药学灿烂文化的重要组成部分。当前主要使用动物药材的不到百种，但其在中医药处方中起到的是不可或缺的作用，不少亦来源于濒危动物，如犀角、虎骨、麝香、熊胆、羚羊角等。此次"归真堂"事件中的熊胆，其入药现涉及中成药有 123 个品种，涉及用熊胆的中药企业 180 多家，有 100 多个验方都要使用熊胆。中医药产业由于生产工业的特殊性，药材原料供应的重要性对于中医药产业的发展不言而喻，当前国家大力倡导野生动物的人工养殖，要求对必不可少的野生动物药材要将取材从零散的野外资源获取转向至规模化的繁育养殖，国家的政策支持同样不可或缺。而从此次"归真堂"事件在整个社会引起的巨大激荡来看，媒体与环境保护团体同样在此中担任了重大推手的作用。

如何促进中医药产业的健康发展，历来是社会各界关注的热点，"归真堂"事件闹得沸沸扬扬，影响范围从普通民众扩大至学界、政界，引发社会公知之间的大争论。而其更深层次的问题则在于，人类对自然资源的利用是否符合伦理道德，民众间究竟应不应该使用推广此类产品，极端纯粹的保护是否有利于资源数量的增长？有关资料显示，目前全世界80%的传统医药来源于野生动植物资源，至少一半以上人口的医疗保健依赖于传统医药（刘江，2002）。其关键要素药材多取自自然界的植物、动物与矿物，因此，中医药产业的发展必须考虑到野生动物资源生物多样性保护与可持续经营利用。

药材原料的来源是否稳定，野生动物物种资源数量是否充足会影响国家政策与社会舆论，这些都会对企业的生产经营状况乃至相关从业人员的忠诚度产生作用。特别是社会舆论的倾向以及社会关注程度的高低，透过近期一系列事件表明，这些因素因为标准的不同，会对诸如股东、客户、员工、经销商等目标群体产生正面或负面的推动影响。如社会舆论反对某种野生动物资源的利用或开发，会引发员工对自身乃至企业的危机感，影响其忠诚度，行业合作者同样会对相关行业的准入度产生疑虑，为确保利益最大化会伺机退出市场。而社会组织又可根据野生动物资源利用的态度大致划分为三类，即积极倾向、消极倾向与中立倾向，而根据实际生活中可反映出中立倾向的群体是最为庞大的，那如何引导控制，这与野生动物资源的数量、类别、利用形式等等因素息息相关。政府部门作为资源的管理方，制定政策不可能仅仅采用单边的极端政策，如何合理地开发和保护，其同样取决于动物资源的现状特点。

6.3 企业社会责任与企业绩效的指标选取

在指标选取的过程中，首要考虑的是本章的研究问题，即对野生动物资源产业的企业社会责任和其企业绩效两者间关系及影响机理进行探讨。通过文献研究整理发现，当前学者们对于企业社会责任及企业绩效间关系分为三种观点：企业社会责任对企业绩效呈现正相关关系；企业社会责任对企业绩效呈现负相关关系；企业社会责任与企业绩效无关。而通过比较研究发现，关于二者间关系研究的大部分成果均表明两者存在显著正相关关系。本书认为产生这种研究上的差别除了行业间差异的因素以外，还包括指标选取、研究方法以及研究时间及区域等等条件上不同而带来的影响。台湾学者吴孟玲（2006）对 121 项企业社会责任与企业绩效关系的实证研究进行分析，结论是两者间正相关肯定性更高。因此，为了能够更加深入地对野生动物资源产业的企业社会责任问题进行研究，在上文研究中已构建出野生动物资源产业的利益相关者分类模型，并在得到验证的企业社会责任评价指标的基础上，从中选取适当的企业社会责任测量指标及企业绩效指标，以利益相关者为切入视角，选用 CCER 中国经济金融数据库来源数据，建立面板数据模型进行实证研究。

根据研究过程的需要我们从前一章构建的企业社会责任指标体系中进行测量指标的选取，并剔除一部分指标，选取理由如下。

（1）由于不同行业领域间的资产结构存在差异，研究选取的样本是以动物资源原料利用为主营业务的中医药生产经营上市企业。

（2）选取 2003 年以前上市的公司为研究样本，目的保证企业经营的相对成熟与稳定。此外，为保证数据的完整性，作为研究样本的企业在 2005—2012 年期间应当是持续经营的，并将其中数据不完备的公司样本进行剔除。

（3）在上一章研究的数据搜集过程中，出现了部分定量指标在特定时期内取值极端的情况，如一系列标准认证由于认证年限及筹备周期的原因，在一定时期下的不同样本下的该指标取值情况单一。并且由于野生动物资源企业的社会责任意识发展并不全面，财务年报制度的不规范导致信息披露不全或表达方式存在混淆等问题，部分数据存在缺失值的情况。在前文因素分析研究之中，本书虽通过 SPSS 软件进行了缺失值处理，但在本章，由于面板数据模型融合了空间因素与计量因素，能够降低空间不稳定性可能造成的研究结论失真，为了保持研究数据平稳性，降低数据非平稳序列所造成伪回归现象。并且，为了保证研究的统一完整性，提高对样本的解释能力，所选取指标应为以完备的财务数据与量化数据为主的企业社会责任指标。因此本章将基于企业社会责任评价指标体系，在后续研究中剔除掉其中潜变量为企业道德的测量指标及 ISO 14000 环境体系测量指标。

研究的目标为：一是通过实证分析验证中医药产业内企业绩效与企业不同利益相关者的群体的社会责任间是否存在相关；二是分析行业内企业社会责任水平的适当性，是否存在不足或过量等问题，为企业通过社会责任问题的研究有针对性地调整企业经营策略从而能够提升企业经营绩效，促进产业进一步发展。研究拟选取指标如下：

（1）股东（ER）：上市企业的经营中股东作为主要投资者，该指标越高意味着资本保全性越好，所有权增益越大，股东对于企业的满足度越高，研究中用资本保值增值率作为衡量指标。

（2）员工（CP）：员工在获得利益满足后，工作积极性提高，还增强员工对企业的认同感与忠诚度，研究选取对员工进行支付的款项与企业收入间的比率作为衡量指标。

（3）供应商（AP）：研究采用应付款项周转率作为衡量指标，周转率越高表明企业与供应商的款项结算周期越短，供应商所获取便利越多。

（4）债权人（DR）：债权人是企业资金的另一主要来源，企业经营理应对债权人的资金承担到期偿付和规避借贷风险的责任，企业的资产负债率越小表明债权人所获得的满足度越高。

（5）客户（CS）：客户满足度是企业经营好坏的直接反映，使用企业经营销售产品及相关服务所得净利润率来进行衡量，该指标越高表明客户与企业间关系越好，忠诚度越高。

（6）经销商（AR）：中医药企业产品的终端客户在产品的选取上具有被指导性、替代性及一定的刚性需求，因此应有医院、药房、零售商等合作机构，其关系具有一定的稳定性。企业对它们的满足度可通过应收账款周转率来反映，周转率越高，说明经销商支付货款越快，双方维持良好关系的意愿更大。

（7）政府（AT）：中医药产业由于药材原料的特性，受政府政策的影响较大，尤其是行业中的动物药企业。政府作为公共服务的提供者，为企业持续经营提供保障，企业在合法经营的前提下，通过足额纳税等方式提高政府满足度，研究用资产纳税率来衡量。

（8）社会（SS）：在实际经营当中，由于自然资源及社会公益等因素难以通过自身直接表达利益诉求，通常是将特定的社会群体及广大民众定位成利益相关者群体，而这些群体彼此间存在一定共性，结合社会组织对企业经营的关注与偏向所产生的影响和引导。由于野生动物资源企业的社会责任意识发展并不全面，财务年报制度的不规范导致信息披露不全或表达方式存在混淆等问题，数据搜集的过程中为了降低数据缺失值过多的情况，将生态投入与公益费用综合量化为社会综合投入。本研究采用企业为了改善、保护环境而进行的生态治理或技术投入等费用、企业的公益捐赠等，体现在企业定期发布的年报或社会责任报告之中，以类似业务总费用的具体支出综合支出率衡量其企业社会责任。

（9）资源（RV）：由于不同企业间仍存有主营业务及主要利用动物资源不同等差异，综合考虑后，本章研究将引入资源指标，以法定缴纳的野生动物资源管理费结合企业主营产品的生产总量，以及该企业经营中所产生的与野生动物资源相关的专项投入，将其综合计算后得到资源费用比率作为变量RV，以便能全面准确反映各企业社会责任指标对企业绩效指标的影响。除资源管理费以外，还应当将企业以野生动物资源的管理、保护以及开发等方面的信息公开的投入共同测算，以资源专项投入比率来衡量企业对野生动物资源种群的社会责任。

（10）企业绩效（ROA）：上述各指标的变动都会对资产收益造成影响，资产回报率指标越高，表明企业资产的经营效果越好，说明企业在增加收益与资金投入等方面取得了良好的回报，因此本书拟选取资产回报率来对企业的经营业绩进行度量。

本章研究指标的选取，是参照了前章所构建的利益相关者分类模型所分析提出的，见表6-1。然而在指标选取过程中，发现由于不同企业自身发展情况的不同，在进行社会公益、生态保护等企业投入的信息披露方面，存在参差不齐的情况，有的企业甚至没有将按照证监会要求定期发布企业社会责任报告的义务与权益纳入公司管理与经营之中，也没有相关投入的记录。这使得在搜集数据时容易出现部分指标数据相比主营业务收入而言过小，有可能导致此指标在面板数据模型之中无效化的情况，因此研究决定将这部分相关具体支出的数据进行综合测算，以社会综合支出率的形式对社会公益与自然环境在本章中进行企业社会责任的综合衡量。

表6-1 变量定义汇总

Tab. 6-1 Definitions of Variable

变量类型	变量名称	观测指标	计算方法
因变量	企业绩效 ROA	资产回报率	净利润/平均资产总额
自变量	股东 ER	资本保值增值率	年末所有者权益/年初所有者权益
	员工 CP	企业对员工支付比率	支付给员工的支出及相关支付现金/主营业务收入
	供应商 AP	应付账款周转率	(主营业务成本 + 期末存货成本 - 期初存货成本)/平均应付账款
	债权人 DR	资产负债率	负债总额/资产总额
	客户 CS	收入净利润率	净利润/主营业务收入
	经销商 AR	应收账款周转率	年赊销净收入/平均应收账款
	政府 AT	资产纳税率	应交税金/总资产
	社会 SS	企业对社会综合支出率	社会综合支出/主营业务收入
	资源 RV	企业对野生动物资源物种的专项投入支出率	企业对可利用动物资源专项投入/主营业务收入

此外，企业这一特定的社会经济组织，以善恶评价为标准的道德原则、道德规范与道德活动的综合即为企业道德，其作为企业与员工对企业经营发

展之中共同道德标准的统一，在选取指标过程中发现难以对其以财务指标的形式进行独立量化，企业道德的内涵包括于生产、管理、销售、服务等多方面，对其以财务指标的形式量化在模型中可能会发生与其他指标相互重叠的情况，因此本章拟不选取企业道德的独立衡量指标进行研究。

6.4 企业社会责任对中医药企业绩效的影响分析

6.4.1 研究方法

面板数据（panle data）往往用来描述一个总体中不同被观测个体在一段时间内连续观测获得的数据，是结合时间序列数据与横截面数据的数据形式，其同时含有个体、指标、时间三维信息。利用面板数据模型所构造出的结构式方程，相比以往单独使用横截面数据或时间序列数据的方程更为真实，能更加深入地分析问题。面板数据自 1968 年受到计量经济学家的重视以来，目前，面板数据模型已成为计量经济学研究的重要领域之一，其具有重要的理论意义及应用价值。

蒙德拉克（1961）最早将面板数据引入到经济计量的研究之中，从此以后，在社会科学研究领域相继出现大量运用面板数据进行研究的文章。韩立岩（2002）构建基于面板数据的资本配置效率模型，选取了国内 39 个工业行业的数据，度量了 20 世纪 90 年代这些行业的资本配置效率。文章选取了面板数据模型中的不变系数模型，并与普通最小二乘法模型研究结果进行了比较，研究结果表明面板数据模型的各项统计指标均较好。孙伟（2008）运用面板数据模型中的随机效应模型，研究了国内上市公司股权结构与财务绩效间关系，结果表明股权结构对于公司财务绩效具有两面性影响。卢永艳（2012）通过验证判定选取了随机效应面板 logit 模型，研究了上市公司陷入财务困境的影响因素。综上所述，面板数据模型在经济学研究的各个领域中得到了较好应用。

面板数据作为结合了时间序列与横截面形式的数据，在样本数量一定的

情况下，将大大增加样本容量。这样可以反映更多的信息，大大降低多重共
线性，得到更精确的计量分析结果。由于国内上市公司之中，以野生动物资
源利用为主营业务的企业数量不多，因此这是选取面板数据为研究方法的主
要理由之一。此外，哈尧（2003）指出，面板数据具有可控制个体异质性，
可以识别、测量单纯使用横截面或时间序列数据而无法估计的影响，能够使
得研究人员构建更复杂更真实的行为模型。面板数据模型的一般形式如下：

$$y_{it} = \alpha_i + \sum_{k=1}^{K} x_{kit}\beta_{ki} + \mu_{it}, i = 1,2,L,N, t = 1,2,\cdots,T \qquad (6-1)$$

其中 $i = 1,2,L,N$ 表示 N 个个体，是截面观测个体的数量；$t = 1,2,L,T$
表示已知的 T 个时点，是每个观测个体的观测时期总数。y_{it} 作为被解释变量
对个体 i 在 t 时的观测值；x_{kit} 是第 k 个解释变量对于个体 i 在 t 时的观测值；β_{ki}
是对应解释变量 N 的估计系数，μ_{it} 是随机误差项。在研究当中，针对系数向
量 β 与截距项 α 的不同限制性假设，一般面板数据模型又可以划分为以下三
种类型。

1. 混合回归模型

不同个体与不同截面之间均不存在显著差异，即对于不同观测个体下的
截距项 α 和系数向量 β 均相同，因此可以将面板数据混合在一起，用普通最
小二乘法（OLS）估计参数。梅雷斯 & 格里利切斯（1990）指出混合回归模
型假设了解释变量对被解释变量的影响与个体没有关系，但在许多现实问题
的研究中，这种模型并不适用。

2. 固定效应模型

在面板数据回归模型中，假设不同观测个体对于不同的截面或不同的时
间序列，只有模型的截距项 α 存在差别，而模型的斜率系数相同，则称为固
定效应模型。固定效应模型又分为 3 种类型，即时点固定效应模型、个体固
定效应模型以及时点个体固定效应模型。

3. 随机效应模型

模型之中缺失了分别随个体及时期变化的随机性因素时，需通过对误差
项的分解来描述这种信息的缺失，即将模型误差项 μ_{it} 分解为个体随机误差分
量、时间随机误差分量以及混合随机误差分量等 3 个分量。

本书试图运用面板数据来建立模型探讨野生动物资源产业中企业社会责

任与企业绩效的影响关系，揭示出当前企业在对不同利益相关者群体履行企业责任时，所影响企业绩效的主要因素与程度。

6.4.2 样本及数据来源

研究以沪深两市证券交易所上市的中医药企业为目标对象，考虑动物资源利用种类较集中，所面临相对较多的社会关注、伦理等现实问题，并且需要对各上市公司的数据完备性进行综合考虑，再加上数据来源及统计口径的差别是否会给研究带来不稳定性，最终导致不同数据带来不同研究结果的现象出现。本书为了保证模型的有效性，使得研究更为系统完整，因此在本章研究中选取了来源为 CCER 中国经济金融数据库的数据进行面板数据模型的实证研究。研究设想在前文设定评价指标下，通过对不同来源的部分数据的选取应用，对于野生动物资源利用行业的企业社会责任与企业绩效间相互影响关系进行探讨。

根据需要，选取 2003 年以前上市的公司为研究样本，目的保证企业经营的相对成熟与稳定。此外，为保证数据的完整性，作为研究样本的企业在 2005—2012 年期间应当是持续经营的，并将其中数据不完备的公司样本进行剔除。在前文因素分析研究之中，本书虽通过 SPSS 软件进行了缺失值处理，但在本章，由于面板数据模型融合了空间因素与计量因素，能够降低空间不稳定性可能造成的研究结论失真，为了保持研究数据平稳性，降低数据非平稳序列所造成伪回归现象。由于搜集过程中存在的数据库来源数据缺失或统计原因，如同仁堂、中新药业、哈药股份等，其在 CCER 数据源中的统计数据未包括 2007 年以前数据，不符合数据筛选标准。而上海凯宝、佛慈制药、福瑞股份等则因为没有满足 2003 年以前上市的公司这一筛选条件。另外，上一章中被列为研究样本的以动物毛皮利用为主的上市企业也应当在本研究中剔除。

最终，选取以动物药材生产研发为主的 9 家医药企业 2005—2012 年的数据为样本。这 9 家中医药生产经营企业分别为（以简称及股票代码表示）：东阿阿胶（000423）、云南白药（000538）、吉林敖东（000623）、九芝堂（000989）、羚锐制药（600285）、片仔癀（600436）、康缘药业（600557）、上海辅仁（600781）、马应龙（600993）。他们的主要产品都含有药用动物的原料成分，其中的差别是在资源的种类、稀缺程度及单位用量的不同，还有的生产企业的产品中的重要原料是取自我国的濒危类珍稀野生动物，如片仔癀中的重要成分便包含不可获取的天然麝香。

6.4.3　研究模型设计

本书面板数据模型研究具体应该选用固定效应模型还是随机效应模型，通常情况下是通过豪斯曼（Hausman）检验进行判断。它是由 Hausman 与 Taylor 在 1981 年所提出的对可观测的经济变量是否和不可观测的经济因素间存在相关关系的检验，即检验 $E(v_{it}\mid x_{it})=0$ 是否成立，若 $E(v_{it}\mid x_{it})=0$ 成立，则说明模型中不可观测因素为随机变化，且与自变量没有关系。当 $E(v_{it}\mid x_{it})=0$ 不成立，则说明模型中可观测因素与不可观测因素间相关，模型影响具有可测性。即在通过零假设的情况下，模型确定为随机效应模型；拒绝零假设的情况下，模型确定为固定效应模型。Hausman 检验就是要验证两类估计量之间是否存在显著差异。

在开始面板数据模型实证研究前，首先对所搜集数据进行协方差分析检验，面板数据符合变截距模型，其在横截面上的个体影响存在差异，需要做判定。对样本数据做随机效应分析，并进行 Hausman 检验，结果显示 P 值小于 0.05，结果拒绝零假设，个体效应与解释变量相关，即随机效应模型的基本假设无法满足，因此，本研究建立个体固定效应模型来对上述 9 家企业经营中对于不同利益相关者的企业社会责任与其企业绩效的关系，基本形式如下：

$$y_{it}=\alpha_i+x_{it}\beta_i+\varepsilon_{it} \tag{6-2}$$

其中，$i=1,2,L,N,t=1,2,L,T,y_{it}$ 为因变量，x_{it} 为 $k*1$ 阶回归向量列向量，α_i 为模型常数项，β_i 为解释变量的回归系数列向量，而 N 为样本成员数，t 为样本观测时期。为了克服行业中微观因素不同程度的影响，模型采用最小二乘法（LS）以 Cross - section weight 进行加权估计。并由于利益相关者满足度对企业经营业绩存在长期性影响与一定滞后，操作过程中通过添加滞后项对模型进行修正，最终模型形式如下：

$$ROA_{it}=c+\alpha_i+\beta_{1i}FR_{it}+\beta_{2i}CP_{it}+\beta_{3i}DR_{it}+\beta_{4i}CS_{it}+\beta_{5i}AR_{it}+$$
$$\beta_{6i}AT_{it}+\beta_{7i}SS_{it}+\beta_{8i}AP_{it}+\beta_{9i}RV_{it}+\varepsilon_{it} \tag{6-3}$$

企业标示数字 1 - 9 按上文中股票代码排序为 DAJ、YBY、JAD、JZT、LRY、PZH、KYY、SFR、MYL，模型表示了目标企业第 t 个观测期下企业经营业绩的提高来自该期内企业在经营中为提高利益相关者满足度所履行企业社会责任相关投入的增加，其中 c 为各个个体方程中都相等的总体均值截距项，α_i 为随不同个体对总体均值偏离程度而变动的个体截距项。

6.5 模型结果分析

研究使用 Eviews 7.0 对面板数据进行估计，结果如表 6 - 2 所示。

表 6 - 2 统计输出结果

Tab. 6 - 2 **Statistical output**

Variable	Coefficient	Std. Error	t - Statistic	Prob.
C	0. 112863	0. 012091	9. 334301	0
ER	0. 027276	0. 002641	10. 32637	0
DR	− 0. 09952	0. 008099	− 12. 2888	0
CS	0. 082035	0. 021762	3. 769649	0. 0006
AR	− 0. 00338	0. 001151	− 2. 9404	0. 0057
AT	1. 589514	0. 190117	8. 360717	0
SS	− 4. 50888	0. 824369	− 5. 46949	0
CP	0. 185614	0. 023031	8. 059464	0
AP	− 0. 00052	0. 000614	− 0. 84716	0. 4025
RV	0. 322205	0. 040211	8. 012785	0

Fixed Effects（Cross）			
DAJ—C	0. 009739	PZH—C	0. 017335
YBY—C	0. 089136	KYY—C	− 0. 01127
JAD—C	0. 001941	SFR—C	− 0. 00948
JZT—C	− 0. 0341	MYL—C	− 0. 01515
LRY—C	− 0. 04816		

其中 R2 = 0.966143，调整后的 R2 = 0.950154，相关程度较高。$D. W. =$ 2.131916，模型不存在一阶序列自相关，模型设定及整体拟合都很好。F 统

计量为 60.4284，P 值近似于 0 小于 0.05。在固定效应模型中，供应商指标
AP 应付账款周转率的估计值为 - 0.00052，但是这一指标的 t 统计量没有通
过显著性水平假设，除此之外，其余变量都很显著，这说明了固定效应模型
的设定效果是比较好的。

表 8 - 2 所述数据的结果是否说明企业对供应商的社会责任与企业绩效
无关，本书认为这恰好反映了现实环境下中医药企业经营中厂家与供应商之
间关系的实际现状。对于原料资源的利用，国家当前政策是积极引导鼓励以
野外资源为主的利用转变为以人工繁衍资源为主的利用，对天然原料资源使
用采取配额标示制度。企业为了生产持续稳定，采取收购、合作、自行建造
养殖场等措施，并不断扩大规模，减少外部交易成本，并与高校科研机构积
极合作，寻找人工替代品。而另一方面，由于研究样本选取的都是行业内上
市公司，具备一定规模与议价能力，出现这样的结果表明作为资源原料的上
游供应商，相比中医药企业而言较为弱势。并且加上国家政策与供应商所处
经营环境等原因，以及行业管理、相关技术发展长久以来的滞后，其资源产
品销路较窄，利用形式单一，未形成规模产业，产值普遍较小，在与中医药
企业的交易关系中的谈判权并不大，供应商自身的发展反而严重依赖中医药
企业，以至于强势企业并不注重履行对于供应商的企业社会责任。在本研究
之中，即意味着企业不能保证应付账款的及时清款，不注重维持与供应商的
良好关系。种种条件表明，当前中医药企业经营中对于供应商的企业社会责
任与企业绩效间的关系并不显著，因此在后续的研究中，拟将供应商指标 AP
剔除，对模型进行再一次估计，所得结果见表 6 - 3。

表 6 - 3　统计输出结果
Tab. 6 - 3　Statistical output

Variable	Coefficient	Std. Error	t - Statistic	Prob.
C	0.116382	0.013811	8.426986	0
ER	0.028204	0.003234	8.720257	0
DR	- 0.10341	0.009539	- 10.8404	0
CS	0.079195	0.02524	3.137745	0.0033
AR	- 0.00378	0.001368	- 2.763	0.0089

Variable	Coefficient	Std. Error	t – Statistic	Prob.
AT	1. 61253	0. 208694	7. 726782	0
SS	– 4. 91497	0. 893435	– 5. 5012	0
CP	0. 175652	0. 025598	6. 861859	0
RV	0. 34256	0. 044677	7. 66741	0
Fixed Effects（Cross）				
DAJ—C	0. 010694	PZH—C	0. 014689	
YBY—C	0. 09563	KYY—C	– 0. 01195	
JAD—C	– 0. 0012	SFR—C	– 0. 00946	
JZT—C	– 0. 03303	MYL—C	– 0. 01625	
LRY—C	– 0. 04912			

根据表 6 – 3、表 6 – 4 可以看出模型不存在一阶序列自相关，模型设定及整体拟合都很好，所有变量指标都通过 t 检验，均较为显著，并得出如下结论。

表 6 – 4　加权估计效果统计量
Tab. 6 – 4　Statistical Weighted Estimation

R – squared	0. 964991	Mean dependent var	0. 121455
Adjusted R – squared	0. 949852	S. D. dependent var	0. 102594
S. E. of regression	0. 023497	Sum squared resid	0. 020427
F – statistic	63. 74222	Durbin – Watson stat	2. 236474
Prob（F – statistic）	0. 0000		

（1）中医药企业的经营业绩与其各利益相关者满足度呈现显著相关，面板数据模型加权估计后的调整后的 R2 = 0.949852，D. W. 统计量为 2.236474，F 统计量的 P 值近似为零，各利益相关者群体的企业社会责任衡量指标大都为正且 P 值小于 0.05，这表明了中医药产业履行企业社会责任对于企业绩效有显著影响，这也说明自变量对因变量两者关系整体上呈现正相关。上述 9 家上市公司的企业绩效（ROA）确实受到了各利益相关者群体社会责任指标的影响，研究问题所提出的假设得到了较好的验证。最终模型表达式如下：

$$ROA_{it} = 0.1164 + \alpha_i + 0.0282ER_{it} + 0.1757CP_{it} - 0.1034DR_{it} +$$
$$0.0792CS_{it} - 0.0038AR_{it} + 1.6125AT_{it} -$$
$$4.9150SS_{it} + 0.3426RV_{it} + \varepsilon_{it} \qquad (6-4)$$

其中，α_i 为第 i 个资源产业上市公司的个体固定效应虚拟变量，ε_{it} 是模型的随机误差项，在下一节中我们将根据各企业模型函数的个体截距项进行分析，以此对不同个体企业条件下的企业社会责任表现进行评价研究。

（2）研究结果显示，企业对于不同利益相关者的企业社会责任测量指标的影响系数有正有负，其中股东（ER），客户（CS），政府（AT），员工（CP），资源（RV）等指标系数为正值，当系数为正值情况下，则表明企业对该利益相关者群体履行社会责任或加大相应投入可以有效提升企业绩效，说明了当前企业在对于此类利益相关者承担企业社会责任与改善自身企业绩效的关系上是正相关。而债权人（DR）、经销商（AR）、社会（SS）等指标系数为负值，负值则说明目前野生动物资源企业对于该利益相关者的投入成本大于获得的收益，企业对此类利益相关者履行社会责任对企业绩效产生了一定的消极作用，呈负相关关系。本书认为根据上述研究结果可以发现在野生动物资源产业中，当前相关企业履行社会责任存在的不足与问题所在，就此制定相应的管理政策与制度进行引导。

（3）研究结果中系数的数值大小，表示了当前中医药企业履行该利益相关者群体的社会责任对于企业绩效的影响程度。从表 6-3 中可知，股东（ER），客户（CS），政府（AT），员工（CP）作为影响企业绩效的重要因素，与之呈现正相关关系，影响系数分别为 0.028204、0.079195、1.61253、0.175652，分别表明企业对股东群体履行社会责任投入每增加 1%，则企业绩效会提高约 0.028%；企业对客户群体履行社会责任相关投入每增加 1%，则企业绩效会提高约 0.079%；企业对政府群体履行社会责任投入每增加 1%，则企业绩效会提高约 1.612%；企业对员工群体履行社会责任投入每增加 1%，则企业绩效将提高约 0.176%。

企业社会责任各衡量指标中政府（AT）相对为较大正值，这反映了当前产业发展中政策扶持的重要作用，由于自然资源的稀缺性，政府通过提高保护级别，数量配额限制利用，提高专营权等调控手段间接推动企业经营业绩。企业在经营中应当维持良好的政府满足度，通过合法经营，合理及时纳税进一步提升其满足度。而中医药企业对股东（ER）、客户（CS）、员工（CP）为较小正值，则企业进一步加大相应投入对提升企业经营效果并不显著，如一定要在三者间选取提升目标，能获得相对改善较为理想的是员工指标（CP），企业可通过增加企业福利支出，提高工资待遇，改善企业形象增强员工自身认同度，提升绩效激励管理层等措施提高其满足度。

衡量指标中 DR、AR 与 SS 的影响系数为负值，分别为 -0.10341、-0.00378、-4.91497，分别表明企业对债权人群体履行社会责任投入每增加 1%，则企业绩效因此受到负面影响降低约 0.103%；企业对经销商群体履行社会责任投入每增加 1%，则企业绩效会降低约 0.004%；企业对社会群体履行社会责任投入每增加 1%，则企业绩效会降低约 4.915%；

上述结果说明当前企业对债权人、经销商、社会三者间的政策并未使其产生正向的积极效应，或是企业对其利益转移投入过度。其中社会（SS）为较大负值，研究说明了当前中医药企业在经营与维持社会关系中由于没有针对性出现了策略性的失误，这和长期以来官方主导思想是以保护为主，对利用不提倡主动宣传有关，一定程度上也说明了为何"归真堂"上市会突然引起社会舆论导向的强烈反弹。当前的外部环境亟须企业做出改变与反应，若外部环境持续保持现状，即使野生动物资源企业积极履行对于社会群体层面的社会责任，并长期加大投入，对于改善企业绩效并不会产生显著的正向效果。如何充分利用现有资源，改良公共关系策略，在社会满足度上针对性投入降低无谓浪费，这将是进一步满足社会需求，增强企业形象，从而提高企业经营业绩的关键所在。

（4）考虑到不同种类野生动物种群资源数量并不相同，而相应入药的药用动物的保护级别也存在差异，为了准确反映各利益相关者度对企业经营绩效的影响，本书将量化后的资源指标 RV 作为模型的解释变量之一。从表 6-3 中可看到，RV 影响系数为较小正值 0.34256，表明企业对资源群体履行社会责任投入每增加 1%，则企业绩效会提高约 0.343%；这说明当前动物药生产企业加大对动物资源的相关投入并不会引起企业业绩的较大增幅，这从侧面也反映了当前动物资源的实际利用与管理现状，如目前企业的主营业务的产品或服务的相关议价权，很大程度上还是受到资源稀缺性的直接影响。

当前的中医药生产企业由于试剂中的药物成分早已获得审批，且各项法规及技术成本使得潜在竞争者进入行业门槛较高。并且，在国家相关政策的指导与扶持下，厂商自身通过加大对资源的利用量、改进生产工业或寻求替代品以提高药材原料利用率等行为，较难提高企业经营业绩。此外，自然资源匮乏所造成的种种限制，国家持续加强对野生动物资源的管理力度，因此对于行业内大部分厂商而言，对于动物药原料的自主权权限并不算大。

以片仔癀所获取的专营权为例，其主要成分是天然麝香、天然牛黄等稀缺药材，而由于天然麝香原料是由国家统一供应，其产能受到极大限制，现有供给难以满足民众对成品药的需求，直接导致了企业提价脚步加快。据财报显示，2011—2012 年其药品三次提价，2011 年 1 月 1 日，厂商即宣布片仔癀内销价格上调 20 元/粒，外销价格上提 3.5 美元/粒。当年 10 月 12 日，再次提价，内销提价 40 元/粒，外销则提价 6 美元/粒。2012 年 7 月 1 日，企业再次宣布调高出口价格，上提 6 美元/粒。经本次提价后，最终片仔癀的市场价格定格在内销 260 元/粒，外销为 36 美元/粒。药用动物原料受制是企业提价的根本诱因，而消费者持续增长的需求使得价格在之后依旧有较大提升空间，这给企业业绩带来了快速增长，却得益于历次提价而非产能提高或增加资源利用量，这都充分验证了当前动物药生产企业经营绩效与野生动物资源的关联度。

6.6　不同样本的企业社会责任评价分析

根据陶红军（2007）及蔡阳招（2011）的研究，在个体固定效应模型中由于不同研究个体所导致的难以量化的因素，可以通过虚拟变量的形式包含在模型中，即通过个体固定效应模型测算所得的不同研究样本的个体固定效应值。在本书研究中，该值则为不同上市企业的模型函数截距项，以此作为对不同上市企业履行社会责任程度好坏的评价依据。在企业社会责任与企业绩效关系研究的个体固定效应模型研究之中，不同企业的个体固定效应反映了企业社会责任表现过程中的差异因素。虽然不同的个体固定效应值是多种影响因素的综合结果，概念较为抽象，但这正反映出了各个企业对于社会责任承担并履行的高低水平差异。

限于篇幅原因，仅将片仔癀（PZH）及马应龙（MYL）的企业社会责任与企业绩效关系的个体固定效应模型所列出，估计系数保留小数点后四位小数，片仔癀企业的模型见式6-5，马应龙企业的模型见式6-6。

$$ROA_{pzh} = 0.1164 + 0.0147 + 0.0282ER_{pzh} + 0.1757CP_{pzh} - 0.1034DR_{pzh} +$$
$$0.0792CS_{pzh} - 0.0038AR_{pzh} + 1.6125AT_{pzh} - 4.9150SS_{pzh} +$$
$$0.3426RV_{pzh} \tag{6-5}$$

$$ROA_{myl} = 0.1164 - 0.0163 + 0.0282ER_{myl} + 0.1757CP_{myl} - 0.1034DR_{myl} +$$
$$0.0792CS_{myl} - 0.0038AR_{myl} + 1.6125AT_{myl} - 4.9150SS_{myl} +$$
$$0.3426RV_{myl} \tag{6-6}$$

模型研究中不同企业的个体固定效应值排序见表6-5，在前文研究中，由于剔除指标的因素我们对模型进行了两次估计，其分别得到的不同上市企业个体固定效应值略有差异，排序结果也发生了变动，但大体上趋势一致，因此本书将两次研究结果所带来的变动一并列出，并在表中注明，分别为修改前模型及最终模型。

表6-5 企业个体固定效应值

Tab. 6-5 Individual fixed effects values of enterprises

上市企业	修改前模型		排序	最终模型		排序
	个体固定效应	截距项		个体固定效应	截距项	
东阿阿胶	0.0097	0.1226	3	0.0107	0.1271	3
片仔癀	0.0173	0.1302	2	0.0147	0.1311	2
云南白药	0.0891	0.2020	1	0.0956	0.2120	1
康缘药业	-0.0113	0.1016	6	-0.0120	0.1044	6
吉林敖东	0.0019	0.1148	4	-0.0012	0.1152	4
上海辅仁	-0.0095	0.1034	5	-0.0095	0.1069	5

续表 6 - 5

上市企业	修改前模型		排序	最终模型		排序
	个体固定效应	截距项		个体固定效应	截距项	
九芝堂	- 0. 0341	0. 0788	8	- 0. 0330	0. 0834	8
马应龙	- 0. 0152	0. 0966	7	- 0. 0163	0. 1001	7
羚锐制药	- 0. 0482	0. 0647	9	- 0. 0491	0. 0673	9

通过对表 6 - 5 的数据分析发现，无论是修改前模型，还是最终模型，其中根据模型函数截距项数值大小，所排序的各样本对企业社会责任的履行表现次序相同，这说明通过面板数据模型进行的实证分析能够稳定地对产业内不同上市企业的社会责任表现做出有效评价，在下文分析中，将以最终模型的相关估计值分析为主。对于这 9 家上市企业的社会责任表现评价排序由高至低依次为：云南白药，片仔癀，东阿阿胶，吉林敖东，上海辅仁，康缘药业，马应龙，九芝堂，羚锐制药。

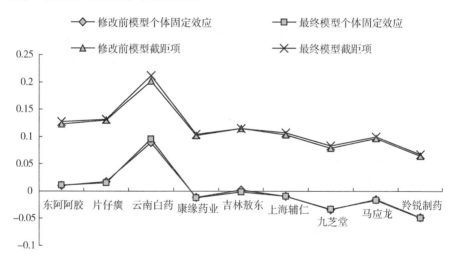

图 6 - 1 企业个体固定效应值

Fig. 6 - 1 Individual fixed effects values of enterprises

总体而言，本章研究样本中云南白药承担企业社会责任的表现最好，其个体固定效应值在九个比较样本中为较大正值（0.0956），企业社会责任的履行对于企业绩效的改善效率良好，这与现实中企业的实际情况基本上是相一致的。云南白药具有定期的企业社会责任报告及完备的信息披露发布准则，致力于自然环境的生态保护及清洁能源技术的投入研发，并且在资本市场上具有良好表现，股票价格在国内市场一直稳居前列，种种因素决定了其企业社会责任的承担对其企业绩效的改善发挥了良好的促进作用，有限的资源配置合理，该企业相较而言具有良好的企业社会责任表现。

在研究样本中企业社会责任表现处于第二类别的上市企业为片仔癀与东阿阿胶，其个体固定效应值在九个比较样本中为正值（0.0147，0.0107），但数值较小且变化幅度小，说明这两家企业的企业社会责任履行对于企业绩效的改善有利，但影响程度较小，其企业社会责任表现能否有大的进步需要通过对现有策略的调整寻求改变。这两家企业较样本总体而言，企业社会责任表现处于正常水平。

研究样本之中企业社会责任表现处于第三类别的上市企业为剩余的六家企业，即康缘药业、吉林敖东、上海辅仁、九芝堂、马应龙、羚锐制药，它们的个体固定效应值均为负值（-0.0120，-0.0012，-0.0095，-0.0330，-0.0163，-0.0491），这说明在企业社会责任的履行中，对这六家企业的经营绩效改善存在一定的不利因素。本书认为这是由于在企业社会责任的履行中，自身企业条件及外在环境因素的差异，导致其对于不同利益相关者群体履行企业社会责任过程中存在不同程度的不足，需要根据自身状况做出策略调整以达到进一步改善的目标。并且，在这六家企业之中，羚锐制药与九芝堂的个体固定效应值相比而言为较大负值，说明它们的企业社会责任表现情况更加应该得到管理者及研究人员的重视，亟须依赖某项制度或策略的调整，以取得较大的进步。此外，在本书所选取的具行业代表型的研究样本中，个体固定效应值为负值的样本占了大多数，进一步说明当前野生动物资源产业整体对于企业社会责任意识的认识不足，对利益相关者群体的界定不清所导致的社会责任承担不足，以及在履行过程中所产生的偏差与缺陷，这都导致了企业社会责任的履行与企业绩效的改善两者间关系没有达到期望的正向促进效果，野生动物资源产业承担并履行企业社会责任的策略与认识尚具有可提高的空间。

6.7 结果的讨论与分析

当前野生动物资源企业在针对不同利益相关者群体履行社会责任的实际过程中，存在积极性不强或履行不到位的问题，通过模型研究反映的履行不同群体的企业社会责任对于企业绩效的影响关系，关系之中既有正相关关系，也有负相关关系，反映出当前企业在履行社会责任上存在倾向性的实质原因，充分说明了野生动物资源企业社会责任意识发展不全面的问题本质。此外，针对不同企业个体固定效应值及截距项等虚拟变量进行比较分析，以此对研究样本中不同企业社会责任的表现进行评价。通过研究成果所反映出当前野生动物资源企业履行社会责任对于企业绩效的正向促进作用，说明了推动野生动物资源产业企业社会责任理论研究与企业意识发展的重要性，同时暴露出了企业在履行社会责任过程中的不平衡及不足等问题。

推动野生动物资源产业企业社会责任发展所面临的问题，即是相关企业经营亟须解决的问题，也是社会对于当前相关企业针对不同利益相关者群体，如何积极主动地承担社会责任的导向性问题。本书认为在野生动物资源产业承担企业社会责任与经营发展的整个过程中，影响和阻碍野生动物资源产业企业社会责任意识的发展与执行的因素大致可划分为以下几点。

6.7.1 资源稀缺因素

野生动物资源产业寻求进一步持续发展，首要问题便是相关利用资源的稀缺性问题。动物资源的稀缺对于相关企业而言，是一把双刃剑，一方面，生产厂商对于产品及服务拥有了较强定价权，能够稳固企业经营；另一方面，受制于资源数量匮乏，产业难以进一步扩大经营规模，提升投资者对公司的信心。从长远来看，野生动物资源利用对于产业发展与文化保护十分重要，由于自然种群的大幅度下降，野生动物资源原料功能也日渐趋于经济灭绝，失去了其利用的价值，严重影响着我国民族乐器、民族工艺品、民族医药以及与此相关的非物质文化遗产的传承与发展。如何利用好有限的野生动物资源，在其保护与可持续开发间寻找契合的平衡点，这足以引起相关研究人员及管理者的重视。

由于野生动物资源开发利用的渠道或途径较少，而且资源管理方式欠缺及单位管理成本过高，相关产业特别是野生动物资源加工业，在资源利用方面具有一定的议价能力，因此导致相关企业对于资源原料来源的投入及关注度不足，企业对于进入资源管理与培育领域动力不够。但某些涉及濒危类野生动物资源的利用的产业其可利用资源数量稀缺，本身产能亦受到极大限制，需要国家的配额标示等政策对其发展做出支持，否则难以保持自身正常经营。

本书认为野生动物资源数量的稀缺性，与其他因素共同推动了企业在资源层面承担社会责任的投入成本直接上升。这些因素包括自然特性所决定的资源培育周期长，相关技术手段的不成熟，以及外部自然条件的严苛要求。某种程度上这对行业内企业的参与意愿造成了消极影响，使得企业在面对资源层面的社会责任问题时，其主动积极性不够突出。

6.7.2　舆论导向因素

野生动物资源产品作为一类与人们生活息息相关的产品，随着社会科技的进步和人类生活理念的变化，出现了许多相应的人工替代品，种类包含服装、生活用品、药品成分等等，但由于类似产品之间所耗费社会必要劳动时间所存在的差异，以及使用价值上的差别，导致两者价值存在巨大差距。而野生动物资源产品的目标消费群体组成又较为复杂，有刚性需求者，也有处于成长期或中立期的客户，而当前我国野生动物资源由于种群数量不高，可利用资源量不大，往往在引导中间阶层的客户群体的购买意愿时往往力不从心。

民众生活水平的提高，同样使得社会对自然生态的关注显著增强。长久以来，国内的相关环保宣传教育一味强调资源保护，对资源科学保护及合理利用并举的宣传力度不够，没有将其与资源滥用、忽视动物福利等行为区分开。结果便是当"归真堂"类似事件发生之后，在社会上将引发的激荡。本是一家在现行法律法规体系下合理合规的企业，所生产的合格产品拥有充足需求，但却一起成了社会群体的众矢之的。在《国际濒危野生动植物种国际贸易公约》（CITES）的附录 1 中有一个规定，人工繁殖和人工培植附录 1 的野生动植物资源标准如果达到标准，便可以降到附录 2，从而允许对资源产品进行商业贸易，例如美国所产的熊胆被允许出口。因此，从通行标准以及我国现行相关法律上审视国内养熊企业的现行管理与经营是符合条例的，归真堂企业对于熊类资源的经营行为是合理合法的。

自然资源保护的最终目的是为了能够对资源进行科学的有效利用，资源利用是人类的刚性需求存在且无法回避的，缺乏管理与监督的无度滥用应当禁止，但绝对的纯粹保护同样也不可取。然而，舆论导向之中缺少专业人士的理性声音，在铺天盖地的宣传之中，媒体舆论对于消费者群体的引导发挥了巨大作用。消费者长期接受媒体宣传所获得的自身认识，使得其很难正确理解野生动物资源科学利用与合理保护间的关系。"归真堂"在上市受到阻碍后，随即启动了危机管理程序，但其有理难辨的原因直接反映了国内野生动物资源行业对于企业社会责任长久以来的不重视，以及相关认识层面上的错位，使得管理人员很难借鉴参考国内经验对此类突发危机正确的回应，导致事件越趋扩大化，企业的经营战略也因此受到影响。

6.7.3　现行管理制度因素

首先，在本章研究之中，我们发现资源指标作为一类认定的较为重要的衡量指标，在最终对于企业绩效的影响结果中却没有体现出野生动物资源对于产业发展的重要性。本书认为这和研究所选择指标存在一定关系，在进行指标选取的过程中，综合考虑后最终选取资源管理费来进行量化衡量。然而在现实环境之下，却是自 20 年前各个地区乃至国家标准的资源管理费颁布以来便从未调整，当然这同样是相关主管部门为了管理及配额制度的操作便利，但却因此反映出当前我国相关资源管理政策的滞后及整体对于野生动物资源的不够重视。经过 20 多年的发展，资源种群状况、产业规模以及资源价值与当初已迥然不同，既然我们将野生动物视为资源的一类，在对其保护利用的同时，同样也需要市场环境来反映其真实价值。并且野生动物资源还具有公共品特性，即外部性，如果仅仅通过资源管理费来体现其价值，势必会产生价值衡量偏差。主管部门的执行制度过旧，企业逐利的天性就一定会受其影响，便不会将有限的企业发展资金投入到动物资源的培育流程之中，缺少外部政策驱动力，则难以形成资源可持续发展利用的循环经济产业。

　　其次，国家对于野生动物资源产业扶持力度不够，并在资源利用上有着众多政策限制与管控。以野猪及麝两类典型野生动物资源物种为例，这两类野生动物种群除共有的生态价值、社会价值以外，都具有资源可利用的基本属性，且包含有一定差别的经济价值，而决定这一点的条件则主要取决于当前的种群数量和开发现状。在东北地区的走访调查发现，野猪养殖户相比家猪养殖户而言，同等的规模与数量缺少了国家补贴，而国家补贴对于家猪养殖的补贴是包括了基建、养殖以及繁育等方方面面，这无疑间接提高了野猪资源利用在基层农村的准入门槛。而麝类资源作为重要的经济动物，其天然麝香是重要的香料与中成药原料。随着 20 世纪 80 年代以来国际市场天然麝香价格的上涨，当前国际麝香价格已达每公斤 8 万美元，而国内麝香在国家对其销售价格的严格限制与管控下，约为每公斤 20 万人民币左右，国内外麝香价差悬殊。国家对天然麝香的药物利用是统一由国家指定交易，目前中国仅批准 7 个制药厂共 5 类品种允许使用天然麝香，仅国内市场的麝香需求量每年就高达 1500 公斤。截至 2011 年底，全国麝群种群约 8400 只，但总计每年国家库存供给与人工养麝取香的产量，每年全国能配额供给的天然麝香不足 500 公斤，远远无法满足企业发展需求。一方面是国家对天然麝香的价格控制导致养麝场出售的麝香价格越来越低，而利用麝香的中医药企业在药价上也被严格管控，当前养殖成本日趋增多，养麝场的利润便越来越低，无法通过市场化进行推广，整个养麝业难以为继，不能形成一个有效的盈利模式，众多养麝基地陷入"以熊养麝"的怪圈。我国当前对熊类资源的利用经过多年的发展与经验，其市场一直在保持循序渐进的发展，国家部门规定的资源经营利用数量与民众的消费需求间关系朝均衡稳定的经济系统方向发展，也因此得到大量的社会关注。

　　再次，经济动物资源产业的发展与壮大，其繁育养殖属于一项专业性、技术性很强的工作，需要相关部门的行业管理和有效指导。当前由于存在部分经济动物养殖场设施较不完备，技术条件不成熟，规章制度不健全，经营管理属于粗放式经营，对经济动物的体能和健康状况损害较大，其种群死亡率较高，对于其动物资源衍生制品的质量和可持续利用也造成阻碍，同时引起了社会大众的普遍关注。当前条件下国家主管部门采取的措施便是通过行政管控措施，严格控制利用数量，保护建设野生动物资源的生态栖息地，意图能够尽快恢复种群数量。这项政策的实施初衷是基于资源保护的良好出发点，并且积极引导野生动物资源的人工繁育与应用。但野生动物资源人工养殖管理问题、种群繁育力量薄弱、特种经济动物专业养殖人才欠缺、养殖成本过高、选址受限以及缺少技术支持导致人工养殖种群生存率低等问题，成为产业发展绕不开的困扰。本书认为，近年来国家开始重视资源的人工养殖，并提出"谁投资谁养殖谁受益"的方案，鼓励企业及个体自营自足，但由于野生动物资源的特殊性，国家在相关市场一直实行严格的价格控制，以至于资源产品的国内国外价差过大，但主管部门却对稀缺资源限制出口。种种因素表明，在市场难以放开的前提下，野生动物资源产业的发展备受约束，而经过多家养殖厂与养殖户的走访，普遍反映的是某些资源如麝类，由于居高不下的人工成本与养殖成本，国家指定交易下的价格管控，导致养得多亏得多，直接打击了养殖企业扩大资源养殖规模的积极性，同样不利于其种群资源的存量发展。野生动物资源繁育及养殖产业的发展，关键问题还是要由市场来解决，单纯寄希望于通过国家有限的科研与管理经费，从而解决资源保护与利用间的平衡问题，促进资源种群良性增长，这无疑如同杯水车薪。

6.8 本章小结

从本章对于野生动物资源利用行业中的中医药产业企业社会责任与企业绩效间关系的研究可以发现，履行企业社会责任整体上对于改善企业经营绩效而言，整体上具有显著意义，很好地解答了野生动物资源产业为什么要积极承担并履行企业社会责任的问题。目前企业在承担社会责任的过程中，对于不同利益相关者群体的利益满足，与企业绩效间的影响关系及程度均存在差异，如何通过差异发现问题本质，提出解决思路是值得思考的问题。而研究将中医药产业作为研究样本，对于野生动物资源产业而言，同样具有一定程度的说服力和代表性。并且，本章基于实证研究成果，提出对于当前野生动物资源利用而言，在自身企业社会责任建设过程中，正确认识亟须解决的问题与影响因素，希望能够为后续研究提供一定的借鉴与参考价值。

第七章　野生动物资源利用企业社会
责任建设的策略与建议

上一章的研究通过通过选取适当的财务指标，将其作为衡量相关野生动物资源企业针对不同利益相关者群体所承担企业社会责任的评价指标，并以此为基础研究了行业内企业社会责任与企业绩效间的相关关系，验证了所选取评价指标的可操作性与实用性。根据本书的理论分析与实证研究结论，所反映出来的野生动物资源利用企业社会责任建设的现状与问题，不仅可以体现出当前国家主管部门的政策倾向，发现行业内自身发展过程中亟须引起企业重视的问题，还反映出具有一定经济利用价值的动物种群资源现状与地位。本章将基于研究成果提出加强野生动物资源利用过程中企业社会责任建设的相关策略与政策建议。

7.1　树立科学的资源保护及利用观

通过实地调研发现，由于我国长期对野生动物资源管理及相关研究投入上的不足，长久不变的资源管理制度以及开发利用上的"一刀切"政策，不仅导致了野生动物资源管理理论与制度研究的滞后，还使得野生动物资源出现了严重的资源空心化现象，可供利用的种群资源状况不容乐观。野生动物资源管理研究对于保护资源种群，促进行业及区域经济发展，维护人与自然和谐共生具有重要促进作用。经济学的中心问题便是对有可选择用途的有限资源最优地进行分配，但通常情况下的资源经济系统并没有将野生动物资源的利用和保护二者之间的冲突进行综合考虑，因为经济学原理虽然会考虑到资源稀缺性的问题，但并未将资源保护可持续发展问题纳入系统之中。过往的相关研究中，往往注重强调种群资源的初始管理及跟踪保护工作，又或者单纯强调政府主管部门与社会公益组织在资源保护及利用上的管理控制作用，而对于作为野生动物资源利用的实施终端，即野生动物资源利用企业，当前的研究忽视了其在资源管理及利用上的主动参与性与实际诉求，资源保护与利用两者间矛盾冲突当前愈发严重。

而从第四章的研究中可以发现，当前部分野生动物资源企业在经营过程中，对于履行企业社会责任的整体存在"认知空间"上的限制，而这种不足导致了企业在资源利用观念上存在误区，注重资源利用获取效益，将生态环境及野生动物等宝贵资源进行管理保护所履行的社会责任视为增加成本的负担，忽视了行业的整体社会形象。因此，经营企业树立正确的资源利用观，提高自身企业社会责任意识，对于野生动物资源产业的长期发展作用重大。对于资源的保护是持续必需的，但在资源管理利用方面，同样不可忽视其经济意义层面上的刚性需求以及代代传承的使用价值。野生动物资源管理部门应当加强濒危动物资源的保护和合理利用，通过法律法规，对一些需要保护的濒危资源做严格的分类、利用要求及限制。资源的合理利用与科学保护并不冲突，其对于资源产业的可持续发展意义重大，这不仅是相关政府部门或社会组织的专门工作，同样应当引起企业的足够重视。

对于资源种群存量，企业通过长期投入和持续开发，形成较为成熟的资源利用产业体系，使得资源开发在对于种群存量的直接损害在控制范围内，这是企业树立正确资源利用观的关键要素。从当前国家主管部门的政策大环境上考虑，目前我国野生动物资源管理的主体思想依旧是强调在保护为主的前提下，对资源进行合理有限的利用。以动物资源利用的几类主要产业，无论是其产业管控与价格控制程度，还是资源的配额管理，制度上均较为严格。虽然我国动物资源丰富，种类繁多，但大部分具经济价值的野生动物资源尚处在一个保护恢复限制利用的阶段，企业经营必须将野生动物资源的保护这一重要因素考虑进来。

企业对有限资源进行科学规划利用，积极多方向拓展野生动物资源获取渠道，稳定资源来源供给是重中之重。有条件的规模以上企业响应国家号召，兴建资源繁育基地。利用好大型企业的资金，支持科研改进现有技术，并积极研制符合天然原料成分且具有可靠疗效的人工化学合成物。不仅可以保证原料的供应与质量，分流一部分民众消费需求压力，改善企业业绩。这对于减少资源的消耗性利用，保护自然资源，维护生态环境上同样有着重要贡献。

除此之外，野生动物资源产业发展必须要杜绝短视现象，其产品及服务的特殊性决定了自身需承担更多的企业责任，长期利益最大化与资源永续利用应当成为企业经营策略的基础，企业应当积极投入到资源的保护管理之中，关注动物福利、濒危资源管理保护，运用行业地位推动原有陈旧资源管理制度的改革，设立资源保护专项资金，加大野生动物资源保护及利用的公开宣传，以自身实际行动改变社会固有观念。

7.2 推动野生动物资源企业开展相关标准体系认证

在第五章与第六章的研究数据的搜集过程中，发现对于 SA 8000 企业社会责任标准，虽然研究样本均属于国内上市企业，已具一定规模及资本，但当前产业内没有一家企业通过这个标准认证。而 SA 8000 认证要求涵盖广泛，具体要求包括：童工、强迫性劳工、健康与安全、组织工会的自由与集体谈判的权利、歧视等等共 9 个方面，可以较好地检查企业是否有效保障员工权益。它作为在世界范围内获得认可的重要认证，是评价企业是否具有企业道德、勇于承担社会责任的重要指标。现已有为数不多的几家企业注意到在现代商业经营中，通过 SA 8000 认证对于产品走向世界，参与全球竞争的重要性，因此开始着手筹备申请。此外，ISO 9000 系列认证与 ISO 14000 认证，在行业内也没有实现全面标准通过覆盖。作为关注产品质量与环境保护的两个重要指标，同样亟须国家部门通过政策引导，引起企业重视。因此，基于野生动物资源企业经营特性，本书建议按照企业规模与发展阶段的划分，主管部门应加强联动，根据企业实际情况分阶段推行认证体系，而作为行业典型代表的上市企业，更应当以身作则，尽快将各标准的认证筹备、实施改进以及申请认证等流程纳入企业经营战略中。

7.3 加强野生动物资源企业社会责任意识建设

通过第五章的研究，本书构建并验证了企业社会责任评价指标体系科学性与合理性，而研究中发现，企业社会责任各个维度间的影响关系大小各不相同，说明了当前野生动物资源企业承担社会责任的执行力与实施策略并不合理均衡，可以通过调整经营战略与寻求政策支持进一步改善。第五章研究显示，高级层维度与企业社会责任间影响关系相比较而言最弱，这说明在当前资源形势下，我国野生动物资源产业在自然资源与动物资源层面，企业社会责任意识远不如发达国家，行业内相关企业也是如此，其往往会将应履行的社会责任视为增加成本的负担，并没有意识到企业责任对于自身长期发展的重要性。国外企业每年都会投入大量资金到野生动物资源保护公益之中，寻求社会舆论导向的调整，但目前国内野生动物资源利用企业缺乏这个意识，甚至很少考虑到整个产业的长期发展。

此外，现阶段我国野生动物资源利用企业以独立社会责任报告完整披露自身企业责任的虽有一部分，但仍属于少数，并且其中仍存在不少问题与欠缺。这种缺乏规范体系的企业责任报告，从侧面也说明了国内缺少相关的法律法规的强制要求，大多数企业在这种氛围下将缺乏会承担企业社会责任而投入的意识，当然也没有需要披露企业责任的必要了。而企业的经营好坏不仅关系到人们的生命健康与否，还涉及保护文化遗产、发扬传统优势的任务。此外，野生动物资源的外部性使得公众愈加注重保护自然环境、动物福利等等社会性因素。现阶段国内虽没有产业内的社会责任方面的法规，但行业内企业为了自身长远发展，维护良好形象，应该规范自身行业体系，定期向公众发布信息完备的社会责任报告，以此推进企业责任的健康发展。

7.4 制定针对性政策制度以有效引导

现代企业是独立的经济个体，但企业也应当承担一定程度的社会责任，它会使得企业现象整体得到提升。高级层维度层面的企业社会责任应当通过国家政策层面的引导，对野生动物资源企业的经营进行改良，而目前我国相关监督制度与机制依然处于逐渐完善之中。在当前的资源形势下，国家管理部门应当准确掌握野生动物资源的种群特征和变化规律，将保护和开发利用有机地结合起来，继续实施管控，加强法律执行力度，防止由于资源价值过高所导致的企业滥用行为等出现，但主管部门同样应当进一步放开市场，提高产业内部不同类型企业对于野生动物资源保护及利用的参与积极性。整个产业要想全面发展，通过科学合理的政策与制度引导企业关注动物资源保护，在经营过程中投入一定量的资金在野生动物资源保护之中，为保护做出自身积极的贡献才应当是国家制定相关政策的最终目的。

当前野生动物资源尚处于匮乏的状态，针对于此，相关部门在引导社会各界保护野生动物资源的前提下，还要认识到公众对资源利用的刚性需求，通过科学合理的管理策略及长期规划来利用野生动物资源。就目前而言，应该继续推动野生动物资源的保护管理工作，加强对经济动物人工养殖扶持力度，政府部门应当对此给予政策和资金倾斜，并鼓励研究机构及人员启动相应的基础科学研究，改善行业内的技术水平和工作环境，研发资源可替代品，推动行业规模发展；国家还应当加强对野生动物保护与合理开发的正确宣传，协调好公众与资源管理利用部门间的关系，使得普通民众认识到不仅仅野生动物资源的保护需要全社会的关注，而且对资源科学合理的永续利用对于人类社会持续进步也是必不可少的；此外，还应当建立稳定科学定期开展的资源清查工作，加大对野生动物资源保护工作的投资与建设，健全法律法规，对于滥用野生动物资源的行为需严肃查处整治，持续打击非法捕猎、资源走私等活动。

根据第六章的研究，相关企业对于不同利益相关者群体履行企业社会责任，在改善企业绩效上存在显著影响，而当前企业社会责任与企业绩效两者间相关关系有大有小，有正相关也有负相关，说明了在承担企业社会责任方面，相关企业在值得肯定的同时，仍然具有不足以及可以进步的空间。研究显示政府的支持对于企业发展尤其重要，对于野生动物资源的相关产业而言，国家政策的变动，决定着某一类产业乃至传统文化的存亡，企业应当寻求并把握国家相关政策的进一步支持。以对野生动物资源利用量较大的中医药产业为例，无论是至关重要的药材原料来源，还是企业自身的技术创新及规模发展，都离不开政府相关部门的支持与引导。企业应当积极纳税、合法经营来履行自身对政府的社会责任，为了进一步维持良好关系，还可以协助政府扩大资源保护宣传的力度，加大对资源管理与利用等研究的公共投入，共同推动资源管理陈旧制度的与时俱进。这对于行业提高整体技术水平，引发管理部门思考，制定更为合理科学的野生动物保护与利用的方针策略，培养更多的专业人才，促进经济产业良性发展将产生一定推动作用。

7.5 进一步明确企业社会责任的履行目标

研究发现野生动物资源企业在履行对员工的企业社会责任上还存在进步空间，可通过增加企业福利支出，提高工资待遇，改善企业形象增强员工自身认同度，提升绩效激励管理层等措施提高其满足度。同样具有进步空间的，还有企业对于供货商群体的社会责任。野生动物资源企业应当采用收购、兼并上下游产业资产，通过优势企业之间相互合作，利用整个产业体系中的优势产业对弱势产业进行资金扶持或技术支持，促进整个行业蓬勃发展。

除此之外，股东乃至债权人随着社会的进步，其观念同样也在进步，虽然企业积极承担社会责任是需要投入的，但从长远看，其获得的收益将远大于成本。从客户的基本需求出发，企业还应加大研发投入，不断改进生产技术工艺，提高产品质量，不以暴利为目的，尽可能降低生产成本的同时，还要保证质量。

再次，当前相关企业在对债权人、经销商、社会等三类利益相关者群体履行社会责任与其企业绩效间关系为负相关，这说明在这些方面的企业社会责任还存在不足或值得改进之处。其中野生动物资源企业在经营与维持社会利益相关者群体的关系中出现了策略性的失误，充分利用现有资源，改良公共关系策略，直面资源利用与保护相冲突的困境，重塑企业形象，改善社会公众印象。现代企业的发展与经营，同样离不开新闻传媒的引导，从"归真堂"事件就不难看出，媒体在引导社会事件走势上拥有巨大能量，企业要想健康发展缺乏与媒体的沟通是万万不行的，如何正确地把资源合理利用与科学保护区分开来，是行业内企业首先要向人们解释并引导的问题之一。现代媒体技术的飞跃发展，企业的目光也不能仅限于传统纸媒或平面媒体，各种新媒体的出现同样值得关注，所以企业应该变被动为主动，积极地参与其中。在对外沟通上，不只是单纯的宣传，还应该以实际行动的形式展现给大众，社会慈善捐助、关注动物福利、支持环保行动等等。企业以自身对社会责任的履行向社会表明，资源的利用与保护并不冲突，整个产业的可持续发展意义深远。

7.6　本章小结

野生动物资源产业是几千年传承下来的文化传统，进入现代社会后通过技术进步与实践改进而来的产业体系，其产业发展对推动资源的创新利用具有重大作用。其产业的发展离不开资金的支持，新型产品的研发同样需要企业投入大量的资金与精力，如何增强投资人、股东乃至内部员工的信心，生产企业自身力量有限，如何加强与各类机构的合作，增强企业核心竞争力，这些都是管理人员需要考虑的问题。野生动物资源产业的发展还要考虑到自然资源的利用可持续以及生物多样性的保护，随着部分资源由于过度开发而陷入濒危，行业内企业应当要重视自身对生态环境的企业责任。随着经济水平的提高，消费者可支配收入的增多，民众的消费需求及社会环境意识将会逐渐加强。野生动物资源产业所面对的不仅有普通客户的需求，还有来自社会媒体、环保群体以及自然资源等方面的关注与压力。随着野外动物种群数量的下降，保护观念的不断深入，社会中对动物资源滥用、无节制开发的反对呼声日趋强烈。然而，由此产生了理念相反的极端思想，即纯粹地对动物进行保护，忽视人类对其资源利用的刚性需求，提倡杜绝一切对生物多样性存有影响的人类活动。而现实反映说明，这种极端保护主义忽略社会经济中的刚性需求同样也不可取。企业通过控制与管理手段，对于资源科学合理的利用不应当影响资源物种的生存。因此，野生动物资源企业积极承担并履行对于不同利益相关者群体的企业社会责任，将成为化解当前资源保护及利用间矛盾的主要力量，只有通过市场与行政两种手段的共同结合，才能准确把握资源利用与保护间关系，进一步发挥文化传承与造福社会的作用，推动相关产业及经济的持续发展。

第四部分 04

基于最优控制理论的野生动物资源最优管理

第八章　野生动物资源管理最优控制
模型构建研究

以科学开发资源、保护生态环境为前提的可持续发展模式已成为林业研究领域的热点。野生动物资源作为可更新资源中的重要组成,在不断加强保护的同时,对其进行合理开发与利用的探索也从未停止,在利用的过程中,不仅需要考虑到资源利用的高效,而且必须要考虑到生态系统的稳定与种群数量的平衡,以确保野生动物资源的可持续利用,同时还要考虑到投入产出所获得的经济价值最大化。

野生动物资源利用对于国内产业发展与文化保护十分重要,由于自然种群的大幅度下降,野生动物资源原料功能也日渐趋于经济灭绝,失去了其利用的价值,严重影响着我国民族乐器、民族工艺品、民族医药以及与此相关的非物质文化遗产的传承与发展。如何利用好有限的野生动物资源,在其保护与可持续开发间寻找契合的平衡点,已成为当前从经济管理学者到生态学者都在关心的问题。

随着野外动物种群数量的下降,保护观念的不断深入,社会中对动物资源滥用、无节制开发的反对呼声日趋强烈。然而,由此产生了理念相反的极端思想,即纯粹地对动物进行保护,忽视人类对其资源利用的刚性需求,提倡杜绝一切对生物多样性存有影响的人类活动。而现实反映说明,这种极端保护主义不是通过合理的控制与管理手段,而是纯粹忽略社会经济中的刚性需求同样也不可取。

8.1　野生动物资源最优控制模型构建思路

一切经济系统的数学模型的构建，都要建立在对问题的实际背景的了解下。根据 IUCN 资料显示，当前全世界的濒危物种达 15000 多种，占已知物种的 3% ，而在具有重要利用价值的动植物资源类中，濒危物种其所占的比例远大于 3% 。这表明了一个显著的问题，长期过度地利用资源和人类的经济活动对生态环境的影响导致了大量野生动植物种群数量的急剧下降以及很多物种的灭绝。而我国长期以来对野生动物资源价值的忽视使得其数量呈现明显下降趋势，已经出现了严重的资源空心化现象。野生动物资源最优控制模型设计的初衷，正是立足于在保护中开发，在开发中保护的基本思路，实现野生动物资源利用的可持续性。

最优控制理论在可更新资源的应用中，以森林为例，用 $F(x)$ 表示其自然增长率，用 $h(t)$ 表示人类对树木的采伐率，则森林现时存量变化可描述为状态方程：

$$\frac{\mathrm{d}x}{\mathrm{d}t} = F(x) - h(t) \quad t \geqslant 0 \qquad (8-1)$$

其中，$h(t)$ 由两个量决定，其一是当前种群水平 x ，其二是采伐努力量 E ，$h(t) = E * X$ 。从管理者角度来看，立木采伐控制应侧重于森林规模或存量的最优调整以期获得最大持续利润。管理的目标则是从树木采伐中得到已贴现的总收入最大值 [13]，表示为：

$$V = \int_0^T e^{-\sigma t}[Ph - CE]\mathrm{d}t \qquad (8-2)$$

其中，T 为采伐周期，P 为立木价格，C 为采伐成本，管理决策目标就是满足状态方程的前提下使性能指标最大化，其最优控制的 Hamilton 函数如下：

$$H = (Ph - CE)e^{-\sigma t} + \lambda[F(x) - h(t)] \qquad (8-3)$$

通过对最优控制理论与实际应用的理解，可以发现一个基本的最优控制模型所应该具有的变量与变量之间的关系，以及其所蕴含的已经前人所做研究充分证明过后的经济意义。因此，对于野生动物资源种群模型的建立应该遵循一定的基本原则：

（1）一个最优控制问题首先必须包含一个联系 y 和 u 的运动方程

$$\frac{\mathrm{d}y}{\mathrm{d}t} = f[t, y(t), u(t)]$$

（8-4）

$$y(0) = y_0$$

若我们的目标是确定最优资源种群收获数量和最优管理投入。则用 $y*(t)$ 和 $u*(t)$ 分别表示时间 t 时的最优资源种群收获数量和管理投入，$\frac{\mathrm{d}y}{\mathrm{d}t}$ 代表了野生动物种群增长率，此外，我们还应设定一个维持环境与生态所要求的最低资源种群数。

（2）正确的且具有经济意义的目标泛函

$$V[u] = \int_0^t F[t, y(t), u(t)]\mathrm{d}t$$

（8-5）

若我们的目标是使得野生动物种群资源价值最大化（经济价值），并将其与管理投入控制变量 u 联立起来，应采用这样一个观点：最优收获数量是由所研究的管理投入水平（策略）而决定的。

为了更好地利用数学方法，我们还需要对经济系统的问题进行必要、合理的简化，这样能更清晰地凸显出系统内部的主要特点，旁枝末节的次要因素应适当省略。当前，图像分析、遥感与勘测设计等各种新型技术在野外物种观测上的运用，极大地提高了研究者在生物多样性及环境变化上的认知能力。而在野生动物管理与保护中，具有不可控性的外部生态环境的变化使得管理充满了不确定性，而这种变化对物种的影响又是普遍存在的，但由于应当只有剧烈的变化时才会对物种产生显著影响，如地震、洪水、气候突变等等（威廉姆斯，2004），而这恰恰又是难以预料与估计的，因此，模型的构成是建立在外部稳控的条件下的。

而人类的经济活动或政策因素对于野生动物的生存环境与状态的影响是显而易见的，并且这对于野生动物管理而言属于完全可控的外在条件，无论特定的物种是鼓励利用还是保护为主，将其具体放在模型中，本研究的思路是通过管理部门在保护、利用、附属设施建设、人员开支等等相关投入费用上进行量化。即在所构建的最优控制模型中，以管理策略 $u(t)$ 作为控制变量，来对状态变量 $x(t)$ 种群数量产生影响，通过对模型的求解来确定时间 t 时最优管理投入 $u*(t)$ 与最优种群数量 $x*(t)$。这一条思路构成了研究构建模型的主线。

通过研究者对最优控制理论在不同经济系统间的应用，不难发现一个基本的最优控制模型所应该具有的变量与变量之间的关系，以及其所蕴含的已充分证明过后的经济意义。经济系统的最优控制问题中最重要的是根据经济学定律和经济变量的时间序列，导出经济系统中关键的状态方程，其能够以适当的精度反映经济系统的内在规律。此外，便是正确地确定目标泛函，它能够通过自身大小反映出控制策略的好坏。最优控制问题中的首要目标是决定最优控制 $u*(t)$，从而可以进一步求解出最优状态 $x*(t)$。而野生动物资源作为一类除自身经济价值外，还蕴含较高社会价值和生态价值的可更新资源，其经济系统的构建还需要将种群数量的持续繁衍和正常延续这一条件放入，相应地还应受到某一特定生境下所能承载的种群的最大生态承载力，这构成了经济系统之中种群存量 $x(t)$ 的约束条件。

8.2 野生动物资源最优控制模型构建形式

对野生动物资源进行最优控制设计的目的即是对目标物种资源实现最优管理，使其利用价值与非利用价值两者在一定的时间区间内综合利益最大化。因此，对于野生动物资源种群模型的建立首先应当遵循最优控制模型构建的基本原则，即系统稳定性、能控性与能观测性。根据以上原则，所构建的最优控制数学模型如下：

$$\dot{x} = \alpha x(t) + \beta u(t) \tag{8-6}$$

$$x(0) = x_0 \quad x(t) = x_t \tag{8-7}$$

一个最优控制问题首先必须包含一个联系 x 和 u 的运动方程（状态方程）。若 $\dot{x}$ 代表了目标动物 t 时刻下种群增长数，则 $x(t)$ 为 t 时刻下种群数量，$u(t)$ 为投入的管理费用，$x(0)$ 为种群初始状态。我们还应设定一个最大资源种群数 $x(\max)$，即考虑了自然环境承载力下该种群的最大容纳数量，此外，$x(\min)$ 应从种群自然增长率与资源利用形式两条件出发考量。$u = (u_1, u_2, \cdots, u_m)^T$ 是管理投入向量，即管理投入的形式有 i 种，如果投入减少或增多至 m 种，会导致量上的变化，是否也会影响野生动物管理的效果，在后续研究中，讨论这个问题同样具有现实意义。

$$V[u] = \int_0^t F[t, y(t), u(t)] \mathrm{d}t \tag{8-8}$$

若我们建立正确的且具有经济意义的目标泛函，目标是使得野生动物种群资源经济意义上的价值最大化，若将其与管理投入控制变量 u 联立起来，应设定这样一个基本观点：在野生动物管理投入的多少或效率高低对于种群数量的大小是具有影响的。

8.2.1　野生动物资源类型分类

本研究需要根据野生动物种群数量发展和利用数量等基础数据的完备程度和可获取难度，确定处于不同发展状态，不同利用程度的野生动物资源的最优控制模型形态，不同最优控制模型形态确定了其动态计量方法的不同。

一是基于野生动物最优控制模型和利用情况确定的。野生动物能否满足生存和利用是开展其研究的重要资源基础，同时，野生动物是否有价值取决于对人类需求的满足程度，因此资源优化控制和利用程度是区分不同资源形态的重要依据。

二是野生动物资源自身的功能作用和所处发展状态也是进行分类研究的重要依据。

三是当前社会关注程度、数据获取程度的差别也影响到资源类型选取标准。

从建立数学模型的角度入手，初步拟定根据全国野生动物资源清查数据进行资源丰富程度分类，分为资源丰富、一般和濒危三种状态，然后利用全国野生动物资源利用产业调查数据进行资源利用程度分类，分为利用程度高、潜在程度高和低三种形态，最后将这两种方式结合起来，利用优化控制模型的数据要求，确定研究对象的不同类型，以此为区分不同的研究对象，希望能够促进提高对资源管理策略的针对性作用。

8.2.2　模型构成形式

对野生动物的收益函数表示为 $R = p * x - u - c$，而 $0 \leqslant u(t) \leqslant u(\max)$，$u(\max)$ 视为最大投入。$p = (p_1, p_2, \cdots, p_n)^T$ 是种群价值向量，$c = (c_1, c_2, \cdots, c_i)^T$ 是成本向量。而对于控制策略的有效性度量则通过 $V(u) = \int_0^T [p(t) * x(t) - m(t) - c(t)] \mathrm{d}t$，被积函数在经济系统中 t 时刻下相对应状态 $x(t)$ 和控制策略 $u(t)$ 的单位时间的收益。在最优控制的经济学应用中，目标泛函中变量 t 可以通过折现因子 $e^{-\sigma t}$ 进入被折函数，被积函数往往含有折现因子。

建立野生动物资源最优控制模型，而作为一个快速控制问题，所期望的是系统从一个状态过渡到终值状态时所用时间较短，即为最优控制中的 Lagrange 问题。

$$V(u) = \int_0^T e^{-\sigma t} [p(t) * x(t) - m(t) - c(t)] \mathrm{d}t \qquad (8-9)$$

又因为：$c(t) = \gamma x(t)$

$$m(t) = ux(t)$$

所以：
$$V(u) = \int_0^T e^{-\sigma t} \{[p(t) - \gamma(t) - u(t)] x(t)\} \mathrm{d}t \qquad (8-10)$$

$$\text{s. t.}\ \dot{x} = \alpha x(t) + \beta m(t) + \varepsilon$$

$$x(0) = x_0 \quad x(T) = x_T$$

$$x_0 \leqslant x(t) \leqslant K$$

$$m_0 \leqslant m(t) \leqslant M \qquad (8-11)$$

野生动物资源的增长在自然条件下也符合生物经济平衡的一般原理，同时在野生动物资源的经营管理中还要投入大量的人力、物力，以促进野生动物资源的自然生长率提高，扩大野生动物资源的存量。考虑到野生动物资源数量不同，利用形式不同，关注程度不同，通过解释变量向量上的经济指标数设定来与现实状况分类相对应。其中 $p(t)$ 为 $1 * k$ 维，$u(t)$ 为 $1 * l$ 维，其中 k、l 均为经济意义上的测定指标数，为方便计算，应尽力使 k 与 l 维数相同，n 为观测时期数。K 为所测定的目标种群的区域环境自然承载力的最大容纳量。M 为 t 时期管理部门能力范围内的最大投入，m_0 为维持种群初始最低状态应投入费用。

8.3　基于最优控制的野生动物资源管理模型因素评价体系

建立野生动物资源最优控制模型可以通过方程求解及仿真得出在野生动物资源管理中的最优捕获数量和管理投入，但在进一步深入研究求解前，需充分考虑当前我国的野生动物实际现状，结合前人研究与控制模型，准确地对其资源评价因素做出分类，继而通过科学的研究方法与步骤构建出基于最优控制的野生动物资源管理评价体系，发现各维度因子相互间关系，为之后实证研究奠定研究基础。

8.3.1　资源管理评价体系构建的方法和步骤

国内外目前对于构建评价体系已形成了比较普遍认同的研究方法和步骤，通常将人员访谈法／小组访谈法与问卷调查法相结合。通过对现有文献的借鉴和总结，本书采用以下步骤和方法构建评价体系：（1）根据文献研究和探索性研究，基于所建立的最优控制模型提出野生动物资源维度指标假设；（2）运用访谈法这一定性技术，结合相关从业人员访谈和随机抽样访谈，生成具体的指标和条款；（3）利用小规模预调查测试问卷，结合数据分析结果和专家访谈意见对维度和条款进行筛选、完善，形成正式问卷；（4）进行大规模正式调查，收集数据并进行数据分析，完成评价体系的检验和修正。

8.3.2　评价体系维度及构成要素

目前野生动物资源价值构成是以自然资源（包括森林资源）的价值构成为依据的。以往的野生动物价值的研究也多是参考自然资源价值研究理论和方法。对于自然资源价值评价的研究很多，其理论基础也有很多，主要包括劳动价值论、效用价值论、能值理论、二元价值论等。

自然资源价值评价方面，克鲁蒂尔于 20 世纪 60 年代在 AER 上发表《自然保护的再认识》，提出自然资源价值的概念，为资源价值评论奠定了基础。70 年代影响较大的资源价值评价方法是赫里威尔 D. R. 所提出的 HELLI-WELL 系统，其选定的评价影响指标涉及范围较广。库伯·比斯瓦 S. (1973)、辛登·沃瑞尔（1979）在理论研究和实证研究方面均取得较显著的成果，将环境评估方法引入至自然保护区价值评价。

King 是目前文献中经常引用的发表最早的关于野生动物价值分类的文章。Shaw 基于此提出了一个更为全面的野生动物价值体系：美学价值（Esthetic values）；游憩价值（Recreational values）；生态价值（ecological values）；教育与科学价值（Educational and scientific values）；实用价值（Utilitarian values）；商业价值（Commercial values）。

关于野生动物的价值分类的研究，我国学者涉猎较少，马建章等认为，野生动物的价值分为野生动物的自身价值和野生动物对人的价值两部分；何杰提出野生动物具有食用价值、实用价值、科研价值、审美价值和伦理价值；高智晟提出野生动物资源的价值应分为存在价值和附加价值两部分。

从以上研究可以看出，有关野生动物资源价值分类的构成大致上相同，关键是从利用价值与非利用价值两个方面出发去考虑。利用价值是人们通过对资源的直接利用所获得的利益的价值。非利用价值包括选择价值和存在价值。此外，任何一类经济资源都具有生产成本，物种资源在现实经营状况下，还应当考虑其负价值：一是动物种群在时间 t 时带来的损失，即可视为 $c(t)$（比如对农作物或家畜的损害，对其他物种栖息地的损害，交通事故以及人身安全的危害等等）；二是经营管理部门对该野生动物种群的总投入 $u(t)$，即 t 时间下的管理投入及策略。而若要目标物种的状态变量 $x(t)$ 是必须考量的。本书对前人研究进行总结，据此归纳出多数学者纳入衡量的关键要素，并据此确定了基于最优控制模型的野生动物资源价值的构成因素，在下一节将对此做出详细解释与界定。

8.3.3 变量与指标

由于本研究是基于野生动物资源最优控制模型出发的，因此根据上文已构建模型中状态方程的各变量选择相应的指标，在与林业经济领域的学者与野生动物资源管理部门相关专家进行深入交流后，对最初根据文献研究所拟定的指标再结合模型中变量进行多次修正，增加或去除部分指标，调整了部分指标的位置和表述形式，从而针对即将开展的目标物种的实地调研构建了评价体系，如表8-1所示。

表8-1　基于最优控制模型的目标种群野生动物资源评价体系

Tab. 8-1　Evaluation System of Wildlife Based on Optimal Control Model

模型变量	构成指标
$x(t)$	存在数量
	利用数量
	生长量
$c(t)$	收获成本
	负价值
$p(t)$	利用价值
	非利用价值
$m(t)$	管理费用
	基建费用
σ	行业年利率

在此基础上，将10个构成指标进一步展开为具体的问项，这些具体的问项直接转化为调查问卷的问题，以森工集团东北林区一线相关管理及从业人员为对象进行大规模调查，在此之前首先进行了预调研的修正，最终形成了30个具体题项，采用李克特五分式量表。

8.3.3.1　数据收集

（1）预调查和问卷的进一步完善

调查工作分为两步，前期的预调查共发放问卷为25份，面向的对象是林业领域内的专家与研究生，以及黑龙江森工总局的部分管理人员。经数据分析后，删除了选择较为极端的题项，例如对 σ 折现率的调查，我们将题项自问卷中剔除，而 σ 反映经济的动态变化，本研究默认其在模型中为不可或缺的变量。并根据反馈意见调整了意思表达不清或表述过于专业化的问题。

例如森工总局的管理人员普遍认为，当前野生动物管理以保护为主，捕获以及相应的人力、物质消耗等成本等等无从谈起。考虑到林业相关政策及受调查人员人口基本因素的差异，我们对部分题项措辞与询问方式进行了修改，期望调查到一线人员的真实想法，最终确定 28 个题项的调查问卷，进入正式的大规模正式调查阶段。表 8 - 2 为题项进行问卷调查时所期望搜集的目标意愿。

表 8 - 2　题项期望目标
Tab. 8 - 2　Goal - expectancy of Item

目标种群	目标种群
1. 往期头数	16. 损害农作物或林木
2. 当期头数	17. 意外伤人损失
3. 活动范围	18. 破坏生态平衡
4. 出没频率记载	19. 主导价值
5. 捕获量	20. 次要价值
6. 利用量	21. 资源管理费
7. 利用形式	22. 存在价值
8. 市场规模	23. 选择价值
9. 增长量	24. 维护生态多样性
10. 林区面积	25. 管理活动投入
11. 自然资源概况	26. 社会相关投入
12. 主要天敌概况	27. 新建设施投入
13. 人力成本	28. 维护投入
14. 生产成本	
15. 附加费用	

（2）正式调研

在 2011 年 7 月至 8 月，分别于东北地区的哈尔滨、伊春、长春和延边等地，针对森工总局下属的各林区管理、从业人员进行了现场发放问卷的调查，总共发放问卷 102 份，回收了 97 份，最终有效问卷为 89 份，有效回收率为 87.3%。

8.3.3.2　数据分析

（1）信度与效度检验

信度即可靠性，指测量工具能否稳定地测量所测得事物或变量。Cronbach's α 系数是使用最多的检测方法。α 值大于 0.7，则表示问卷调查结果的一致性和稳定性良好。表 8 - 3 的数据分析结果表明 28 个项目的整体 α

值为 0.827，具有较高的内部一致性；各构成要素的 α 值均大于 0.7，表明各测量指标都具有较好的内部一致性。

效度是指测量结果的正确性，即测量量表能够正确测得研究所要衡量的特征和功能。本研究采用表面效度和建构效度来分析问卷。表面效度主要是用来反映问卷或量表内容切合主题的程度。建构效度要求对每个变量的测量背后有足够的理论支持，并且这些被测量的特征之间应有合理的关系，即测量工具所能测量到的理论概念的程度。本研究的指标是在文献回顾的基础上，结合野生动物保护与利用的实际情况选取，并进一步与相关从业人士、林业经济领域内专家访谈整理所得，通过预调查对指标进行修正最终确定问卷指标与内容。综上所述，问卷具有良好的表面效度与建构效度。

表 8 – 3　问卷的信度结果

Tab. 8 – 3　Reliability of Questionnaire

构成要素	Cronbach's Alpha	N of items
存在数量	.873	4
利用数量	.832	4
生长量	.753	4
收获成本	.768	3
负价值	.762	3
利用价值	.739	3
非利用价值	.721	3
管理费用	.799	2
基建费用	.709	2
整　体	.827	28

（2）因子分析

本研究在进行因子分析前，首先采用了 Bartlett 球体检验及 KMO 的取样适当性量数检验各变量之间相关性。KMO 值若小于 0.50 时，则不宜进行因子分析。从表 8 – 4 中可以看出 KMO 值为 0.715，Bartlett 球体检验的 $\chi 2$ 值显著性概率都为 0.000，小于 0.001，表明变量具有相关性，满足做因子分析的前提条件。

表8 –4 KMO 检验和 Bartlett 球形检验

Tab. 8 –4 Test of Kaiser – Meyer – Olkin & Bartlett

Kaiser – Meyer – Olkin Measure of Sampling Adequacy		.715
Bartlett's Test of Sphericity	Approx Chi – Square	1335. 506
	自由度 df	378
	显著性概率 Sig.	. 000

采用的因子萃取方法是主成分分析法，旋转方法为最大方差法。因子旋转经 8 次迭代后收敛，28 个指标被萃取为 9 大因子。这 9 个因子变量的特征值都大于 1，描述的总方差占原有变量总方差的 74.427%，故认为这 9 个因子能够解释大部分的变量，反映原有的大部分信息。表 8 – 5 显示的是经正交旋转后的因子载荷矩阵，将选项中设定为因子载荷绝对值小于 0.5 的不予显示。根据因子分析的结果（表 8 –5），前文假设的指标体系得到了较好的验证。

表8 –5 正交旋转后的因子载荷矩阵

Tab. 8 –5 Factor Load Matrix after Orthogonal Rotation

题项	因子 Component								
	F1	F2	F3	F4	F5	F6	F7	F8	F9
A1	. 596								
A2	. 864								
A3	. 891								
A4	. 908								
A5		. 770							
A6		. 798							
A7		. 771							
A8		. 777							
A9			. 579						
A10			. 800						
A11			. 804						

题项	因子 Component								
	F1	F2	F3	F4	F5	F6	F7	F8	F9
A12			.540						
A13				.716					
A14				.866					
A15				.750					
A16					.779				
A17					.515				
A18					.875				
A19						.768			
A20						.776			
A21						.616			
A22							.581		
A23							.794		
A24							.807		
A25								.843	
A26								.747	
A27									.709
A28									.743

8.3.4　经济参数搜集预期及现状

基于最优控制模型的野生动物资源价值的形成，主要通过 5 个模型变量而构成的，而这 5 个变量则可以划分为 10 个构成指标，σ 在动态经济研究中的重要性贯穿本研究，其余 4 个变量可分为 9 个指标，最终在问卷中通过 28 个测评题项而体现，与本研究文献研究精炼而出的模型以及所设定的指标假设是相符合的。这 28 个调查项的获取方法由于资源管理的复杂和相关数据获取形式的差异各有不同，以下为在东北初期调研结束后与课题组成员及相关学者研讨后所初步拟定的数据搜集思路及形式。

调查项 1-4：东北调研访谈了解到，自原国家林业局于 1995 年启动首次全国陆生野生动物资源调查以来，各省历年来还根据省情制定了不定期的特定动物的专项调查工作，通过与林业局、调查规划院与森工总局的相关部门走访沟通，从资料中可以搜集出特定地区内目标物种的年度数据。而又由于野生动物种类繁多，分布范围十分广泛，现阶段可供使用的财力与技术都很有限，期望能从年鉴、报表中获得详尽的种群数据相信十分困难，因此还需要用到生物经济学中的增长模型利用基期数据进行推算，并结合每年的部门报告的材料中进行分析，使数据具有较高的可信度。此外，题项 3 活动范围除首次调查的数据外，还应结合天保工程 10 年以来林区一线工作人员的访谈反馈与感受进行估计。题项 4，由于野生动物保护级别的不同，部门内各记载的精细程度上存有差异，除工作报表外还应当采用访谈法结合分析。

调查项 5-8：捕获量又分为合法与非法两种行为，合法的科学实验或资源开发等在林业管理部门均有审批记录，而非法的捕获行为可以通过相关工作报告中法律的执行力度来了解。当前环境下，野生动物所具有经济意义上的主导因素各类不尽相同，有的动物因为自身是天然产品，如麝。而有动物又因为其具备生态价值与存在价值，如虎。因此，其利用形式各有不同，根据其方式相对应搜集数据，如果以人工繁育利用为主，除通过管理部门报告年鉴搜集数据外，还可通过国家林业局濒危办。而如果以维护生态多样性为主，则可通过 CVM（条件价值评价法）进行大规模针对性问卷调研。市场规模程度可通过访谈商家，咨询相关管理部门，通过报告材料分析得出。

调查项 9-12：增长量可通过基期数据利用增长模型进行演算，而地方林业管理部门的工作重心一直以林区森林资源管理为主，相关资料较为充实，天保工程进行 10 年来的基础数据也较为完备。资源与天敌概况均可以通过资料搜集，文献分析进行大致了解估计。

调查项 13-15：主要是针对野生动物资源利用与开发产业，可通过现场访谈，详细记录，并通过对当地经济状况的分析，产业发展现状历程，综合得出所需各项。以调查中涉及的物种野猪为例，当前野猪的利用途径主要是通过人工驯养，驯养方式分为圈养与放养两种，经营形式大多为散户。通过与我们走访的养殖户的访谈与资料收集，大致情况如下：野猪资源利用方式主要是其肉类产品，市场价格方面比普通猪肉高出 8~10 元，野猪的繁衍数量较为可观，出栏期大致为 5 到 6 个月，以养殖户的 8 头猪为例，出栏数量大致为 100 头以上。成本方面，其种源大多是通过向较大规模的经营户或公司购买，小猪一般 2500 元一头（母）。如果进行野外捕获的话，需 4 ~ 5 人捕获一头，并且事先需得到上级管理部门批准。圈养野猪食量较为惊人，出栏期 5 ~ 6 月，每天需 5 斤左右的进食量，每头总体需大致 800 ~ 900 斤的饲料。春秋两季对其进行疾病预防，总体费用在 100 元左右。圈养猪舍的修建上，以 500 平方米左右为例，总体需要 14 万 ~ 15 万费用。工作人员 3 人，平均工资约为 2000 元/月，临时需要人手时采取雇工形式，以当地人工费用为基准，50 元 ~ 80 元/天。送货成本由于动物运输的特殊性，相比普通货物而言，大致高 10% ~ 20% 之间。

调查项 18 - 18：这类调查项主要是通过管理部门的年度报告与工作材料中搜集，结合与林区务农人员的访谈，再通过现实中各年经济环境进行演算，得出较为准确的数据。

调查项 19 - 21：不同物种自身蕴含的主导经济意义不尽相同，在当前的政策环境下各有优劣，部分数据搜集可参照上文所提题项 5 - 8。而题项 21 则源自 1992 年国务院发布的相关标准，近 20 年来，由于野生动物管理利用工作的滞后，导致这个标准已不完全适应国情，部分省市也根据实际情况做出部分微调，但大多集中在种类的增减，而不在于经济价值上的精确定价。

调查项 22 - 24：主要采用 CVM（条件价值评估法）对特定地区特定物种进行大规模问卷调查，再通过各地区各年度的经济状况差异进行推算。

调查项 25 - 28：主要通过各年度国家林业统计年鉴，各省、各森工总局年鉴来进行数据统计，一定程度上还要采用文献分析法来确定费用所占比例问题，保持数据的精确。同时，由于野生动物保护工作与森林资源管理工作存在一定的重叠性，还应当从定性角度上考虑，明确主要目标。

8.4　本章小结

通过对模型构建与应用的理论基础进行探讨，从资源最优管理目标出发建立野生动物最优控制模型，寻求长远收益最大化。在最优控制模型的基础上，野生动物资源评价体系则通过 $x(t)$、$c(t)$、$p(t)$、$m(t)$、σ 等5个模型变量构建反映。

通过问卷调查最终确定的模型变量及测评指标可以成为野生动物管理与研究人员对其资源价值综合评估的策略性方向，依据这些方向为本书的后续研究奠定充实的理论基础，据此进一步拟定详尽的数据搜集方案。又因为野生动物资源数据来源方面一直存在来源不清，所处地区均为较为偏远的地带，进行实际搜集工作较为困难，且国家管理部门的关注度不够，缺乏持续准确的相关统计工作，在余下的研究工作中，应该在实际调查中发现所欠缺的数据支撑并及时发掘新的测量数据来替代变量，以此来完善模型数据，增强研究说服力，这同样是一块重中又重的工作。通过实际调研中发现问题，这将对模型设定的准确性与可靠性提供参考价值，为下一步大规模搜集相关数据奠定基础，从而保持研究的严谨性与持续性。

第九章　野生动物资源管理最优控制模型求解及分析

在上文的研究之中，结合当前野生动物资源管理和利用的实际状况，构建了野生动物资源管理最优控制模型，并针对模型所涉及各因素运用定量研究方法进行实证探讨，发现各维度因素间关系，进一步验证了模型有效性以及指明了后续的研究方向。

$$V(u) = \int_0^T e^{-\sigma t} \{[p(t) - \gamma(t) - u(t)]x(t)\} \mathrm{d}t \qquad (9-1)$$

$$\text{s. t. } \dot{x} = \alpha x(t) + \beta m(t) + \varepsilon \qquad (9-2)$$

$$x(0) = x_0 \; x(T) = x_T$$

$$x_0 \leqslant x(t) \leqslant K$$

$$m_0 \leqslant m(t) \leqslant M \qquad (9-3)$$

在设立模型后对参数搜集数据的过程中发现，由于野生动物种群分类划分的不同，而濒临灭绝或稀缺物种，其数量越少，所蕴含的综合价值（经济价值、生态价值、社会价值）便会越高。在上文进行模型建立的过程中，所设立的种群价值、利用成本及投入均为向量，意味着存在 n 种价值，n 类成本和 n 种投入，但物种存量应为标量，即某类动物种群的数量，包括最优收益也以经济收益的形式对其进行量化，同为标量。因此在后期模型建立的基础上进行应用的过程中，需要考虑到这一因素。

当前由于国内在 20 世纪经历了长时期对林业类可更新资源的滥用滥伐，野生动物资源的持续更新同样因此受到较大影响，政府管理部门据此对资源进一步加强了管控，社会各界也因此愈发地重视野生动物保护，目前我国具显著经济价值的野生动物资源物种大多都还处于种群恢复的阶段，因此为了更好地促进动物种群资源的持续更新，在模型设定中必须考虑对其基础数量的长期保护，而由于健康的生态系统是由多个生物种群所共同组成的，其同样不能超过生存环境的最大承载力。在模型之中加入约束条件，即 $x_0 \leqslant x(t) \leqslant K$。

通过数学建模解决问题的实质本身就是在尽可能接近现实的基础上通过数学处理以解决问题，需要对实际问题进行一定程度的简化。对于物种存量 $x(t)$ 在模型之中，将其设定为某类物种的种群数量也是基于此的。因此，在后续的演算过程中，考虑到维数一致性的因素，搜集数据时将在对物种参数细分、数据获取便利性以及数据有效性的基础上，在模型演算时则对其进行综合处理量化，对最优控制模型进一步演算如下。

9.1　野生动物资源管理最优控制模型求解

（1）写出其 Hamilton 函数。

$$H = [p(t) - \gamma(t) - u(t)]x(t) \cdot e^{-\sigma t} + \lambda(t)[\alpha x(t) + \beta u(t)x(t) + \varepsilon] \tag{9-4}$$

对其进行变换，并为了函数式较为简洁，将 $p(t), x(t), \gamma(t), m(t), \lambda(t)$ 分别写作 p, x, γ, m, λ，在本书之后的演算中以此同理。

$$H = [(p - \gamma)e^{-\sigma t} + \lambda\alpha]x + (\lambda\beta - e^{-\sigma t})ux + \lambda\varepsilon \tag{9-5}$$

$$因为 x_0 \leqslant x(t) \leqslant K \quad x_0 \geqslant 0$$

所以 $x(t) \geqslant 0$ 成立，则

（2）由最大值原理可知，$m_0 \leqslant m(t) \leqslant M$ 区间内应使得 Hamilton 函数最大化，则讨论如下两种情况取值。

若 $pe^{-\sigma t} + \lambda\alpha - \gamma e^{-\sigma t} > 0$

$$u* = \begin{cases} \dfrac{m_0}{x(t)} & \lambda\beta - e^{-\sigma t} < 0 \ (即 \lambda < \dfrac{e^{-\sigma t}}{\beta}) \\[3mm] \dfrac{M}{x(t)} & \lambda\beta - e^{-\sigma t} > 0 \ (即 \lambda > \dfrac{e^{-\sigma t}}{\beta}) \end{cases} \tag{9-6}$$

另，根据上述方程形式，当折旧率为 0 以及不等于 0 时，其将拥有同样的分析结论。基于定性分析更加直观和便利的目的，可考虑当折现率 $\sigma = 0$ 时的取值情况。

若 $p + \lambda\alpha - \gamma > 0$

$$u* = \begin{cases} \dfrac{m_0}{x(t)} & \lambda\beta - 1 < 0 \text{（即} \lambda < \dfrac{1}{\beta}\text{）} \\ \dfrac{M}{x(t)} & \lambda\beta - 1 > 0 \text{（即} \lambda > \dfrac{1}{\beta}\text{）} \end{cases} \qquad (9-7)$$

从 Hamilton 函数的决策规则中可以反映出模型是与现实状况相贴近的，在当前积极鼓励保护野外资源，提倡开发利用人工繁衍动物资源的政策背景下，最大化收益的主要决定因素便是种群数量 $x(t)$ 的多寡，这一前提条件无论是野外资源还是人工繁衍资源都是满足的。其中 λ 为种群状态量 t 时刻下 x 增加一个单位时收益的增量，在模型中被称为种群量的影子价值（Clack，1994）。当 $p + \lambda\alpha - \gamma > 0$，即资源利用的效益大于其成本时，而当 $\lambda < \dfrac{1}{\beta}$，即种群存量的边际价值小于投入的边际效用，那么管理者应该将所有的费用控制至最小或者加入相对于野生动物数量增长而言为负的政策变量（如组织捕猎、捕获补贴）。而当 $\lambda > \dfrac{1}{\beta}$ 时，管理者应当努力扩大投入费用，采用增加其正向政策变量。

若 $pe^{-\sigma t} + \lambda\alpha - \gamma e^{-\sigma t} < 0$

$$u* = \begin{cases} \dfrac{m_0}{x(t)} & \lambda\beta - e^{-\sigma t} < 0 \text{（即} \lambda < \dfrac{e^{-\sigma t}}{\beta}\text{）} \\ \dfrac{m_0}{x(t)} & \lambda\beta - e^{-\sigma t} > 0 \text{（即} \lambda > \dfrac{e^{-\sigma t}}{\beta}\text{）} \end{cases} \qquad (9-8)$$

另，基于当折旧率为 0 以及不等于 0 时，其拥有同样的分析结论的理由。为了分析更加直观和便利，可考虑当折现率 $\sigma = 0$ 时的取值情况。

若 $p + \lambda\alpha - \gamma < 0$

$$u* = \begin{cases} \dfrac{m_0}{x(t)} & \lambda\beta - 1 < 0 \text{（即} \lambda < \dfrac{1}{\beta}\text{）} \\ \dfrac{m_0}{x(t)} & \lambda\beta - 1 > 0 \text{（即} \lambda > \dfrac{1}{\beta}\text{）} \end{cases} \qquad (9-9)$$

当 $p + \lambda\alpha - \gamma < 0$，即资源利用的效益小于其成本时，例如种群数量泛滥超过活动自然区域最大容纳量 K 时，对生态多样性与民众的正常生活都造成

破坏性影响，而所引起成本变量的增加超过起当前利用收益。这种情况下，无论当 $\lambda < \dfrac{1}{\beta}$ 或 $\lambda > \dfrac{1}{\beta}$ 时，管理者都应当将所有的费用控制至最小或者加入相对于野生动物数量增长而言为负的政策变量（如组织捕猎、捕获补贴）。

（3）令（9-5）Hamilton 函数关于 u 的导数为 0，即 $\dfrac{\partial H}{\partial u} = 0$，

$$\frac{\partial H}{\partial u} = \lambda \beta x - e^{-\sigma t} = 0 \qquad (9-10)$$

（4）写出其正则方程组，其中 $\lambda(T) = 0$。

$$\begin{aligned}
\dot{x} &= \alpha x + \beta u x + \varepsilon \\
\dot{\lambda} &= \lambda \sigma - \frac{\partial H}{\partial x} = \lambda \sigma - \lambda \alpha - p e^{-\sigma t} + \gamma e^{-\sigma t} - (\lambda \beta - e^{-\sigma t}) u
\end{aligned} \qquad (9-11)$$

通过求解分析过程的步骤 2 至步骤 4 可看出 u 只依赖于 λ，本问题的协状态方程又不依赖于 x，因此可直接利用 Maple 软件对协状态方程进行求解，得出以下关系：

$$t + \int_0^{\lambda(t)} \left(-\frac{1}{\tau \sigma - \tau \alpha - p + \gamma + [-\tau \beta u + u]} \right) \mathrm{d}\tau + C1 = 0 \qquad (9-12)$$

从上式可以看出，对解析解进行求解后进而衍生出内部变量 τ，无疑增加了模型的复杂性，若对正则方程做进一步简化，参照前人研究此种简化并不影响模型的稳定性与目的性，因此令 $m(t) = u$（控制变量），在求解过程中，写出其向量矩阵形式，并求其协状态方程解析解。

$$\begin{aligned}
\dot{x} &= \alpha x(t) + \beta m(t) \\
\dot{\lambda} &= \lambda \sigma - \frac{\partial H}{\partial x} = \lambda(t)(\sigma - \alpha) - p(t) e^{-\sigma t} + \gamma(t) e^{-\sigma t}
\end{aligned} \qquad (9-13)$$

得：
$$x(t) = \left[\int_0^t \beta m(t) e^{-\alpha t} dt + x(0) \right] e^{\alpha t} \qquad (9-14)$$

$$\lambda(t) = x(0) e^{-(-\sigma + \alpha)t} + \frac{-p(t) + \gamma(t)}{-\sigma + \alpha} \qquad (9-15)$$

向量矩阵：
$$\begin{bmatrix} \dot{x} \\ \dot{\lambda} \end{bmatrix} = \begin{pmatrix} \alpha & 0 \\ 0 & \sigma - \alpha \end{pmatrix} \begin{pmatrix} x \\ \lambda \end{pmatrix} + \begin{pmatrix} \beta m \\ \gamma - p \end{pmatrix} \qquad (9-16)$$

9.2　野生动物资源管理最优控制模型分析

均衡状态作为鞍点在动态经济学中是一种普遍现象，对于方程的系数矩阵存在 $trA = \sigma > 0$，因为折现率在研究依据现实设定 $\sigma > 0$，则均衡状态为不稳定焦点，该经济系统不是渐近稳定的，或称其为条件稳定的（王翼，王歆明，2007）。而 $detA = \alpha\sigma - \alpha^2$，存在以下几种情况，列表 9-1 说明。

表 9-1　系统情况说明

Tab. 9-1　System Description

	$\alpha > \sigma$	$\alpha < \sigma$
$\alpha < 0$		① $detA < 0$；$\sigma - \alpha > 0$
$\alpha > 0$	② $detA < 0$；$\sigma - \alpha < 0$	③ $detA > 0$；$\sigma - \alpha > 0$

当全局系统为情况①时，动态经济系统均衡点存在鞍点，x 的路径应趋向于系统中鞍点的方向收敛。经济系统中有 $\alpha < 0$，此时目标种群资源量较为稀缺，已达到若不加以保护管理并影响种群正常自然增长，甚至面临濒危灭绝的可能性，而 $\sigma - \alpha > 0$ 说明由于资源稀缺，λ 所代表的收益增量正向极大化，趋向于发散增长。

当全局系统为情况②时，经济系统中有 $\alpha > 0$，此时目标种群资源数量丰富，又因为 $\sigma - \alpha < 0$，说明其 λ 所代表收益将收敛于均衡点。处于这种情况下的物种数量或规模有可能处于过多过大的状态，其利用收益或无法弥补其投入成本，而动态经济系统均衡点存在鞍点，若系统趋近于全局均衡状态，又应对其进行控制。

当全局系统为情况③时，经济系统是渐进稳定的，存在 $\alpha > 0$，目标种群资源数量状态能够保持正常自然增长，x 是趋向于点外发散的，且 $\sigma - \alpha > 0$，说明对其利用存在正向收益，而 λ 将随着 $t \to T$ 时，沿轨迹逐渐朝均衡状态的方向发散。此种情况下的物种通常为自身具有显著的经济价值与生态价值两种属性，而当数量增加时，两种价值间的量化上的差别导致了在系统达到均衡状态前的趋势。

图9-1为相轨迹图形的全局分布示图，从相图分布可看出所拟定的模型经济系统依据自身 Det 与 Tr 的情况推定应为右下角两类情况，即当处于 $T^2-4D<0$ 时位于右半区的相轨迹。上图是相图分布的整体情况，模型的具体相图可通过结合上文中模型的向量矩阵采用 Maple 16 软件编程进行作图，根据其不同状态下的不同参数，最终可做出相应的处于不同全局系统的相图，相关 Maple 程序见书后附录一，该参数情况下所作相图如图9-2所示。

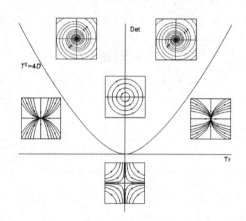

图9-1　相图分布

Fig. 9-1　The Distribution of Phase Diagram

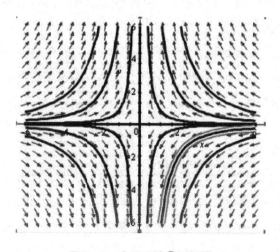

图9-2　全局系统①下相图

Fig. 9-2　The First System of Phase Diagram

9.3　模型实证分析与结论

上文中通过种群现状分析初步拟定的研究目标的分类，分别为资源丰富而且利用程度高，资源一般利用程度高，资源濒危利用程度高和资源濒危潜在利用程度高等四种资源类型。研究将结合最优控制模型中的经济系统对其做进一步探讨，当前社会关注度较大，具有显著经济意义以及生态价值的物种，可以发现其增长周期与经济状态与模型问题分析得出的结论是较为一致的，从侧面反映了研究所构建模型的现实可行性与理论意义，而结合模型按照资源分类选取三种较为典型的物种进行简单的定性分析同样具有一定验证性。

此外，研究还选取了一类动物种群作为实证研究的目标对象，做出这种选择进行了一定的综合考虑，在拟定实证研究对象的过程中，参照了前人所做的大量研究工作和资料，最终选择了熊（Ursidae）作为实证研究的目标群体，主要原因如下几点。

第一，从这三类野生动物种群的种群数量、开发现状、社会价值、经济价值以及生态价值来看，三类除共有的生态价值、社会价值以外，都具有资源可利用的基本属性，包含了有一定差别的经济价值，而决定这一点的条件则主要取决于当前三类物种的种群数量和开发现状。而在通过大量的走访调查和实际数据搜集之后发现，野猪当前在我国大部分地区，在其生存区域内由于缺乏天敌和管制大多处于一个泛滥成灾的境地，不仅影响了自身生存区域周边的居民正常生活，也给同一区域内其他物种的正常生存带来一定破坏，同时也给地方政府管理造成了一定的难度和影响。但由于其向来缺乏系统的管理，虽具有一定的经济价值，但本身当前数量较多，加上野猪的繁衍能力本身较强，这种现状预估将会持续相当长的一段时间。虽物种的数量增加可以视作一件好事，可以推定为其物种数量已经超过其生存环境的最大生态承载力，但相较而言，其他两类物种的研究意义对于产业发展、推动社会经济而言有更强的研究意义。

第二，通过对研究人员所做大量工作的学习和参考，麝类资源当前虽然进行了大量的人工合成麝香技术的推动研究，但其天然麝香在某些产业的资源应用中依然具有一定的不可替代性与难以复制性，而其开发利用方式中的活体取香的技术也一直还在持续推动中，主要分为保定床固定法取香和三人快速取香法，当前也得到一定的推广，但当前麝类仍旧属于濒危类野生动物，其数量据调查研究显示还远远无法满足民众需求，仍旧需要在利用的过程中进行较长期的发展。并且已有人针对麝类资源做了与本书类似的研究，朴小锐（2012）在对最优控制理论模型进行经济学解释的基础上，针对实际数据情况进行了联立方程组的计量分析，分析得出麝类资源的最大值原理条件，并对之进行了相应的经济学分析，针对性地提出了麝类资源最优管理策略。陈文汇（2013）在此基础上通过详尽的数据搜集，在验证了麝类最优控制模型有效性之后，进行科学系统的演算，最终得出我国麝类资源在贴现率为5%的时候，其最优种群收获量为66.24万只，而最优种群存量为143.01万只。在二人的研究之中，均同样指出，根据最新麝类资源调查数据显示，全国各类麝类总数量不足10万只，当前条件下所能采取的措施便是行政管控措施，严格控制利用数量，保护建设麝类资源的生态栖息地，尽快恢复种群数量至最优状态。

第三，从研究所需的现有的资源相关数据完整性及调查搜集的难度方面考虑，在调研中我们通过大量的走访发现，野生动物资源由于其资源特性，其大部分生存区域均为较为偏远的地区，而相关专业人才的缺乏，对于准确种群数据的持续搜集工作一直都难以开展，全国性的数据更加难以统计。而麝类和熊类野生动物由于其具有较高的利用价值，其管理与开发持续的不断的改善和进步，产业化的成熟带动了其种群资源培育产业的持续增长，而国家相关部门于2011年发布的《关于进一步加强麝、熊资源保护及其产品入药管理的通知》进一步加强了对稀缺资源的管理，对于研究而言，相比较其他物种，拥有较为成熟的研究条件。

第四，从当前国家主管部门的政策大环境以及研究所建立的模型适用性上而考虑，目前我国野生动物资源管理的主体思想依旧是强调在保护为主的前提下对资源进行合理有限的利用，针对动物资源的几类主要利用产业，无论是其产业管控程度，还是资源的配额管理，制度上均较为严格。正因为我国动物资源丰富，种类繁多，大部分动物资源尚处在一个保护恢复限制利用的阶段，研究模型的构建与实证应用必须将野生动物资源的保护这一重要因素考虑进来，熊类资源其自身拥有较大的种群基础存量，而且经多年持续投入和开发，具备了较为成熟的资源利用产业体系，其资源开发在现行法律法规体系下对于种群存量的直接损害较小，这都是模型构建后实施实证研究的重要因素。

综上所述，研究最终将熊（Ursidae）此类动物种群资源作为实证研究的目标种群。

9.3.1　麝（Cervidae）

麝，属鹿科（Musk），又称为麝獐、香獐。其重要资源产品麝香作为极名贵的香料，是雄麝脐香腺囊中的分泌物干燥后所形成的，是一种十分名贵的中药材，在香料工业和医药工业中有着传统的不可替代的价值。麝香多取自原麝（Moschus moschiferus）、林麝（Moschus berezovskii）或马麝（Moschus chrysogaster）等三类物种。国内生产麝香不仅质量为世界第一，产量长期也占世界的70%以上。巨大的经济价值利益驱动下，世世代代都在采用杀麝取香的方法，直接导致了各种麝类动物现成为濒危物种。由于各种麝类动物已经成为濒危物种，我国已将它们均从国家二级保护动物升格为一级保护动物。目前我国麝类动物资源的总蕴藏量数量总和估计已下降至20世纪50年代的五分之一，其中林麝最多，以下依次为原麝、马麝、黑麝和喜马拉雅麝。野生麝类资源越来越少，北方原麝，已经在新疆、河北等地消失，如果不加以保护，就会有绝灭的危险。东北调研期间，收集的有关麝类资源数量的反馈普遍显示，种群数量一度面临十分稀少的处境，但天保工程实施以来，生态环境的恢复与人为干扰的减少，其数量也得到了一定恢复与稳定。

现在我国对麝类的生存和发展，已经采取了很多有效的措施，不仅在其分布区内建立了许多自然保护区，保护野生麝类资源。而且早在50年代后期就发展了麝类养殖业，并改变了以往杀麝取香的方法，逐步摸索出了从香囊口直接掏取麝香的科学方法，3~8月麝腺分泌旺盛时，可以活体取香二次，为减少破坏野生种群、扩大饲养规模、提高麝香产量发挥了重要作用。与此同时，我国科研部门还开展了人工合成麝香的研究，以及利用生物工程的最新手段，培养麝香腺细胞，为早日解决商品麝香的供求矛盾打下基础。

研究人员对于如何估算麝类资源的种群数量和麝香的获取量也做了大量的研

究工作，盛和林（1996）和孟宪林（2001）根据文献与资料统计调查了1950—1995年以来麝类资源的数量与麝香产量逐渐递减的情况，如表9-2所示。

表 9 - 2　麝类的历史数据
Tab. 9 - 2　Historical Data of Musk Deer

年份	麝的估计数量 （万只）	麝数量递减 百分率（%）	麝香年产量 （kg）	资料来源
1950	200 ~ 300	—	1400 ~ 1700	参见盛和林，1996；孟宪林，2001所示资料记录综合
1960	250	16.7	2000 ~ 3000	
1970			1500	
1980	60	80.0	500	
1990	20 ~ 30	90.0	—	
1993—1995	10	96.7	—	

　　而吴家炎、王伟（2006）根据麝类资源的不同分类，于1999—2001年针对麝类生活的不同省区的麝密度与其资源种群数量进行了调查（表9-3所示）。

表 9 - 3　麝类的麝密度
Tab. 9 - 3　Density of Musk Deer

种别	分布地区	平均密度 （只/km²）	数量 （只）
原麝	黑龙江、吉林、辽宁、内蒙古、山西、新疆、河南、湖北、湖南、广西、四川、贵州、云南、重庆、西藏、陕西、甘肃、宁夏、青海	0.38 ~ 0.84	2960 ~ 3540
林麝		0.28 ~ 1.13	29520 ~ 36700
马麝	内蒙古、四川、云南、西藏、甘肃、宁夏、青海	1.50 ~ 3.94	19330 ~ 23170
黑麝	西藏、云南	1.08 ~ 3.24	5400 ~ 6500
喜麝	西藏	2.65 ~ 3.12	2280 ~ 2700
安徽麝	安徽、河南、湖北	0.28 ~ 1.13	500 ~ 600

　　此外，还有的学者通过搜集统计麝香的年产量，以此来推测不同时段的我国麝类资源的捕获量，陈文汇（2013）基于上述方法对1950—1990年的种群资源的实际数量进行了核算（见表9-4）。

表 9 – 4　麝类的实际数量调查

Tab. 9 – 4　Investigation of Musk Deer

年份	估计数量 （万只）	麝香年产量 （kg）	据麝香推出的 猎捕量（万只）	实际数量 （万只）
1950	300	1550	29	329
1960	250	2150	40	290
1970	190	1500	28	218
1980	60	500	10	70
1990	25	—	—	25

据文献研究显示，从新中国成立至今，麝类资源的数量随着经济社会发展而不断骤减，随着捕获难度的增加和国家进一步的管控，捕获量同样大幅度减少。当前麝类资源的总体情况反映为系统①：$\alpha < 0$；$\sigma - \alpha > 0$；$\det A < 0$，其生态价值与经济意义都非常重要，然而资源种群的数量远远无法满足外部市场对其的需求，使得在短期目标的驱动下，经济价值远大于其生态价值。其 x 与 λ 正如图 1 相图分布中位于最下方的相图轨迹，如果不采用控制手段与保护手段对利用数量加以限制，增加其种群状态量，其资源边际价值将会随着种群数量逐渐趋近于零直至种群灭绝而无限正向极大化。为寻求系统①向着其他系统状况的转变，直至对于物种生存与资源利用较为平衡的系统③。管理部门首先应当建立增加其种群数量的目标，加大对其管理与保护的投入与力度，增强科研力度尽力缩小人工麝香替代品与天然麝香药效与成分上的差距，改良人工繁衍麝类资源的取香技术，提高其种群利用率与存活率。

9.3.2　野猪（Sus scrofa）

野猪（Sus scrofa），属哺乳纲，偶蹄目，猪科，是重要的资源兽类，作为家猪的祖先，其具有较高的食用价值，由于其具有低脂肪、高蛋白的特点，更符合现代消费理念，已被列入《国家保护的有益的或者有重要经济、科学研究价值的陆生野生动物名录》。野猪的分布范围极广，涵盖欧亚大陆。在我国，野猪分为 5 个亚种：台湾亚种，分布于台湾；川西亚种，分布于四川、陕西、甘肃、山西、河北、河南、湖北、安徽；新疆亚种，分布于新疆；华南亚种，分布于江苏、浙江、福建、江西、湖南、广东、广西、贵州、云南；东北亚种，分布于辽宁、吉林、黑龙江。按此分类可知，此次东北调研的野猪物种划分于东北亚种。

野猪通常栖息在茂密的灌木丛，低湿的草地，食物丰富的阔叶林中。常在山间灌丛和草丛中活动，在红松林和柞树林里数量居多，群居作较大的游荡，没有严格的取食时间，几乎整天都在活动，到处觅食，以其吻部拱土。嗅觉和听觉发达、视觉不甚发达。以植物的根、茎、叶、果、松子、橡子、榛子、核桃为食，也破坏成熟的庄稼，玉米、土豆、南瓜、白菜等。在丰收金秋时节，给农民丰收的农田造成了危害。

长期以来，较之国内，国外对野猪生态学的研究起步早，内容广泛。国内外研究所涉及的内容主要是野猪的种群数量、生境选择、活动规律、繁殖饲养、食性以及家域等。尽管如此，从整体而言，对野猪所做的研究工作仍不够全面，特别是在野猪对农田的危害以及防治危害的措施方面的研究成果很少。

随着生态意识的提升、自然保护区的建立以及退耕还林还草在农牧交错带和林缘区的全面展开，使生态破坏在自然保护区及牧区、林区均得到了有效的控制，以植物为食的野猪优先发展，成为这一地区野生动物中的优势群体，而食肉类大型野生动物作为野猪的天敌，其群体很小，有的物种甚至在该地区已经灭绝，野猪种群发展的限制性因子减少。另外，长期以来对野生动物资源管理利用的粗放式管理，并由于缺乏相应统计数据和稳定开展的调研活动，导致有关于动物种群在其特定生境中的自然环境最大容纳量、种群生存的适宜密度、数量变化率等研究停滞不前，将野猪作为研究对象而言，难以对不同环境生存下的野猪数量及综合效益进行控制管理，相关部门无法制定科学适当的狩猎政策，因野生动物禁猎，使得野猪缺少其群体发展的人为限制因子，当群体发展到超出其环境容纳量时，就会导致对生态平衡的破坏，并寻求新的生存空间，向生态密度较低的环境扩展。此外，随着近年来国家天然林保护、防护林体系建设等工程以及全国收缴狩猎工具和全面禁猎等政策的实施，使得野猪等野生动物的栖息地得到保护和改善。这就使得野猪的种群数量在我国的一些地区如黑龙江、吉林、辽宁、河北、浙江等地出现明显的增加，随即出现了野猪频繁危害农作物和偶发的伤人现象。

张永录等从1995—2000年，对黑龙江省野猪种群的现状及其生境选择进行了研究，得到结果：野猪在黑龙江省主要分布在大兴安岭、小兴安岭及东部山地林区。全省野猪种群数量已达 26470 + 9120 头，种群密度 0.0909 + 0.0313 头/hm²，森工林区增长速度明显，年递增率约 7.4%。

安春林等于 1999—1998 年对河北省 39 块样地进行调查，从发现的 414 头野猪及其生存环境来看，野猪在河北省主要分布在山地森林资源丰富、附近农业生产较频繁，农产品（尤其是马铃薯）较丰富的燕山山脉、恒山余脉以及太行山山脉的部分山区，数量为 5000 头左右。

滚双宝于 2002—2003 年，通过对子午岭甘肃管护区野猪开展种群特性研究，得到结果：子午岭甘肃管护区野猪的数量大约在 1641 + 138 头；根据同一季节该种群结构调查的研究结果（即成年个体占 44.4%，其中成年雄体 18.5%，成年雌体 25.9%，亚成体占 55.56%，未发现幼体），可以初步认为这一地区有成年野猪 729 + 62 头（其中，成年雄猪 304 + 26 头，成年母猪 425 + 36 头，亚成体野猪 912 + 77 头）；同时根据种群结构和野猪的繁殖年龄可初步断定该种群是一个增长型的种群。

余海慧于 2009—2008 年，采用相对数量调查法对辽宁东部地区（主要是本溪市桓仁县和丹东市宽甸县）进行了野猪数量调查。经对调查结果的分析得出：在宽甸和桓仁两个县林区野猪种群密度为 0.01554 + 0.00322 头/hm²，野猪种群数量为 7898 ~ 12024 头。

在丰收的秋季，野猪以活动区域周边成熟的庄稼为食，给农民的农田收益造成了极大危害，通常情况往往造成山林周边村落作物总产量约三分之一的减产。直接导致了在林缘区周边的耕地的大量荒废，当地农民已逐渐放弃山坞中的良田，造成了有限土地资源的浪费，给当地农业生产带来较大的经济损失。野生动物危害是指能引发人类疾病、造成经济损失、物理性伤害或能使人类生活质量降低的动物引发的事件。我国很多地区都面临野生动物保护与人们生产生活冲突的问题，其中野生动物危害是这种冲突的主要原因之一，其严重的程度已经直接影响到广大人民群众对野生动物保护的态度。野猪和农民的冲突即野猪对农作物的危害存在普遍性，使其成为公众关注的焦点。

当前野猪资源的总体概况反映为系统②：$\alpha > 0$；$\sigma - \alpha < 0$；$\det A < 0$，通过文献与实地调研了解到，近 10 年的休养生息，加上野猪种群自身较大的繁衍力，使得近年来我国全国近 20 个省市都曾经或正陷入野猪种群泛滥的处境之中，皆出现了野猪肆虐危害农作物或伤人的现象。此种状态下即使

响应政策加大对人工繁衍野猪的利用力度与政策支持，相对于社会全局而言，其造成的效益损失将随着种群数量的增多而不断扩大，即其 λ 随着 x 的增加而沿相轨迹图而逐渐减少趋近于零。为寻求系统②向系统③目标的优化转变，管理部门准确掌握野猪的种群特征和变化规律，将保护和开发利用有机地结合起来，在对野猪进行保护的同时，根据种群的变化情况，通过适时、适量的政策倾向性捕猎或引入一些生物限制因子（如食肉类天敌），限制种群数量无限制发展，是解决当前问题的有效措施。

9.3.3 熊（Ursidae）

熊胆入药始载于《唐本草》，其具有杀菌明目、血管疏通、清热解毒等疗效，目前市面上较为常见的熊胆药用产品主要有熊胆滴眼液、熊胆酒、救心丸等等。其药材原料主要取自熊科（Ursidae）动物黑熊（Selenarctos thibetanus）与棕熊（Ursus arctos）的胆囊和胆汁，市面上流通的多为熊的干燥胆囊或通过人工繁育黑熊进行活体采汁。根据马逸清、徐利、胡锦矗（1998）的研究表明，我国黑熊有 17458 ~ 19458 只。

国内黑熊主要分布在东北、华北、华南、西南和台湾等地，有5个亚种，分别为：

（1）普通黑熊（U. t. thibetanus）仅分布于我国西南区，包括藏东南、云南西部和南部、川西北以及甘肃南部。

（2）西南黑熊（U. t. mupinesis）又称四川黑熊，其分布遍及秦岭以南的陕西、青海、四川、云南、贵州、湖南、湖北、甘肃、安徽、福建、广西和广东等省。

（3）东北黑熊（U. t. ussuricus）仅分布于我国的小兴安岭、张广才岭、老爷岭及长白山山地林区。

（4）长毛黑熊（U. t. laniger）仅分布于喜马拉雅山脉地区，国外分布于克什米尔地区、印度、尼泊尔和锡金；

（5）台湾黑熊（U. t. formosanus，包括海南黑熊 U. t. melli）主要分布于台湾中部山区；其中，海南黑熊分布于海南岛，该亚种由 Matschin 于 1922 年订名，有学者认为应将其单独作为一个亚种，但也有研究者认为应将其与台湾黑熊归为一个亚种。

　　熊胆作为珍贵的动物药，价格非常昂贵，每千克熊胆高达 2 万～2.5 万元，在巨额利润的驱动下，对野生熊的无节制捕获利用，加上人为活动对种群生地的破坏，野生熊的资源数量骤减，构成种群生存的直接威胁。目前，黑熊，棕熊均已列入国家二级保护动物。首次野生动物普查则显示：我国棕熊数量约 15000 只，而黑熊则约有 28000 只，结合上文对比分析，不难发现熊类数量在加大保护力度和提倡人工养殖利用后，种群数量在稳步提升。

　　目前，中国尚有野生黑熊分布的省份包括：辽宁、吉林、黑龙江、浙江、福建、江西、湖北、广东、广西、重庆、四川、贵州、云南、西藏、陕西、甘肃等多个省级行政区域，分布广。种群数量超过 1000 只的省份包括：黑龙江、江西、四川、西藏、陕西和甘肃 6 省，其中西藏最多，约有 1 万只；其次为四川，约有 4500 只。而自 1985 年以来，全国开始广泛推行人工繁育养殖黑熊作为活体取汁来源，经过长期发展，现约有熊场上百家，据博思数据最新调查显示，当前较大规模熊场基本信息如表 9 – 5 所示。

　　经济动物产业的发展与壮大，需要相关部门的行业管理和有效指导，其繁育养殖属于一项专业性、技术性很强的工作。但由于部分经济动物养殖场设施较不完备，技术条件不成熟，规章制度不健全，经营管理属于粗放式经营，对经济动物的体能和健康状况损害较大，其种群死亡率较高，对于其动物资源衍生制品的质量和可持续利用也造成了阻碍，同时引起了社会大众的普遍关注。当前熊类资源的总体情况反映为系统③：$\alpha > 0$；$\sigma - \alpha > 0$；$det A > 0$，这说明我国对熊类资源的利用经过多年的发展与经验，其市场一直在保持循序渐进的发展，国家部门规定的资源经营利用数量与民众的消费需求间关系朝均衡稳定的经济系统方向发展，而其主要利用形式熊胆粉的价格走势也较好地反映出这一点。根据相关研究文献记载反映，熊胆粉价格 2002 年时为 2 万～2.5 万元每千克，而到现今，人工繁育活体取汁的熊胆粉价格维持在 5000～8000 元每千克，经过深加工后的熊胆粉药用制品按标准核算后在 1.5－2 万元，但纯天然野生熊胆粉则维持在 5 万元每千克，大多来自干燥的野生熊胆囊。

　　当前熊科动物的利用与管理趋于良性趋势发展，不仅是种群数量得到稳步增长，更由于其自身所蕴含高昂的经济价值，使得种群资源得到了广泛利用，惠及了更多的消费群体，其产生的社会效益及经济价值等综合价值在稳步提升，即其 λ 随着 x 的增加而沿相轨迹图稳步提升并趋近于一个较为均衡的区间。此外，野生动物种群资源管理处于经济系统③时，引发了社会民众对熊科动物的持续关注，导致了"归真堂"上市事件的出现。这类事件对野生动物资源的合理利用发出了另一种声音，但从另一方面来看，也反映了新形势下对野生动物资源管理提出了更高的要求。这对于行业提高整体技术水平，引发管理部门思考，制定更为合理科学的野生动物保护与利用的方针策略，培养更多的专业人才，促进经济产业良性发展产生了推动作用。

9.4　当前我国熊资源利用产业发展建议

熊类资源种群存量的健康增长离不开政府、社会和民众的关注和持续投入支持，而其资源利用产业作为资源长期利益最大化的催化剂，应当对资源现状有清晰认识，在维持自身发展壮大的前提下，响应国家社会号召，积极投入到资源的保护管理之中。

9.4.1　抓住良好机遇，扩大规模生产

当前世界药业前十名制药企业销售总收入占大约全球市场50%，而国内的药企无论是生产规模还是科研能力，都难以与其相比。中医药作为几千年文明积淀的精髓，从发展来看，是我国药企发展壮大，走向世界的独有优势，在当前国家深化医改的大背景下，相关生产企业应该充分发挥自身作用，加大与高校及科研机构的合作，做好中医药的传承与创新，着力开发安全、高效的中药新药，对有疗效的传统中药进行二次科研开发。把握住国家的扶持政策，加大利用资本市场的力度以集中资金，持续提高产品质量与企业竞争意识，采用收购、兼并等资产重组活动，优势企业之间亦可相互合作，通过有效手段扩大企业生产经营规模，造就中成药行业的龙头企业。

药材资源的来源方面，需要积极转型，多方向拓展获取渠道。有条件的规模以上企业响应国家号召，兴建资源繁育基地。利用好大型药企的资金，支持科研改进现有相关技术，并积极研制符合天然物疗效的人工化学合成物。不仅可以保证原料的供应与质量，分流一部分民众需求压力，对于保护自然资源，维护生态环境上同样有重要贡献。熊资源利用产业发展要杜绝唯

利是图的短视，其产品的特殊性决定了自身要注重更多的企业责任，如果忽视责任，投机取巧，只会成为发展壮大的阻碍，不利于产业的健康发展。

9.4.2　注重企业责任，维护正面形象

现代企业是独立的经济个体，但企业也应当承担一定程度的社会责任。而当前我国野生动物资源利用的企业在企业社会责任意识方面远不如发达国家，行业内相关企业也是如此，加上我国监督制度与机制仍然在逐渐完善之中，其往往会将应履行的社会责任视为增加成本的负担，并没有意识到企业责任对于自身长期发展的重要性，它会使得企业现象整体得到提升。一个现代企业首先得对自己的股东负责，不然企业就没有存在的意义，熊资源利用企业同样遵守这基本法则，其做出的任何决定，必须获得股东的认可。股东乃至债权人随着社会的进步，其观念同样也在进步，虽然企业承担社会责任是需要投入的，但从长远看，其获得的收益将远大于成本。

若从客户的基本需求出发，企业还应加大研发投入，不断改进生产技术工艺，提高产品质量，不以暴利为目的，尽可能降低生产成本的同时，还要保证质量。相关企业在为社会大众履行企业责任时，不被短期暴利迷惑，有效提高科研能力与生产工艺，专注企业的长期发展正是传承传统文化的最好诠释。

9.4.3　规范行业体系，加强有效沟通

现阶段我国动物资源利用企业以独立社会责任报告披露自身企业责任的虽有一部分，但仍属于少数，并且其中仍存在不少问题与欠缺。这种缺乏规范体系的企业责任报告，从侧面也说明了国内缺少相关的法律法规的强制要求，大多数企业在这种氛围下将缺乏会承担企业社会责任而投入的意识，当然也没有需要披露企业责任的必要了。而企业的经营好坏不仅关系到人们的生命健康与否，还涉及保护文化遗产、发扬传统优势的任务，此外，药材资源的外部性使得公众愈加注重保护自然环境、动物福利等等社会性因素。现阶段国内虽没有产业内的社会责任方面的法规，但行业内企业为了自身长远发展，维护良好形象，应该规范自身行业体系，定期向公众发布信息完备的社会责任报告，以此推进企业责任的健康发展。

现代企业的发展与经营，同样离不开新闻传媒的引导，从"归真堂"事

件就不难看出，媒体在引导事件走势上拥有巨大能量，企业要想健康发展缺乏与媒体的沟通是万万不行的，如何正确地把资源合理利用与科学保护区分开来，是行业内企业首先要向人们解释的问题之一。并且，现代媒体技术的飞跃发展，企业的目光也不能仅限于传统纸媒或平面媒体，各种新媒体的出现同样值得关注，所以我们的企业应该变被动为主动，积极参与其中。在对外沟通上，不只是单纯的宣传，还应该以实际行动的形式展现给大众，社会慈善捐助、关注动物福利、支持环保行动、科技投入产业升级等等。企业以自身对社会责任的履行向社会表明，资源的利用与保护并不冲突，整个产业的可持续发展意义深远。

9.5　本章小结

对于野生动物资源保护而言，当前的一些极端理论对于动物种群发展在本研究看来都是没有任何好处的，无度不节制地对大自然所赐予的物种资源的索取，势必造成种群难以持续增长，濒临灭绝；而纯粹地搞一刀切，一味地强调保护放弃合理的资源利用，便不有利于种群的生存，这样的管理手段不仅忽视了人民群众消费需求的多样性，无法满足对其资源利用有需求的民众，而且我国作为世界上人口最多的国家，人们自身的活动一直在持续影响改变野生动物种群的生存环境，若相关管理部门缺乏相应资金对野生动物种群管理与保护，社会由于缺少其种群的关注度，某些种群势必会无声无息地逐渐消亡。在当前的野生动物资源管理中，相关部门应该在国家"加强资源保护，积极驯养繁殖，合理开发利用"的指导方针下，转变人的观念，在保护种群的基础上更加人道的利用其资源，与之和谐共处才是科学可持续的经营管理模式。

自 2004 年国家部门大力推进从以利用野生动植物野外资源为主向以利用人工培育资源为主的战略转变以来，国内野生动物资源相关研究一直致力于在其保护与利用间寻找到契合点。研究通过选取利用动态最优控制理论，建立模型对野生动物资源管理进行研究，尽力消除静态经济分析下所存在的"短视问题"，使得在某一段时间区间下长期利益最大化，寻求保护与利用相契合的最佳策略。

第五部分 05

| 结　语 |

第十章　结论与展望

当前，以科学开发资源、保护生态环境为前提的可持续发展模式已成为林业研究领域的热点。野生动物资源作为林业可更新资源中的重要组成，在不断加强保护的同时，对其进行合理开发与利用的研究探索也从未停止。在野生动物资源利用的过程中，不仅需要考虑到资源利用的高效，而且必须要考虑到生态系统的稳定与种群数量的平衡，以确保野生动物资源的可持续利用，同时还应当考虑到投入产出所获得的经济价值最大化。结合实地调查与资料文献的搜集整理，本书据此提出，野生动物资源管理的理论发展与实际应用，不应当只是相关主管部门与研究机构的责任问题，作为重要的资源利用单位，野生动物资源利用企业在这些方面也应当发挥自身资本充裕、管理灵活、目标明确集中的经济角色作用，树立企业社会责任意识，明确企业社会责任履行对象，积极主动地承担对于不同利益相关者群体的社会责任。对于野生动物资源管理，企业应该参与资源保护与宣传工作之中，并推动相关理论研究与科研成果的发展与应用。

此外，野生动物资源管理当前提倡以保护为主，开发利用在合理适度的可控范围下，但通过调查发现，对产业发展经济意义上的刚性需求的忽视的"一刀切"政策间接导致了相关野生动物资源管理理论研究及体制的滞后，野生物种种群的自身差异导致的生态失衡状况愈演愈烈，例如当前近20个省市出现的野猪由于缺乏人工干预而数量泛滥的现象便是典型例子。

我国长期对野生动物资源管理的投入不足使得资源数量呈现明显下降趋势，野生动物资源利用的状况不容乐观，已出现了严重的资源空心化现象。野生动物资源作为可更新资源中的重要组成，在不断加强保护的同时，对其进行合理开发与利用的研究探索也从未停止。在资源利用的过程中，不仅需要考虑到资源利用的高效，而且必须要考虑到生态系统的稳定与种群数量的平衡，以确保野生动物资源的可持续利用，同时还应当考虑到投入产出所获得的经济价值最大化。

10.1　研 究 结 论

本研究主要关注两个层次的研究问题，分别是野生动物资源利用的企业社会责任问题，以及资源最优管理问题。

10.1.1　企业社会责任问题

首先，野生动物资源利用行业在持续发展的过程中，引发了一系列社会问题，本书认为问题产生的根本原因是野生动物资源企业社会责任整体意识不强，认识不全面，履行不到位等条件所导致的，而开展野生动物资源产业的企业社会责任研究，正是为了解答上述问题，进一步完善野生动物资源管理以及产业内企业社会责任的相关理论研究。

本书在学者们大量研究成果的基础上，运用野生动物资源管理理论、企业社会责任理论、计量经济学理论以及产业经济学理论，将野生动物资源产业的企业社会责任问题作为研究对象，选取沪深两市的上市野生动物资源利用企业作为研究样本，相关数据来源于锐思金融研究数据库与中国经济金融数据库。研究构建了野生动物资源产业的利益相关者分类模型，并建立其企业社会责任评价指标，继而在此基础上选取指标，讨论野生动物资源利用企业社会责任与企业绩效间关系。本书运用结构方程模型对野生动物资源利用企业社会责任评价指标进行了验证性研究，结果显示所构建利益相关者分类模型较好地验证了野生动物资源利用的企业社会责任的组成机理。并选取适合指标进行面板数据模型研究，探讨野生动物资源利用企业社会责任与企业绩效的关系，对于不同样本企业的企业社会责任表现进行评价，说明了企业社会责任建设对于产业发展的重要性。在研究过程中，本书还对于野生动物资源利用行业发展及履行企业社会责任过程中所遇到的问题进行了系统分析。

综上所述，本文得出野生动物资源利用的企业社会责任问题研究结论如下。

（1）通过构建野生动物资源利用的企业社会责任 T－S 框架，解答了"什么是野生动物资源利用的企业社会责任"这一问题，指出当前野生动物资源企业社会责任意识整体发展滞后，原因是缺乏外部环境与政策制度的正确引导，整体存在企业社会责任"认知空间"上的限制，以至于野生动物资源利用行业出现履行企业社会责任不足或目标群体对象不明确等情况。据此，本书认为推动野生动物资源行业的企业社会责任研究是破除当前野生动物资源困境，化解社会问题的有效途径。

（2）通过构建野生动物资源利用的利益相关者分类模型，解答了"对什么群体履行社会责任"的问题，结合企业社会责任 T－S 框架，研究指出野生动物资源企业应当对十一类利益相关者积极承担并履行社会责任，而这十一类利益相关者又根据企业经营状况、个体自身情况、所处地位以及对企业的权益等条件，归属于基本层、稳定层、次高层与高级层等野生动物资源产业的企业社会责任的四个维度之中。并进一步指出野生动物资源产业履行企业社会责任的重要作用，以此说明"为什么要履行企业社会责任"的问题。

（3）本书设计了野生动物资源产业的企业社会责任评价指标，通过运用SPSS 统计软件对评价指标体系的信度、效度分析表明，所设计的野生动物资源产业的企业社会责任评价指标体系具有较高信度与效度，所构建模型与现实环境的适配度较好，解答了"野生动物资源产业应当履行什么样的企业社会责任"的问题，并实证解释了"对什么群体履行企业社会责任"的问题。

对评价指标体系的因素分析表明，13 个观测指标聚合成了 4 个因素，但与第四章中所构建的利益相关者分类模型的初始设定存在一定差异。研究根据因素分析的结果，剔除了一部分极端值指标，并对基本层维度与稳定层维度的利益相关者群体及测量指标进行了调整，为后续利用结构方程进行验证性因素分析提供可靠性强的模型内在结构。对野生动物资源产业企业社会责任评价指标体系的探索性因素分析研究结果表明，模型所构建的四个维度能够有效地反映野生动物资源产业是否具有良好的企业社会责任，其中相比较而言，高级层、次高层对于企业社会责任的影响关系没有另外两个层面稳定层与基础层对企业社会责任的影响关系大。四个维度中，基本层维度的路径系数最大，说明其对企业社会责任的影响程度最大，同理，则代表着高级层维度的影响程度最小。本书认为产生这样的结果是与现实情况相符的，本研究所选取的研究样本均属于大型上市企业，数据来源则主要为客观性的财务数据，就目前的经营现状与资源管理制度而言，对位于基本层与稳定层维度的利益相关者群体积极履行企业社会责任就显得尤其重要。

　　研究最终表明所构建结构方程模型具有较好的适配度，其能够很好地反映野生动物资源企业履行社会责任的实际情况。研究最终得到我国野生动物产业企业社会责任评价指标可由 4 个维度 13 个指标构成，而分析所得的观测指标正是用于测量野生动物资源产业对于十一类利益相关者的企业社会责任表现。

　　（4）本书通过面板数据的个体效应固定模型，对野生动物资源产业的企业社会责任与企业绩效间关系进行实证研究，就此说明野生动物资源利用履行企业社会责任的重要性，对"野生动物资源企业为什么要承担社会责任"这一重要问题进行实证分析解释，增强研究说服力，从而自上而下地对于野生动物资源产业的企业社会责任进行了系统性研究。

　　野生动物资源利用中履行企业社会责任，与其企业绩效间影响关系整体上呈现正相关，表明企业履行企业社会责任对于改善企业绩效具有显著正向效应影响。但对于不同利益相关者群体，所履行企业社会责任与企业绩效间相互关系各不相同，既存在正相关关系，也存在负相关关系。正相关说明企业对该利益相关者群体履行社会责任或加大相应投入可以有效改善企业绩效，负相关则说明目前野生动物资源企业对于该利益相关者的投入成本大于获得的收益，企业对此类利益相关者履行社会责任对企业绩效产生了一定的消极作用，表明在经营与维持该群体的社会关系中，企业由于缺乏针对性，便出现了策略性的失误。而不同样本企业在承担并履行社会责任的表现上存在差异，而这些差异的高低又反映出了不同企业的经营现状与社会责任的履行状况。研究据此发现并提出在野生动物资源利用行业之中，企业履行社会责任过程中所存在的不足与影响企业社会责任发展的因素所在。目的是为了制定相应的管理政策与制度以进行引导，期望能对相关企业在履行企业社会责任的过程中给予一定借鉴价值。

实证分析结论显示了当前我国的资源利用企业在利用过程中，普遍存在以下问题：即使资源原料来源紧缺，对加强投入扩大可利用资源种群存量以及改善供应商关系均没有较高积极性，对于社会宣传投入营造企业形象却难以取到预期的正面结果。研究分析这与长期以来我国实施的野生动物资源管理政策及思想有较大关系，当前由于我国野生动物资源还处在一个长期恢复的阶段，国家对于资源利用管控过于严格导致企业注重与政府行政部门间的持续关系改善，从侧面体现了当前野生动物资源由于普遍缺乏持续监测管理，直接导致了管理理论研究及方式方法的滞后。

10.1.2　资源最优管理问题

研究首先着重对野生动物资源对于国民经济发展和民众生活的重要性做了详细介绍，指出了野生动物资源具有不可替代的经济价值、社会价值和生态价值，就此提出本书的研究意义与研究目的，并在前人研究的基础上，从野生动物资源的经济系统视角出发，对所涉及的重要概念做了细致的界定，详细阐述了相关的研究理论基础。

其次，针对当前的国内外相关研究进展，系统地进行了总结与研究文献综述，其中包括野生动物管理学理论、动态经济分析方法、资源管理模型研究和国内外可更新资源最优控制模型等。在此基础上，对当前野生动物资源利用形式和经济动物种类分类及用途进行分析，并选取了中医药产业作为资源产业的实证研究对象，通过面板数据的个体固定效应模型针对生产经营以动物药材原料为主的9家上市企业进行研究分析，最终的实证结论显示了当前我国的资源利用企业在利用过程中，普遍存在以下问题：即使资源原料来源紧缺，对加强投入扩大可利用资源种群存量以及改善供应商关系均没有较高积极性，对于社会宣传投入营造企业形象却难以取到预期的正面结果，而这与长期以来我国实施的野生动物资源管理政策及思想有较大关系，当前由于我国野生动物资源还处在一个长期恢复的阶段，国家对于资源利用管控过于严格导致企业注重与政府行政部门间的持续关系改善却忽视了野生动物资源管理的真正本质，即我国所强调鼓励的"谁养谁有谁受益"的激励机制，这从侧面体现了当前野生动物资源由于普遍缺乏持续监测管理，直接导致了管理理论研究及方式方法的滞后。研究试图探讨野生动物资源在当前产业发展之中所处的地位与发挥的作用，意图发现当前在资源利用过程中所存在的问题，从而针对提出试图解决问题的研究新思路。

再次，在随后的研究之中，即本书的核心部分，通过对经济系统动态分析方法的研究，构建出资源最优管理目标下野生动物管理最优控制模型，并通过对相关从业人士和实地区域的调研，针对其模型所涉及的各因素建立了资源价值因素评价体系。研究显示，所设定的模型各评价因素在因子分析研究方法测定中均得到了较好的验证，这些通过实地问卷调查统计分析后最终确定的模型变量及测评指标可以成为野生动物管理与研究人员们对其资源价值综合评估的策略性方向，依据这些方向为基金项目的后续研究奠定充实的理论基础，拟定详尽的数据搜集方案，为下一步大规模搜集相关数据奠定基础，这将对模型仿真的准确性与可靠性提供参考价值，从而保持研究的严谨性与持续性。

最后，在对野生动物资源管理最优控制模型的进一步论证求解后，研究发现野生动物最优控制模型的经济系统呈现出三类全局均衡状态分布，结合资源管理现状及典型物种种群分类的研究对其定性分析，并选取了麝、野猪与熊三类物种分别进行了验证，得出均衡状态③相对于另外两种状态更加适应经济发展需求和野生动物资源种群的可持续管理，给相关部门的管理人员展示了一种资源种群未来可持续发展的前景和方向，希望能给相关行业人员和研究人员提供工作或研究的参考价值，以促进我国野生动物资源管理的进一步发展。在此基础上，本书以熊类资源作为实证研究对象，在对其相关数据进行系统搜集整理的基础上，应用野生动物资源最优控制模型对熊类资源未来的种群最优存量趋势进行分析，并据此提出了相应的政策建议与改善措施。

10.2 创新与不足

10.2.1 研究创新

本书可能的研究创新之处在于：

（1）目前国内外关于野生动物资源利用的研究较为分散，将其作为一个整体行业进行企业社会责任研究，在分析过程中定性分析与定量研究相结合，并基于此开展实证研究还比较少。并且，专门将野生动物利用发展所面临的资源困境，作为企业社会责任研究的重要考虑因素，在此基础上做出分析较少。最后，以野生动物最优控制模型为基础对野生动物资源管理经济系统进行动态分析，采用定量研究与定性分析相结合的方法，有效地保证了研究结论的客观性和有效性，研究方法上具有一定的开创性。这是本书所做出的贡献。

（2）本书将野生动物资源利用的企业社会责任作为研究对象，将野生动物资源管理理论与企业社会责任理论结合性研究，相关内容较为少见，填补了相关研究空白，开拓了野生动物资源管理中关于产业发展的研究外延。本研究通过对企业社会责任理论在野生动物资源利用中的发展与应用进行系统性研究，定性与定量相结合，较为完整地解答了"什么是野生动物资源利用的企业社会责任"，"对谁履行社会责任"，"应当履行什么样的社会责任"，以及"为什么要承担社会责任"等一系列问题，对企业社会责任的行业性研究内容做出了补充。

此外，系统梳理国内外资源最优控制模型，建立野生动物资源的最优控制模型，在此基础上，开创性地通过对一线从事野生动物管理利用的人员进行实地问卷调研的方法，针对野生动物资源模型所涉及的各因素进行分析，并构建一套切实有效的评价体系，对领域内相关研究具有一定的贡献。

（3）本书在理论分析的基础上，构建出野生动物资源利用的利益相关者分类模型，筛选有效指标制定野生动物资源利用的企业社会责任评价指标，研究引入结构方程模型，并对模型进行科学验证，构建一套切实有效的评价指标。在此基础上，引入面板数据模型，分析野生动物资源产业承担企业社会责任与其企业绩效间内在的影响关系，不仅说明了推动野生动物资源产业企业社会责任发展的重要性，对于不同样本的企业社会责任表现进行评价，而且创新性地反映出当前资源利用和产业发展之间存在的深层关系与问题。这是对野生动物资源管理及产业研究领域的内容丰富，具有一定贡献以及研究借鉴意义。

（4）根据野生动物资源的现状与统计数据，针对社会关注度高，资源状况丰富程度不同，社会经济发展利用程度不同类型的三类典型物种进行资源模型分类研究，定性分析其资源现状与发展趋势。在此之上，通过运用最优控制模型研究成果，以熊类资源为个案进行实证研究，给相关管理部门和研究人员提供了一定参考价值。整体研究具有鲜明的特色，方法科学可行，充分保证了研究结论的客观性和有效性，给资源管理及研究人员提供了一定参考价值。

10.2.2　研究不足

（1）受本人能力与资金等因素限制，本研究仅以野生动物资源产业内上市企业作为研究样本，上市企业作为规模较大的现代化企业，虽具有一定行业代表性，但研究未涉及规模以下的众多中小型野生动物资源利用企业。现实情况之中，野生动物资源产业类型形式多样，本书缺少对大量中小型企业的问卷调查与数据搜集，使得研究样本的数量较小且范围较窄。

（2）野生动物资源利用行业作为牵涉部门较多的多门类产业，研究基于分析与定量研究的需要，选取了较为代表性的上市资源企业作为研究样本，而上市企业群体大多属于具有一定规模的野生动物资源加工业，对于其他类型的野生动物资源产业，本研究由于篇幅及现实环境的限制，造成研究覆盖不够全面。如何搜集详尽的相关数据对于整个行业进行更为全面的企业社会责任研究，是我们后续研究的重要方向。

（3）野生动物资源管理及产业利用上相关数据的大量匮乏，在进行相关模型的实证研究过程中不得不进行简化处理或数据转化。例如某家企业该年野生动物资源投入，在数据搜集过程中不可能有相关直接数据，例如与测量指标相关的主营业务的动物资源年度资源管理费，首先根据文献资料与企业年报之中，所搜集的资源年度消耗量，再按照其资源当年期均价进行核算，其中应该缴纳给国家的部分，按照所颁布的陆生野生动物资源管理办法中规定的缴纳比例进行量化计算。相关数据的精确性，是本研究所存遗憾，希望在后续研究中能够解决这一难题。这从侧面也反映出了当前野生动物资源在宣传和管理工作之中，长期以来重于强调保护，使得资源保护及利用二者之间缺乏指导难以形成平衡，使得其经济利益无法得到科学合理的开发，最终导致了行政管理部门、市场乃至社会对野生动物资源的不够重视与缺乏持续投入的现实问题。野生动物资源相关数据的大量匮乏，模型不得不简化处理，是本研究所存遗憾，希望在后续研究中能得到解决。在研究初期，并未充分考虑到当前相关数据搜集的难度，我国在 50 年代到 90 年代中期曾经先后开展了大大小小、各式各类的野生动物资源调查，但由于人力、财力及关键技术水平受限，大多为区域性调查、局部数量调研或少数特定种类专项调查，资源底数不清，一直是制约我国野生动物资源管理工作有效开展的关键因素。这些问题的存在，导致研究仍然存在所搜集数据存在缺失，结论不够精确的问题。

（4）首次全国陆生野生动物资源普查自 1995 年启动，共投入调查经费超过 1.36 亿元，历时近 10 年，范围遍及全国 31 个省级行政区，种类共涉及 252 个物种，所获取的数据庞大而详尽，给本研究提供了宝贵的参考价值。然而，自国家林业局 2011 年 1 月召开全国第二次陆生野生动物资源普查调查专家委员会全体会议标志着第二次动物资源清查的全面召开以来，前期大量的准备、配套工作，调研方案的建立，人员的培训，都不可一蹴而就。在调研之中，曾反复走访贵州省林业厅、省林科院及省林业调查规划院等相关部门。这从侧面也反映了当前野生动物资源在宣传和管理工作之中长期以来过于强调保护，两者之间缺乏技术指导从而达到平衡，使得其经济利益得不到充分开发，难以引起相关行政管理部门对野生动物资源的重视与持续投入的问题。同样的，这也为我们指明了研究人员和管理人员以后的工作重心，如何通过制定行之有效的管理策略改变这种趋势，是我们长期而艰巨的工作。

这些问题的存在，导致研究仍然存在所搜集数据存在部分缺失，研究结论不够精确的问题。同样的，这也为我们指明了研究人员和管理人员以后的工作重心，这是我们长期而艰巨的工作。

10.3　后续研究展望

10.3.1　企业社会责任问题

以野生动物资源利用企业作为研究目标群体，将企业社会责任问题作为研究对象的理论成果还很少。本书得到国家自然科学基金项目的研究支撑，构建了野生动物资源产业企业社会责任评价指标，并探讨了野生动物资源利用的企业社会责任与其企业绩效的影响关系。今后的研究可以朝着以下方向努力。

一是在数据充分的前提下进行野生动物资源相关数据的精确核算，当前数据的匮乏不仅容易产生数据误差，并且限制了研究方法的使用，难以对相关模型进行比较研究，这是未来所努力的一个方向。

二是扩大调研范围，增加研究样本，通过对规模以下的中小型企业的相关数据搜集，对模型的可靠性及指标的适用性进行验证，还可以选取一部分中小型企业进行企业社会责任指标体系的应用性研究，考察其对不同规模研究样本的适用性。

三是研究虽然选取了行业内上市公司进行实证研究，但野生动物资源所存在资源特性决定了研究的复杂性，其利用从经济价值上区分，可分为观赏动物、肉类动物、毛皮动物等等。从利用形式上划分，又可分为消耗性利用及非消耗性利用。因此，不同的野生动物种群有着不同的特点，相应不同的产业所处行业环境，自身现状，规模和经营利用形式都存在较大差异，今后可以进行产业内的资源企业细分，或综合考虑进行研究，以期获取更有说服力的研究成果。

四是研究选取了一部分指标作为企业社会责任的研究测量指标，后续研究中可以根据样本数量及数据获取的大小，依据实际情况，进一步对指标进行丰富，意图更真实地通过一系列社会与经济变量反映经济系统的实际情况。

10.3.2 资源最优管理问题

目前来看，以野生动物资源为主要研究对象，对其资源管理经济系统进行动态分析的研究还很少。本书得到国家自然科学基金项目的研究支撑，构建了野生动物资源管理的最优控制模型并对其相关产业的发展进行研究与探讨，给出了资源管理未来的方向和建议。今后的研究或许可以朝着以下方向努力：

一是在数据充分的前提下进行野生动物资源价值的动态计量。野生动物资源价值计量有很多方法，比如支付意愿法、直接价值法、旅行费用法、影子价格法等等。研究人员们通过上述方法对野生动物资源价值做出了大量的评估，但由于数据的匮乏和方法的适用性，难以对资源进行动态价值计量或变化趋势预测，这是未来所努力的一个方向。

二是本研究虽然以野生动物资源的一个相关产业为例进行了实证研究，但药用动物只是野生动物庞大种类中的一类划分，若从其经济价值上直接区分，还有观赏动物、肉类动物、毛皮动物等等。不同的野生动物种群有着不同的特点，相应不同的产业所处行业环境，自身现状，规模和经营利用形式都存在较大差异，今后可以进一步拓展研究至其他行业，或综合考虑进行研究，以期获取更有说服力的研究成果。

三是虽选取了熊类资源作为实证研究对象，并得到了一定研究成果，但也间接反映出相对于野生动物资源这一庞大种群，模型还存在适用性研究的问题，根据资源开发程度、种群保有量、利用手段及关注程度的差异，在综合考虑这些因素的基础上，进一步拓展模型，使其得到更广泛的应用是未来的研究目标。

如何加强野生动物资源的管理，协调其保护与利用，保证资源可以长期地为人类社会所利用，不仅是当前野生动物保护管理的重点，也是涉及多个基础产业部门生存发展的重要问题。如何给野生动物建立既能持续利用，又能保持种群数量稳定增长的经济生态复合型系统，通过对野生动物资源管理最优控制模型做进一步深入研究，根据动态经济分析和实证研究的最终成果，在此基础上发现解决问题，提出对野生动物资源管理和优化控制的切实有效的具体策略和政策措施，探索出一条持续可行的人与自然和谐共处之路。

10.4　本章小结

野生动物生存于自然界的各类环境之中，与人类有着密切的关系，作为具有林业资源类似属性的环境公共品中较为重要的一类，其资源利用与管理属于生态经济学范畴，野生动物资源公共品作为具有非排他性和非竞争性的物品，价值周期长、附加值高（生态价值、经济价值、科学价值、社会价值）、综合效益显著等是它自身特点，这就造成了实际价值难以核算和开发利用中一度急功近利等问题现象的存在。如何平衡好生态效益、经济效益和社会效益三者间不同的需求关系，使得综合效益最大化是管理策略和政策研究的核心所在。当前在野生动物资源管理中，效益平衡所引发的矛盾存在于大多数经济动物资源经营利用的过程中。如果纯粹为了实现资源的经济效益，人类的过度利用势必造成资源数量锐减，刺激其价格疯狂上涨，从而更加推动人们为了经济效益对动物实行滥捕，若没有法规条例的约束，这所形成的恶性循环势必给予动物种群灭绝的灾难，影响到人类正常生存的自然环境的生态多样性。另外，如果极端地强调对野生动物资源的保护，忽视掉其作为一类可更新资源的自然属性，同样也不可取。通过研究可反映出这一事实，即使放弃掉人类对于野生动物资源的刚性需求，对野生动物资源的种群存量发展或保护管理也没有正向推动作用，还会对人类社会的正常经济发展造成损害。

当前野生动物资源尚处于匮乏的状态，针对于此，相关部门在充分引导社会各界保护野生动物资源的前提下，也要认识到公众对资源利用的刚性需求，通过科学合理的管理策略及长期规划来利用野生动物资源。就目前而言，应该继续推动野生动物资源的保护管理工作，加强对经济动物人工养殖扶持力度，政府部门应当对此给予政策和资金倾斜，并鼓励研究机构及人员启动相应的基础科学研究，改善行业内的技术水平和工作环境，研发资源可替代品，推动行业规模发展；国家还应当加强对野生动物保护与合理开发的正确宣传，协调好公众与资源管理利用部门间的关系，使得普通民众认识到不仅仅野生动物资源的保护需要全社会的关注，而且对资源科学合理的永续利用对于人类社会持续进步也是必不可少的；此外，还应当建立稳定科学定期开展的资源清查工作，加大对野生动物资源保护工作的投资与建设，健全法律法规，对于滥用野生动物资源的行为需严肃查处整治，持续打击非法捕猎、资源走私等活动。野生动物不仅是可利用的资源，也是人类在地球上共同生存的伙伴，国家相关部门只有真正充分重视野生动物资源的综合价值，才可实现资源永续利用及产业规模发展，使社会经济效率和环境效益二者和谐达到最优目标。

参考文献

［1］安谈红．麝香药用价值研究［J］．吉林农业，2010（8）：211，224.

［2］白玮杰．荒漠草原家庭牧场优化管理模拟与试验研究［D］．内蒙古：内蒙古农业大学，2010.

［3］班允浩．合作微分博弈问题研究［D］．大连：东北财经大学，2009.

［4］蔡荣河．甘油连续发酵酶催化动力系统的最优控制［D］．大连：大连理工大学，2009.

［5］高彩霞．非线性脉冲动力系统的最优控制及应用［D］．大连：大连理工大学，2005.

［6］滚双宝．甘肃子午岭森林草地野猪资源及其种群特性的研究［D］．甘肃：甘肃农业大学，2003.

［7］郭见军．生物种群资源开发管理的最优控制问题研究［D］．四川：四川大学，2002.

［8］蒋中一，凯尔文·温莱特．数理经济学的基本方法［M］．北京：北京大学出版社，2006.

［9］蒋中一．动态最优化基础［M］．北京：北京大学出版社，2001.

［10］蒋颖．北京市地方税收征管体系分析与改革研究［D］．北京：北京林业大学，2006.

［11］匡翠芸．梯级水库优化调度的动态最优化模型及应用［D］．武汉：武汉科技大学，2009.

［12］李科赞．脉冲时滞动力系统的参数辨识，最优控制及应用［D］．大连：大连理工大学，2006.

[13] 李爽萍. 需求随时间和价格变化的耐用品制造商动态最优质量决策 [D]. 沈阳：东北大学，2008.

[14] 陆立力. 系统生物学的若干最优控制问题及其应用 [D]. 上海：复旦大学，2010.

[15] 蒙旭辉. GrassGro 模型参数校正及其在草甸草原的应用 [D]. 兰州：兰州大学，2009.

[16] 钱伟懿. 非线性多阶段最优控制系统理论、算法及应用 [D]. 大连：大连理工大学，2004.

[17] 寿纪麟. 经济学的分析方法 [M]. 西安：金禾经济研究中心，2005.

[18] 宋艳华. 荒漠草原家庭牧场资源优化配置管理经济模式分析 [D]. 内蒙古：内蒙古农业大学，2012.

[19] 吴玉晓. 基于 SWIFT 法的聚合物驱最优控制求解及其并行化 [D]. 北京：中国石油大学，2009.

[20] 张晓东. 聚合物驱提高原油采收率的最优控制方法研究 [D]. 北京：中国石油大学，2008.

[21] 张燕鸿. 基于最优控制理论的中国土地制度变迁研究 [D]. 天津：天津商业大学，2011.

[22] C. W. Clack 著，周勤学，丘兆福译. 数学生物经济学 [M]. 北京：农业出版社，1984.

[23] 柴亚娟. 浅谈野生动物资源管理 [J]. 黑龙江生态工程职业学院学报，2007（11）：58 - 59.

[24] C. W. Clack 著，周勤学，丘兆福译. 数学生物经济学 [M]. 北京：农业出版社，1984.

[25] 陈宏辉，贾生华. 企业利益相关者三维分类的实证分析 [J]. 经济研究. 2004（4）：80 - 90.

[26] 陈昆玉，覃正. 企业可持续发展的战略选择——基于绿化的观点 [J]. 科学学研究. 2002（8）：382 - 386.

[27] 陈琳，欧阳志云，段晓男，等. 中国野生动物资源保护的经济价值评估——以北京市居民的支付意愿研究为例 [J]. 资源科学，2006（4）：131 - 137.

[28] 陈梦霖，龚丽娜. 当代中国企业的社会责任与道德重塑 [J]. 郑州航空工业管理学院学报，2011 (8)：78 - 81.

[29] 陈平留，王红春. 森林资源评价与森林资源资产评估辨析 [J]. 林业资源管理，1998 (6)：13 - 16.

[30] 陈荣卓. "草根"法律服务组织：属性变迁与进路选择 [D]. 武汉：华中师范大学，2008.

[31] 陈淑妮. 基于社会责任的企业人力资源管理 [J]. 五邑大学学报 (社会科学版)，2007 (4)：72 - 75，84.

[32] 陈卫华. 基于全球产业链的中国玩具制造业企业社会责任研究 [D]. 上海：上海交通大学，2013.

[33] 陈卫东，卫维平. 企业家精神与企业绩效关系的结构方程建模 [J]. 系统工程学报，2010 (2)：171 - 176.

[34] 陈文汇. 野生动物资源最优管理的动态经济模型及实证研究 [J]. 统计与信息论坛，2013 (2)：23 - 28.

[35] 陈文汇，刘俊昌，谢屹，王红英等. 国内外野生动植物保护管理与统计研究 [M]. 中国林业出版社，2010.

[36] 陈文汇. 我国野生动植物资源利用的统计体系研究 [D]. 北京：北京林业大学，2006.

[37] 陈迅，韩亚琴. 企业社会责任分级模型及其应用 [J]. 中国工业经济，2005 (9)：99 - 105.

[38] 陈应发，陈放鸣. 国外森林资源环境的经济价值及评估 [J]. 林业经济，1995 (4)：159.

[39] 陈志昂，陆伟. 企业社会责任三角模型 [J]. 经济与管理，2009：73 - 79.

[40] 戴广翠，高岚，艾运胜. 对森林游憩价值经济评估的研究 [J]. 林业经济，1998 (2)：65 - 74.

[41] 但新球. 森林景观资源美学价值评价指标体系的研究 [J]. 中南林业调查规划，1995，53 (3)：44 - 48.

[42] 邓子纲. 汽车企业社会责任研究 [D]. 长沙：中南大学. 2010.

[43] 丁韦. 第三产业带动就业的现状及发展趋势研究 [D]. 大连：东北财经大学，2007.

［44］董得红. 高原名宝话香獐［J］. 中国土族, 2012 (1): 28 - 30.

［45］杜宇. 生态文明建设评价指标体系研究［D］. 北京: 北京林业大学, 2009.

［46］段文, 晁罡, 刘善仕. 国外企业社会责任研究述评［J］. 华南理工大学学报 (社会科学版). 2007 (3): 49 - 55.

［47］范子英. 工业偏向、食物获取权与饥荒［D］. 南京: 南京农业大学, 2007.

［48］菲利普·科特勒, 凯文·莱恩·凯勒著. 卢泰宏, 高辉译. 营销管理中国版 (第13版)［M］. 北京: 中国人民大学出版社, 2009.

［49］费荣梅. 中国野生动物和自然保护区合理开发利用研究［D］. 沈阳: 东北林业大学, 2003.

［50］冯燕. 企业社会责任取向、企业文化和企业社会表现关系研究［D］. 广州: 华南理工大学, 2012.

［51］高德海. 生态资源价值观念理论基础初探［J］. 生态经济, 1985 (6): 5 - 7, 49.

［52］高云峰, 曾贤刚, 江文涛. 北京市山区森林资源非使用价值评价及其影响因素分析［J］. 农业技术经济, 2005 (3): 8 - 11.

［53］高智晟, 马建章. 野生鹿类的生态价值及其影响因素［J］. 经济动物学报, 2004, 8 (1): 13 - 15.

［54］高智晟. 野生动物价值评估与定价研究［D］. 北京: 北京林业大学, 2005.

［55］耿建新, 张以宽, 牛红军. 论企业的社会责任: 发展、现状与未来［J］. 中国总会计师, 2009 (9): 17 - 18.

［56］关德荣. 野生动物保护与利用的法律规制探析［D］. 重庆: 重庆大学, 2012.

［57］郭家源. 基于ISO 26000的企业社会责任评价指标体系研究［D］. 辽宁: 沈阳航空航天大学, 2011.

［58］郭见军. 生物种群资源开发管理的最优控制问题研究［D］. 四川: 四川大学, 2002.

［59］郭中伟. 生物资源的多目标最佳可持续利用［J］. 自然资源学报, 1995 (4): 339 - 345.

［60］哈尔·R. 范里安著. 费方域等译. 微观经济学：现代观点 ［M］. 上海：格致出版社，2009.

［61］哈罗德·孔茨，海因茨·韦里克. 管理学（第九版）［M］. 经济科学出版社，2005.

［62］韩嵩. 我国野生动物资源价值计量与应用研究 ［D］. 北京：北京林业大学，2008.

［63］韩嵩，刘俊昌，王红英等. 野生动物资源经济价值评价探讨 ［J］. 野生动物资源管理，2007（2）：91 - 95.

［64］韩嵩，刘俊昌. 野生动物资源价值评估的研究进展 ［J］. 北京林业大学学报（社会科学版），2008（1）：49 - 52.

［65］韩笑. 防护林工程社会经济效益评价指标体系研究 ［D］. 北京：北京林业大学，2011.

［66］何丽双. 中国地方公共物品供给差异性分析 ［D］. 辽宁：辽宁大学，2009.

［67］候元兆等. 森林资源核算研究 ［M］. 北京：中国林业出版社，1995.

［68］H. T. Odum 著、蓝盛芳译. 能量、环境与经济——系统分析导引 ［M］. 北京：东方出版社，1992.

［69］胡锦矗，1998. 马鹿. 见：汪松（主编），中国濒危动物红皮书：兽类 ［M］. 北京：科学出版社，259 - 260.

［70］胡会发，成量，卢红光. 野生动物：自然赋予人类的宝贵资源——对野生动物经营利用管理的建议 ［J］. 中国林业，2009（12）：25.

［71］华正刚. 论我国野生动物保护法律制度的完善 ［D］. 沈阳：东北林业大学，2012.

［72］黄晨，杨木肖，邹红菲. 野生动物价值评估方法的评价 ［J］. 野生动物，2006，27（1）：50 - 52.

［73］黄睿. 我国上市煤炭企业社会责任评价研究 ［D］. 上海：上海社会科学院，2012.

［74］黄卫东. 网络符号消费的影响因素分析及实证研究 ［J］. 西安邮电学院学报，2008（3）：13 - 15，18.

［75］J. A. 贝利著、范志勇，宋延龄译. 野生动物管理学原理 ［M］.

北京：中国林业出版社，1991.

[76] 蒋德启. 中国林业企业社会责任报告研究 ［D］. 北京：北京林业大学. 2011.

[77] 蒋颖. 北京市地方税收征管体系分析与改革研究 ［D］. 北京：北京林业大学，2006.

[78] 蒋志刚. 野生动物的价值与生态服务功能 ［J］. 生态学报，2001：2（11）：1909 - 1917.

[79] 蒋中一，凯尔文·温莱特著. 数理经济学的基本方法 ［M］. 北京：北京大学出版社，2006.

[80] 敬景程. 利益相关者博弈均衡与公司治理绩效 ［J］. 四川大学学报（哲学社会科学版）. 2004（4）：125 - 131.

[81] 李宝平. 企业社会责任及其实施机制研究 ［D］. 四川：西南财经大学，2010.

[82] 李波，马跃，杨国祥，王震. 中国黑熊及其养殖业的发展现状 ［J］. 野生动物，2011（4）：233 - 236.

[83] 李钢. 基于企业基因视角的企业演化机制研究 ［D］. 上海：复旦大学，2006.

[84] 李建民，胡艳霞. 野生动物持续猎捕模型 ［J］. 平顶山师专学报，14（4），1999：33 - 34.

[85] 李洁. 试论医药企业社会责任的范畴及实现途径 ［J］. 中国药房，2010（29）：2689 - 2692.

[86] 李立清. 企业社会责任评价理论与实证研究：以湖南省为例 ［J］. 南方经济. 2006（1）：105 - 118.

[87] 李霖，马玉银. 浅析生物多样性经济价值评估的意义 ［J］. 扬州教育学院学报，2004，22（3）：48 - 50.

[88] 李淑英. 利益相关者理论视野中的企业社会责任 ［J］. 教学与研究，2010（6）：44 - 50.

[89] 李涛. 企业社会责任对消费者行为意向的影响研究 ［D］. 广西：桂林工学院，2008.

[90] 李维安. 利益相关者治理与中国上市公司的企业信用 ［J］. 经济学（季刊）. 2004（1）：415 - 424.

［91］李心合．利益相关者与公司财务控制［J］．财经研究．2001（9）：59－64．

［92］李义明，李典谟．广西野生动物贸易初步研究．见：中国环境与发展国际合作委员会（编），保护中国的生物多样性．北京：中国环境科学出版社，1997：112－158．

［93］李义明，李典谟，舟山群岛四种兽人为捕杀活动的初步研究［J］．生物多样性，1995，3（2）：79－83．

［94］李义明，野生动物狩猎、贸易和狩猎持续性研究进展［J］．生物多样性，2001，9（4）：414－421．

［95］李金昌．生态价值论［M］．重庆：重庆大学出版社，1999．

［96］廉文娟．快速城市化背景下的土地资源优化配置与产业升级研究［D］．河南：河南理工大学，2012．

［97］林微微．野生植物经济价值研究［D］．北京：北京林业大学，2005．

［98］刘长喜．利益相关者、社会契约与企业社会责任［D］．上海：复旦大学，2005．

［99］刘浩，齐锐，吕忠海．我国野生动物资源的现状及保护措施［J］．养殖技术顾问，2013（3）：244．

［100］刘佳．呼和浩特市森林资源损失计量研究［D］．内蒙古：内蒙古农业大学，2009．

［101］刘盛．森林生态效益模型及 GIS 空间分析系统开发［D］．哈尔滨：东北林业大学，2007．

［102］刘霜叶．基于结构方程模型的中国能源行业收益质量测量研究［D］．哈尔滨：哈尔滨工业大学 2009．

［103］刘雯雯，赵远，管乐．中国林业企业社会责任评价实证研究——基于利益相关者视角［J］．林业经济．2013（8）：60－64，79．

［104］刘晓飞．创意农业发展的金融支持研究［D］．福建：福建农林大学，2013．

［105］刘欣，基于亚洲象保护的我国野生动物损害补偿机制研究［D］．沈阳：东北林业大学，2012．

［106］刘英茹．论企业社会责任及其体系构建［J］．商业时代，2009

(7).

［107］刘玉政等. 试论野生鸟类经济效益的评价［J］. 野生动物，1992，5：14-16.

［108］刘元. 中澳野生动物产业管理比较研究［D］. 哈尔滨：东北林业大学，2005.

［109］鲁常玉. 商业伦理教育对商学院学生企业社会责任取向的影响效应研究［D］. 广州：华南理工大学，2011.

［110］卢代富. 企业社会责任的经济学与法学分析［M］. 北京：法律出版社，2002.

［111］卢国懿. 资源型产业转型与区域经济发展研究［D］. 北京：中国地质大学（北京），2011.

［112］陆立力. 系统生物学的若干最优控制问题及其应用［D］. 上海：复旦大学，2010.

［113］罗伯特·J. 巴罗著、沈志彦，陈利贤译. 宏观经济学：现代观点［M］. 上海：格致出版社，2009.

［114］骆立霞. 我国企业道德问题及对策研究［D］. 黑龙江：牡丹江师范学院，2012.

［115］吕金飞. 浙江省木材加工及家具制造业投入产出分析［D］. 北京：北京林业大学，2006.

［116］马建章，晃连成，邹红菲. 动物物种价值评价标准的研究［J］. 野生动物，1995，2：3-8.

［117］马广琳. 我国野生动物贸易统计方法体系研究［D］. 北京：北京林业大学，2005.

［118］马建章，孟宪林. 美国野生动物管理历史简介［J］. 野生动物，1990（6）：3-6，16.

［119］马建章，邹红菲，贾竞波. 野生动物管理学［M］. 哈尔滨：东北林业大学出版社，2004.

［120］马莉. 我国熊资源利用产业产值计算方法和应用研究［D］. 北京：北京林业大学，2008.

［121］马龙波. 开发建设项目占用林地价值损失计量与恢复效益研究［D］. 北京：北京林业大学，2013.

[122] 马义策. 我国物流业上市公司社会责任与企业竞争力的实证研究 [D]. 四川：西南财经大学，2012.

[123] 迈克尔·波特著. 陈小悦译. 竞争战略 [M]. 北京：华夏出版社，1997.

[124] 梦梦. 中国公众野生动物保护及利用意识的调查研究 [D]. 北京：北京林业大学，2008.

[125] 孟祥江. 中国森林生态系统价值核算框架体系与标准化研究 [D]. 北京：中国林业科学研究院，2011.

[126] 孟秀转，胡克瑾. 企业 IT 控制能力与绩效关系的实证研究 [J]. 经济管理，2009（8）：151 - 157.

[127] 穆爽. 企业肩挑社会责任 [J]. 中国石油企业，2004（12）：13，29 - 29.

[128] 欧阳志云，王如松，赵景柱. 生态系统服务功能及其生态价值评价 [J]. 应用生态学报，1999，10（5）：635 - 640.

[129] 彭净. 企业社会责任度模糊测评研究 [D]. 四川：四川大学，2006.

[130] 朴小锐. 濒危野生动物最优控制管理的动态经济分析及应用研究 [D]. 北京：北京林业大学，2012.

[131] 企业社会责任评价理论与实证研究. http：//www. docin. com/p - 46652780. html，2013 - 02 - 08.

[132] 戚岳. 基于计量经济学的中长期电力负荷分析及预测 [D]. 北京交通大学，2008.

[133] 钱玉如. 中国非公有制林业发展策略研究 [D]. 北京：北京林业大学，2003.

[134] 芮会敏. XX 公司企业文化建设方案研究 [D]. 甘肃：兰州大学，2013.

[135] 商娟. 基于企业文化的我国企业社会责任研究 [D]. 重庆：重庆大学，2009.

[136] 佘为. 高等院校旅游管理专业学生实习教学过程中的企业社会责任问题研究 [D]. 广州：华南理工大学，2012.

[137] 沈洪涛，杨熠. 企业会记人员对社会责任信息披露的认识和实践

［C］．中国会计学会 2007 年学术年会论文集（上册）．2007（10）．

［138］施佳．企业社会责任与企业绩效的相关性实证研究［D］．同济大学，2008.

［139］寿纪麟．经济学的分析方法［M］．西安：金禾经济研究中心，2005.

［140］时骏，邢东田，张南．动物药的伦理、管理与战略［N］．健康报，2012 - 03 - 12.

［141］宋华，胡左浩．中国手机行业分销绩效模型与实证研究［J］．经济理论与经济管理，2007（8）：51 - 56.

［142］宋劲松．资本市场股权分置的国际比较和影响分析［J］．海派经济学，2005（7）：63 - 72.

［143］宋艳华．荒漠草原家庭牧场资源优化配置管理经济模式分析［D］．内蒙古：内蒙古农业大学，2012.

［144］苏月中．自然资源价值核算浅析［J］．生态经济，2001（9）：42 - 44.

［145］孙来源，常凤荣．草原资源价值（价格）的初步研究［J］．内蒙古畜牧科学，1994（3）：21 - 24.

［146］田伟生，沈军伟，汪昀．(4R) - 4 - 甲基 - 15 - 烯基 8 - 十六酮衍生物、合成方法及其在合成麝香酮中的用途［R］．中国科学院上海有机化学研究所，2008.

［147］于连生主编，自然资源价值论及其应用［M］．北京：化学工业出版社，2004.

［148］王宝英．基于博弈论的企业社会责任研究［J］．中北大学学报（社会科学版）．2011（10）：59 - 63.

［149］王超．包头市房地产业对城市经济发展的带动效应研究［D］．内蒙古：内蒙古科技大学，2012.

［150］汪芳．上市公司营运资本管理对企业价值影响的实证研究［D］．江苏：江苏科技大学，2011.

［151］王海洋．濒危中药材限用再紧缩［N］．医药经济报，2008 - 08 - 25.

［152］王海洋．濒危中药材限用范围再紧缩［N］．中国高新技术产业

导报，2008 - 09 - 07.

[153] 王寒. 中国保险企业社会责任研究 [D]. 四川：西南财经大学. 2010.

[154] 王焕之. 企业道德和企业发展 [J]. 内蒙古科技与经济，2012 (12)：18 - 19.

[155] 王凯，陈文汇，刘俊昌. 利益相关者视角：自然资源利用与中医药产业发展 [J]. 西安财经学院学报，2013 (5)：39 - 44.

[156] 王凯，陈文汇，刘俊昌. 基于最优控制模型的野生动物资源价值评价体系构建 [J]. 统计与信息论坛，2012 (10)：101 - 107.

[157] 王凯，陈文汇，刘俊昌. 最优管理下野生动物资源最优控制模型构建与分析 [J]. 四川动物，2013 (1)：143 - 148.

[158] 王凯. 基于客户忠诚的酒类企业 B2B 客户关系管理研究 [D]. 南京：南京理工大学，2010.

[159] 王妮娜，郑立柱，刘智峰. 关于秦岭野生动物保护——防止偷猎行为的发生 [J]. 科技致富向导，2011 (7)：17.

[160] 王新生. 论社会权领域的非国家行为体之义务 [J]. 政治与法律，2013 (5)：50 - 58.

[161] 王燕飞. 企业社会责任相关问题研究 [D]. 贵阳：贵州大学，2008.

[162] 王阳. 我国企业社会责任管理体系的构建 [J]. 开发研究，2008 (8)：110 - 113.

[163] 王应祥. 中国哺乳动物种和亚种分类名录与分布大全 [M]. 北京：中国林业出版社，2003：1.

[164] 王耀建. 基于 GIS 的生态公益林管护和评价信息系统设计 [D]. 北京：北京林业大学，2007.

[165] 魏玮. 药监局 中成药严格限用濒危野生药材 [N]. 中国证券报，2008 - 08 - 18.

[166] 魏玮. 国内药企须加大人工养殖力度 [N]. 中国医药报，2008 - 08 - 26.

[167] 温素彬，方苑. 企业社会责任与财务绩效关系的实证研究——利益相关者视角的面板数据分析 [J]. 中国工业经济. 2008 (10)：150 - 160.

[168] 温亚利. 中国生物多样性保护政策的经济分析 [D]. 北京：北京林业大学，2003.

[169] 吴国锋. 家族企业竞争力评价指标体系研究 [D]. 泉州：华侨大学，2012.

[170] 吴丽莉. 北京森林生物多样性变化及价值测度 [D]. 北京：北京林业大学，2011.

[171] 吴玲. 中国企业利益相关者管理策略实证研究 [D]. 成都：四川大学. 2006.

[172] 吴伟光，顾蕾，沈月琴. 森林生态效益补偿若干问题的思考 [J]. 浙江林学院学报，2002，19 (3)：298 - 300.

[173] 夏楸. 企业社会责任与财务绩效的协同机理 [D]. 南京：南京理工大学. 2011

[174] 徐爱军. 我国医院社会责任研究：行为表现、指标体系及提升路径 [D]. 南京：南京大学，2011.

[175] 徐慧，彭补拙. 国外生物多样性经济价值评估研究进展 [J]. 资源科学，2003，25 (4)：102 - 109.

[176] 徐嵩龄. 生物多样性价值的经济学处理：一些理论障碍及其克服 [J]. 生物多样性，2001 (9)：310 - 318.

[177] 徐晓丹. 东北三省制造业集聚研究 [D]. 长春：东北师范大学，2011.

[178] 徐晓俊. 基于利益相关者理论的企业社会责任维度研究——消费者认知角度 [D]. 天津：天津大学，2007.

[179] 姚利辉. 森林资源价值计量理论基础的局限性分析 [J]. 绿色中国，2005 (24)：54 - 55.

[180] 颜剩勇，刘庆华. 企业社会责任财务分析指标研究 [J]. 财会通讯，2005 (5)：62 - 65.

[181] 杨莉. 我国企业社会责任评价指标及方法研究 [D]. 西安：西北大学，2010.

[182] 杨萍. 生命不确定下的消费跨期替代弹性研究 [D]. 天津：天津财经大学，2011.

[183] 杨瑞龙，周业安. 论利益相关者合作逻辑下的企业共同治理机制

[J]．中国工业经济，1998（1）：38－45.

[184] 游彬．我国流域生态服务付费市场机制研究 [D]．北京：北京林业大学，2008.

[185] 于江龙．我国国有林场发展脆弱性形成机理及影响因素研究 [D]．北京：北京林业大学，2012.

[186] 苑洁．梅花鹿（Cervus nippon）微卫星座位的筛选及遗传特征的初步评价 [D]．哈尔滨：东北林业大学，2005.

[187] 袁治．利益相关者满足与企业财务绩效的相关性研究——基于我国家电上市公司面板数据的实证研究 [J]．财经科学，2010（9）：71－78.

[188] 张东风．我国严控濒危野生药材在中成药中使用 [N]．中国中医药报，2008－08－18.

[189] 张凤香．上市公司利益相关者治理分析——以上市公司100佳为例 [J]．财经问题研究，2006（9）：59－61.

[190] 张浩．环境价值评估方法简介 [J]．管理科学，2006，35（1）：68－67.

[191] 张航．城市发展指标体系的比较研究 [D]．哈尔滨：哈尔滨工业大学，2006.

[192] 张兰兰．中国野生动物狩猎立法研究 [D]．沈阳：东北林业大学，2005.

[193] 张卫民，隋爽．我国林业企业社会责任问题探讨 [J]．林业经济，2012（7）：85－88.

[194] 张学军．四川丘陵地区农民农地用途选择的计量分析 [D]．四川：西南交通大学，2009.

[195] 张垚志．浅谈我国野生动物的保护现状与对策 [J]．景德镇高专学报，2012（12）：52－53.

[196] 张颖．中国森林生物多样性评价 [M]．北京：中国林业出版社，2002.

[197] 张雨露．制度因素对国际服务外包发展水平影响经验研究 [D]．广州：暨南大学，2013.

[198] 张云玲．塞罕坝自然保护区森林生态系统服务功能价值研究 [D]．石家庄：河北师范大学，2012.

[199] 赵尔宓. 中国濒危动物红皮书·两栖类和爬行类 [M]. 北京: 科学出版社, 1998.

[200] 赵眉芳. 基于 ESRI Map Objects 的 GIS 技术构建森林生态效益线性模型空间分析系统 [D]. 上海: 华东师范大学, 2010.

[201] 赵铁珍, 高岚, 柯水发等. 美国白蛾入侵损失评估指标体系的构建 [J]. 北京林业大学学报, 2007, 29 (2): 158 - 160.

[202] 詹姆斯·H. 斯托克, 马克·W. 沃森著、孙燕译. 计量经济学 [M]. 上海: 格致出版社, 2009.

[203] 钟可芬. 资源可持续瓶颈待破 [N]. 医药经济报, 2009 - 12 - 03.

[204] 郑光美. 世界鸟类分类与分布名录 [M]. 北京: 北京科学出版社, 2002: 1.

[205] 郑华伟. 农村土地整理项目绩效的形成、测度与改善 [D]. 南京: 南京农业大学, 2012.

[206] 中华人民共和国野生动物保护法 [N]. 黑龙江政报, 2005 - 02 - 15.

[207] 周冰冰, 李忠魁. 北京市森林资源价值 [M]. 北京: 中国林业出版社, 2000.4.

[208] 周高宾. 中国经济制度变迁 [D]. 广州: 广东外语外贸大学, 2006.

[209] 周鹏, 张宏志. 利益相关者间的谈判与企业治理结构 [J]. 经济研究. 2002 (6): 55 - 62.

[210] 周晓峰, 蒋敏元. 黑龙江省森林效益的计量、评价及补偿 [J]. 林业科学, 1999, 35 (3): 99 - 102.

[211] 周跃华, 胡军. 关于含国家重点保护野生药材中成药注册申请的思考 [J]. 中草药, 2013 (7): 1709 - 1712.

[212] 周祖成. 企业社会责任的基本问题 [C]. 第 19 次中韩伦理学国际学术研讨会暨第五次全国经济伦理学学术研讨会论文集. 2011 (4).

[213] 朱金凤, 杨鹏鹏. 企业社会责任与财务绩效关系的实证检验 [J]. 统计与决策. 2009 (4): 135 - 137.

[214] 朱明秀. 财务业绩、CEO 薪酬与商业银行社会责任——基于我国

上市商业银行的实证分析［J］．财经理论与实践，2011（3）：59 -61.

［215］祝胜男．我国野生动物产业法律制度初探［D］．哈尔滨：东北林业大学，2003.

［216］朱艳燕．片仔癀恪守社会责任［N］．中华工商时报，2009 - 09 -01.

［217］Arrow K Solow R, Portney P R, Learner E E, Radner R, Schuman H. Report of the NOAA panel on contingent valuation. Fed. Regist, 1993. 58 (10)：4601 -4614.

［218］Bodmer R E, 1994. Managing wildlife with local communities in the Peruvian Amazon：the case of the Reserva Comunal Tamshiyacutahuayo. In：Western D, Wright M and Strum S (eds.), Natural Connections：Perspectives in Community - based Conservation. Washington D C：Island Press, 113 -133.

［219］Bowen. H. Soeial Res Ponsibilities of the Businessman［M］. New York：Harper & Row, 1953. 3.

［220］Boyle, J., and Bishop, R. C. 1985. The total value of wildlife resources：conceptual and empirical issues. In：Association of Environmental and Resource Economics Workshop on Recreation Demand Modeling. Boulder, Colorado.

［221］Carroll, A. B. A three - dimensional conceptual model of corporate social performance［J］. Academy of Management Review. 1996.

［222］Caughley G, 1977. Analysis of Vertebrate Population. Wiley, Chichester.

［223］Chambers, C. and J. Whitehead (2003). A contingent valuation estimate of the value of wolves inMinnesota. Environmental and Resource Economics 26 (2), 249 -267.

［224］Chan S, 1995a. A survey of markets for Saiga horns in East and Southeast Asia. In：S V Nash (ed.), From Steppe.

［225］Charkham, J. Keeping good company：A study of corporate governance in five countries［M］. Oxford：Oxford University Presss. 1995.

［226］Clarkson, M. Defining, evaluating, and managing corporate social performance：The stakeholder management model［C］. Research in corporate social performance and policy. 1991：331 -358.

[227] Clarkson, M. A risk - based model of stakeholder theory. Proceedings of the Toronto Conference on stakeholder theory. Center for Corporate social performance and Ethics. 1994.

[228] Clarkson, M. A stakeholder framework for analyzing and evaluating corporate social performance. Academy of Management Review. 1995, (1): 92 - 117.

[229] Conover Michael R. and D. J. Decker . Wildlife damage to crops: Perception of agricultural and wildlife professionals in 1957 and 1987. Wildlife Society Bulletin, 1991, 19 (1) : 48 - 52.

[230] Conover, M. R, W. C. Pitt, K. K. Kessler. Review of human injuries, illness and economics Losses caused by wildlife in theUnited States. Wildlife Society Bulletin, 1995, 23 (3): 409 - 417.

[231] Cornell, B. & Shapiro, A. C. Corporate stakeholders and corporate finance. Financial Management. 1987, 16: 5 - 14.

[232] Davis. Can business afford to ignore social responsibilities [J]. Califomia Management Review, 1960.

[233] Davis, R. K. The Value of Outdoor Recreation: An Economic Study of the Maine Woods [D] . Cambridge: HarvardUniversity, 1963.

[234] Donaldson, T. & Preston, L. E. The stakeholder theory of the corporation: Concepts, evidenee, and implications [J] . Academy of Management Review. 1995, 20 (1) .

[235] Eltringham S K, 1984. Wildlife Resources and Economic Development. Chichester: John Wiley & Sons.

[236] Fa J E, Juste J, Val J P and Castroviejo A, 1995. Impact of market poaching on mammal species in Equatorial Guinea. Conservation Biology, 9 (5): 1107 - 1115.

[237] Fitzgibbon C D, Mogaka H and Fanshawe J H, 1995. Subsistence poaching in Arabuko - Sokoke forest, Kenya and its effects on mammal populations. Conservation Biology, 9 (5): 1116 - 1126.

[238] Frederiek, W. C. The moral authority of transnational corporate codes [J] . Journal of Business Ethics. 1991.

［239］Frederiek, W. C. Values, nature and culture in the American corporation［J］. New York: Oxford University Press. 1995.

［240］Freeman, R. E. Strategic management: A stakeholder approach［M］. Boston, MA: Pitman. 1984.

［241］Freese C. H. and David L. Trauger. Wildlife markets and biodiversity conservation inNorth America. Wildlife Society Bulletin. 2000, 28（1）: 52 – 68.

［242］Friedman, M. The social responsibility of business is to inerease its Profits［J］. New York Times Magazine. 1970.

［243］Guo Y F, Zou X Y, Chen Y, Wang D and Wang S, 1997. Sustainability of wildlife use in traditional Chinese medicine. In: Mackinnon J and Wang S（eds.）, Conserv – ing China's Biodiversity: Reports of the Biodiversity Working Group（BWG）, China Council for International Cooperation on Environment and Development（CCICED）（1992 – 1996）. Beijing: China Environment Science Press, 190 – 220.

［244］Heal G. Corporate social responsibility: An Economic and Financial Framework［J］. TheGeneva Papers on Risk and Insurance Issues and Practice, 2005.

［245］Hill K, J Padwe, C Bejyvagi, A Bepurangi, F Jakugi, R Tykuarangi and T Tykuarangi, 1997. Impacts of poaching on large vertebrates in the Mbaracayu reserve, Paraguay. Conservation Biology, 11（6）: 1339 – 1353.

［246］Jeffrey F. Rayport, John J. Sviokla. Exploiting the Virtual Value Chain［J］. Harvard Business Review. 1995.

［247］John B. Loomis, Dennis. Donnelly, Cindy F. Sorg, et al. Net economic value of hunting unique species in Idaho Bighorn sheep, mountain goat, moose, and antelope. USDA Forest Service Resource Bulletin, 1985. RM – 10.

［248］Jones, T. M. Instrumental stakeholder theory: A synthesis of ethies and economies. Academy of Management Review. 1995, 20（2）: 404 – 437.

［249］Jones, T. M. & Wieks, A. C. Convergent stakeholder theory. Aeademy of Management Review. 1999, 24: 208 – 221.

［250］Johnson and Johnson, 2000. Far from a cure: tiger trade revised. TRAFFIC Dispatches, 14: 2.

[251] Joshi N V and Gadgil M, 1991. On the role of refugia in promoting prudent use of biological resources. Theoretical Population, 40: 211 - 229.

[252] Juholin, E. For Business Or The Good of All? A Finnish Approach To Corporate Social Responsibility [J] . Copporate Governance, 2004.

[253] Kellert. Wildlife value and the landowner. American Forests, 1984, 90 (11): 29 - 28, 60 - 61.

[254] Kenney J S, Smith J L D, Starfeied A M and Mcdougal C W, 1995. The long - term effects of tiger poaching on population viability. Conservation Biology, 9 (5): 1127 - 1133.

[255] King, R. T. 1947. The future of wildlife in forest land use. Transactions ofNorth America Wildlife and Natural Resources Conference, 12: 454/467.

[256] Kohn, R. E. (1993) . Measuring the existence value of wildlife: Comment. Land Economics 69 (3), 304 - 303.

[257] Krutilla, J. A. 1967. Conservation reconsidered. American Economic Review, 57: 779 - 786.

[258] Li Y M, Z X Gao, Li X H, S Wang and Niemel J, 2000. The illegal wildlife trade in Himalayan region of China. Biodiversity and Conservation, 9: 1 - 18.

[259] Makswimuk A V and Zhirnov L V, 1995. Status and commercial harvesting of Saiga Antelope inCentral Asia. In: Nash (ed.), From Steppe To Store: The Trade in Saiga Antelope Horn (TRAFFIC NETWORK) . Cambridge: TRAFFIC International, 17 - 31.

[260] Martin E B, 1997. Wildlife products for sale inMyanmar. TRAFFIC Bulletin, 17: 33 - 44.

[261] McCullough D R, 1996. Spatially structured populations and harvest theory. Journal of Wildlife Management, 60 (1): 1 - 9.

[262] MCDOWELL, R. D. , AND H. W. PILLSBURY. Wildlife damage to crops in theUnited States. J. Wildl. Manage. 1959, (23): 240 - 241.

[263] Mclean I F G, Wight A D, Williams G, 1999. The role of legislation in conserving Europe's threatened species. Conservation Biology, 13: 966 ~ 969.

[264] McNeely J A, Miller K R, Reid W V, Mittermeier R A and Werner T

B. 1990. Conserving the world's biological diversity. IUCN, Gland, Switzerland.

[265] Michael R. Conover, Daniel J. Decker. Wildlife damage to crops: perceptions of agricultural and wildlife professionals in 1957 and 1987. Wildl. Soc. Bull. 1991, (19): 48 – 52.

[266] Mills J A, 1997. Rhinoceros horn and tiger bone in China. TRAFFIC International Muchaal P K and Gandjui G N, 1999. Impact of village poaching on wildlife populations in the western Dja Reserve, Cameroon. Conservation Biology, 13 (2): 385 – 396.

[267] Mitehell, A. & Wood, D. Toward a theory of stakeholder identifieation and salienee: Defining the Principle of who and what really counts [J]. Academy of Management Review. 1997, 22 (4): 853 – 886.

[268] Perrini, F. and Vurro, C. Leveraging Social Change Through Entrepreneurship [J]. The New Social Entrepreneurship. 2006.

[269] Robbins, Stephen P. ManagementEnglewood Cliffs [M]. NJ: Prentice – Hall. 1991.

[270] Robinson J G and Bodmer R E, 1999. Towards wildlife management in tropical forests. Journal of Wildlife Management, 63 (1): 1 – 13.

[271] Robinson J G and K HRedford, 1991. Sustainable harvest of neotropical forest mammals. In: Robinson J G and Redford K H, (eds.), Neotropical Wildlife Use and Conservation. Chicago: University of Chicago Press, Illinoios, USA, 415 – 429.

[272] Sethi, Kama, Soeial Responsibility in Environmental Marketing Planning [J]. Europeans Journal of Marketing, 2003.

[273] Shaw, J. H. 1985. Introduction to wildlife management. McGraw – Hill, Inc. 316.

[274] Sheldon Oliver. The PhilosoPhy of Management [M]. London, England: Sir. Isaae. Pitman and Sons Ltd., 1998.

[275] Stevens, T. H., J. Echeverria, R. J. Glass, T. Hager, and T. A. More (1991). Measuring the existence value of wildlife: What do CVM estimates really show? Land Economics 67 (4), 390 – 400.

[276] V K Smith. Non – market Valuation of Environmental Resources: An

Interpretive Appraisal, Land Economics, 1993. vol. 69 (1): 1 - 26.

[277] Weisbrod, B. A. 1964. Collective - consumption services of individual-consumption goods. Quarterly Journal of Economics, 78: 471 - 477.

[278] Wheeler D. & Maria S. Including the stakeholders: the business case [J]. Long Range Planning. 1998 (2).

[279] Willis K G, Garrod G D. An Individual Travel Cost Method of EvaluatingForest Recreation. Journal Agricultural Economics, 1999, 42: 33 - 42.

[280] Wood, D. J. Social issues in management: Theory and research in corporate social performance [J]. Journal of Management. 1991 (2).